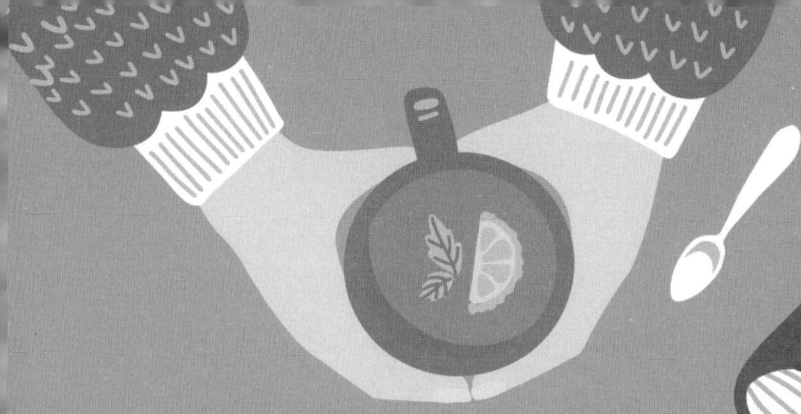

Invite you to the Lord's table

풍성한 주님의 식탁으로 초대합니다

주님의 환대

이현진 지음

쿰란출판사

추천사

나는 이현진 목사가 어떻게 설교를 준비하고 어떻게 살아가고 있는지를 오랜 시간 곁에서 지켜봐 왔습니다. 이 책은 설교 홍수 시대에 또 한 권의 설교집을 만들기 위해 집필한 책은 아닙니다.

한 편 한 편의 설교에 깊은 묵상과 연구, 신선한 예화 그리고 하나님의 음성을 듣고 전달하고자 몸부림친 흔적을 가졌기에 설교집이 아니라 현장에서 듣는 하나님의 메시지로 느껴집니다. 정제된 단어들의 조합은 지루함이 없고 적절한 성경 인용이 말씀에 대한 확신을 더 갖게 만듭니다.

홍수 때 마실 물이 귀하듯 이 시대는 하나님의 음성을 들려주는 설교가 귀한데, 목사님의 설교를 통해서 우리를 천국 잔치 자리로 초대하시는 하나님의 음성을 들을 수 있음을 확신합니다.

2022년 1월 10일
양문교회
강동현 목사

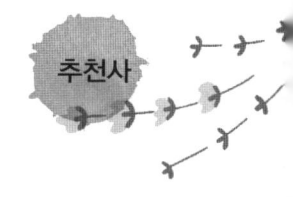

추천사

장로교회의 기초를 놓은 신학자 칼빈은 설교자를 하나님의 전권 대사라고 했습니다. 그는 설교를 "하나님이 예배 현장에 임하시어 그 종을 통하여 말씀하시는 것"이라고 정의했습니다. 또한 신학자 칼 바르트는 "설교는 하나님 자신의 말씀이다. 그러나 하나님 자신의 선하신 뜻을 따라 한 인간을 선택하시고 말씀을 방편으로 하여 인간들에게 증거하신다"고 말했습니다.

하나님은 이현진 목사님을 하나님의 전권대사로 선택하셨고, 하나님이 전하라고 하는 말씀을 오랫동안 전했습니다. 몇 년 전 마산의 가포교회에서 부흥회를 인도하면서 은혜로웠던 그 교회가 바로 이 목사님의 전 목회지임을 알았습니다. 그가 전한 하나님의 말씀이 그 교회 구석구석을 아직도 채우고 있는 것을 확인할 수 있었습니다. 그는 그곳에서 위로와 치유의 말씀을 통해 상처 입은 심령들을 새롭게 하고 다시 100년도 넘은 부산의 초읍교회 강단에 하나님의 전권대사로 세우심을 받았습니다.

교회는 목사의 설교만큼 자란다는 말이 있습니다. 과연 초읍교회는 하나님이 선택하신 말씀의 전권대사인 이 목사님의 불붙는 설교와 함께 큰 부흥을 경험했습니다. 주님의 선하신 뜻을 따라 다시 옮겨 세우신 살렘교회 강단에서 하나님은 하나님 자신의 말씀을 이 목사님을 통해 선포하고 계십니다. 이 주옥같은 말씀들을 활자로 가까이 하며 다시 듣기 위하여 이 책을 펴냅니다. 이 혼란한 시대에 주

추천사

시는 명쾌한 주님의 음성을 이 책을 통해 들으실 수 있기를 바랍니다. 목마름이 극에 달한 광야 같은 세상에서 주님이 손수 공급하시는 생수와도 같은 말씀이 되기를 바랍니다.

부록으로 첨부된 이 목사님의 자전거 신학은 흥미롭습니다. 그는 전국 4대 강 자전거 도로를 비롯한 그랜드 슬램 기록이 있습니다. 어느 날 그를 통해 자전거를 소개받고 아내와 함께하는 자덕(자전거 덕후, 자전거 마니아)이 된 지 5년째가 되었습니다. 이렇게 배운 자전거는 우리의 건강을 유지하는 중요한 비결이 되었습니다. 그는 친히 초보자의 사부가 되어 주었습니다. 자상하게 가르치며 안내해 주고 함께하는 모습은 설교자인 그의 모습과 오버랩이 되었습니다. 그의 설교는 쉽고 자상하며 용기를 줍니다. 그리고 분명하게 나아가야 할 길을 보여 줍니다.

새로운 자전거 도로를 소개하기 위해 애쓰는 그는, 성도들을 향해서 새로운 소망의 길을 보여주는 주님이 선택하신 설교자임이 분명합니다. 귀한 설교집을 내신 것을 축하드리고 이 책을 통해 이 시대를 향한 주님의 뜻을 발견하는 은혜가 있기를 바랍니다. 지금도 이 목사님의 말씀이 매주일 생생하게 선포되고 있는 살렘교회의 부흥을 기원합니다.

2022년 1월 10일
부산 장신대학교 총장
허원구 목사

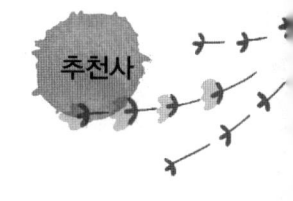

슬라바 보그! 하나님께 영광을!

　이현진 목사님과 함께 러시아 노보시비르스크에 여러 차례 사역을 하러 갔았습니다. 그때 러시아 여러 지역에서 온 성도들이 3일 동안 함께 숙식을 하였는데, 성령의 강력한 임재 가운데서 말씀을 듣고, 기도하며, 함께 울고 웃는 시간이었습니다. 이렇게 세미나를 마치고 난 후에 저들이 감사를 표현할 때에, 이현진 목사님을 향해 "이렇게 부드럽고, 간결하며, 분명한 말씀을 주는 분은 이제까지 보지 못했다"라고 했습니다.

　이번 설교집을 보면서, 저도 같은 말씀을 드리고 싶습니다. 20년 동안 함께 성령 안에서 코이노니아를 형제들과 나누며 하나님이 주신 귀한 말씀을 전하는 은사를 묻어 두지 않고 나누어 주심에 감사드립니다.

　러시아식 표현이 있습니다. "우리는 목사님의 설교집이 나오지 않는 것을 반대하고 반대합니다." 너무도 사모하고 사모하는 이들이 하는 인사입니다. 샬롬!

2022년 1월 10일
코이노니아교회
원안드레 목사

추천사

　40여 년 전입니다. 제가 장로회 신학대학교에 다닐 때 저보다 한 기수 후배인 이현진 목사님을 만났습니다. 구리에서 광장동 가는 버스가 극히 드물 적이라서 자연스럽게 거의 같은 버스를 타고 신학교를 다니고 교정과 채플에서 만나 친해졌습니다.
　신학교를 졸업한 후에는 각자 목회 현장에서 목회에 열중하느라 별 만남 없이 지냈는데 이 목사님이 부산에서 목회를 하고 계시고 자전거도 열심히 타신다는 소식을 들었습니다. 그 후 연락이 되었고 몇 해 전에는 자전거선교회 목사님 몇 분과 포항에서 속초까지 환상적인 동해안 라이딩 추억을 만들게 되었습니다. 시간이 되는 대로 4대 강이나 남해안과 서해안을 라이딩 하기로 하였습니다.

　지난해에는 자전거선교회 정기 라이딩으로 여러 목사님들과 함께 서울에서 부산까지 국토종주를 하였는데, 이현진 목사님께서 멀리 합천창녕보까지 올라와 영접하며 환대를 해 주셨습니다. 잊지 못할 즐거운 라이딩입니다.
　이현진 목사님과 나눈 대화 중에서 이런 말이 생각납니다.
　"목회자들이 나이가 들면 축구, 테니스, 등산과 같은 운동은 무릎관절에 무리를 줄 수 있는데 비해 자전거 타기는 하기가 가장 적합한 운동이야."

목회에서 가장 중요한 것 가운데 하나가 건강입니다. 자전거로 건강을 지켜가는 이현진 목사님께서 설교집을 내십니다. 이것은 한편으로 체력이 영력이라는 증거가 아닐까요? 모든 목사님들이 영육 간에 강건함으로 더욱 열심을 품고 주님의 몸 된 교회를 섬기시기를 소망합니다.

2022년 1월 10일
월산교회, 총회자전거선교회
김풍호 목사

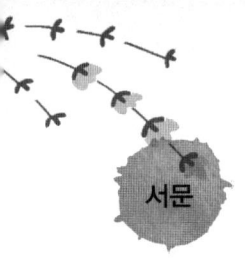

서문

목회자를 일반 직업에 비유한다면 어떤 이미지가 어울릴까요? 저는 음식을 만드는 주방장이라고 생각합니다. 예수님은 "사람이 떡으로만 살 것이 아니요 하나님의 입으로부터 나오는 모든 말씀으로 살 것이라"고 말씀하셨습니다. 이것은 이스라엘 백성들이 출애굽한 후 광야에서 들었던 하나님의 말씀이었습니다. 하나님은 광야에서도 식탁을 차려 그의 백성들을 먹이셨습니다.

하나님은 육신의 양식과 신령한 양식인 말씀을 풍성하게 차려 주십니다. 그러기에 다윗은 '내가 부족함이 없다'고 했습니다. 예수님은 '내가 온 것은 양들로 들어가며 나오며 풍성한 꼴을 얻게 하려 함이라'고 말씀하셨습니다. 그리고 그를 따르는 제자들에게 '내 양을 먹이라'고 부탁하셨습니다. 목회자는 예수님으로부터 이것을 위임받은 사람입니다. 이런 의미에서 목회자에게 주방장의 이미지는 잘 맞는 그림일 것입니다.

제가 어렸을 때는 시골에 살았습니다. 한번은 명절에 큰형님을 따라 이 집 저 집 인사를 다니는 중, 때가 점심시간을 넘겼는데도 큰형님은 웬일인지 각 집마다 차려 주신 음식을 사양했습니다. 그러더니 어느 할머니의 집에서는 음식을 차려 달라고 부탁했습니다. 나중에야 이유를 알았는데, 그 집 고사리나물이 환상적인 맛이었기 때문입니다. 형님은 이것을 잘 알고 있었기에 그 집에 가기까지 배고픔을 참고 다닌 것입니다. 참으로 맛있는 음식에 대한 잊지 못할 추억입니다. 저는 이 일을 두고두고 생각합니다. '목회자가 과연 신령한 음식의 주방장일진대 그가 만들어 내놓는 주님의 말씀이 이렇게 맛이 있을까?'

한 가지 이야기가 더 있습니다. 어릴 적 어머니를 따라 설날에 이웃집을 방문했을 때 일입니다. 그 집에서 가래떡을 내놓았는데 가래떡은 원래 꿀을 찍어 먹어야 제맛입니다. 그런데 그 집에서는 가래떡과 더불어 벌건 고추장을 종지에 내놓았습니다. 어린 마음에 맛있어 보이지 않아서 떡에 손이 가지 않았습니다. 나중에 알고 보니 그것은 고추장이 아니라 붉은 빛이 나는 꿀이었습니다. 저의 선입견이 이런 오해를 낳아 맛있는 음식을 거부한 것입니다.

설교는 이 세상에서 이런 선입견으로 오해를 가져오기 쉬운 장르입니다. 사람들은 속담처럼 '설교하지 마라'고 합니다. 하지만 설교는 가래떡에 진한 꿀 같은 양식입니다. 한번 맛보면 놓을 수 없습니다. 바라기는 이 한 권의 설교집이 풍성한 주님의 식탁으로 다가가 읽는 이들에게 만족을 주었으면 합니다.

이 설교집은 저의 목회 현장에서 선포된 말씀들입니다. 음식으로

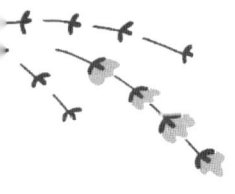

치면 '집밥'입니다. 전문 식당에서 유명한 셰프가 차린 것이 아니라 집에서 엄마가 만든 음식 같은 말씀입니다. 왜냐하면 제 목회 현장의 필요에 의하여 주어진 말씀들이기 때문입니다. 요즘은 집밥이 훌륭한 상차림으로 여겨집니다. 어느 가정에 초대되어 대접을 받는 의미도 담겨 있습니다. 하지만 그보다 중요한 것은, 여기 담긴 말씀들이 인간의 사상이나 의견이 아니라는 사실입니다. 이것은 주님이 주셔서 그의 백성을 먹이시는 주님의 식탁입니다.

이 설교집에 나오는 말씀들은 매 주일 선포된 것이므로 독립적입니다. 하지만 전체적으로 하나의 흐름이 있도록 배열하였습니다.

1부 '하나님의 형상대로'에서는 하나님의 백성인 교회를 향한 하나님의 본래 의도가 무엇인지를 말씀합니다. 지으심과 부르심과 이루심에 대한 하나님의 선하신 뜻입니다. 우리의 몸은 하나님의 형상으로 창조되었습니다. 몸도 굉장합니다. 부르신 공동체도 존귀합니다. 우리를 초대한 천국의 잔치 자리는 영광 그 자체입니다.

2부 '우리는 어디로 갈까?'는 이것을 깨닫지 못하고 영광을 잃어버린 교회의 방황과 혼란에 대한 말씀들입니다.

3부 '탄식 없는 자의 탄식'은 교회가 어떻게 잃어버린 길을 되찾을 수 있는가를 밝힙니다. 그 길은 오직 예수님뿐입니다. 예수님이 어떻

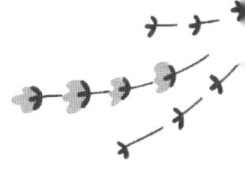

게 하늘을 다시 열고 우리를 고치셨으며 탄식을 잔치로 환원시키셨는지를 볼 수 있습니다.

4부 '이웃이 보이다'는 회복된 교회가 보아야 할 것이 이웃임을 말씀합니다. 구원은 개인적인 것이 아니라 공동체적입니다.

5부 '마지막을 기다리며'에서는 우리의 소망을 담았습니다. 우리가 무엇을 기다리고 사는지에 대한 종말론적 삶의 말씀들입니다.

부록으로 '목사의 자전거 세상'이라는 제목의 칼럼을 담았습니다. 저에게 자전거는 영적 양식인 설교와 더불어 육신의 건강과 행복을 위한 하나님의 선물입니다. 우리는 사뭇 건강을 잃기 쉽습니다. 저의 바람은 이 몇 편의 설교와 칼럼이 성도들의 영육 간의 건강한 방편이 되는 것입니다.

이 설교집이 나오기까지 함께해 오신 말씀의 식탁 공동체인 살렘교회 식구들에게 감사의 마음을 전합니다. 문장을 다듬고 틀린 글자를 교정해 주신 박무종 목사님, 함께 자전거를 타면서 라이딩의 즐거움 속에 은혜의 교제를 나눈 이상곤 목사님은 이 책이 나오는 데 큰 도움과 힘이 되어 주셨습니다. 모두들 감사합니다.

2022년 1월 10일
이현진 목사

추천사   양문교회 강동현 목사 _ 2
　　　　부산 장신대학교 총장 허원구 목사 _ 3
　　　　코이노니아교회 원안드레 목사 _ 5
　　　　월산교회, 총회자전거선교회 김풍호 목사 _ 6
서문 _ 8

1부 하나님의 형상대로

주님의 환대 • 16 / 풍성한 삶 • 30
하나님의 형상대로 • 45 / 굉장한 몸 • 58
교회의 원작 • 69 / 우리의 운명 • 79

2부 우리는 어디로 갈까?

우리는 어디로 갈까? • 94 / 보이지 않는 약속 • 106
사는 재미 • 118

3부 탄식 없는 자의 탄식

하늘이 열리다 • 134 / 탄식 없는 자의 탄식 • 148
좋은 집 • 162 / 새로운 식사 • 175
약한 자로 강하게 • 185 / 가시와 엉겅퀴 • 198

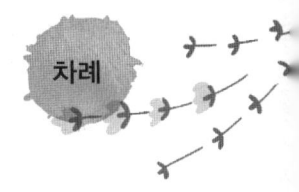

4부 이웃이 보이다

네가 후에는 따라오리라 • 212 / 이웃이 보이다 • 225
주께서 만드신 것들을 보니 • 237

5부 마지막을 기다리며

마지막을 기다리며 • 254 / 두 종 이야기 • 268

부록 목사의 자전거 세상(칼럼)

투어 • 280 / 소음 • 284 / 피 빨기 • 287
도그마 • 290 / 상처 • 294 / 장비 • 298
엔진 • 301 / 고통과 보상 • 305
목사들의 자전거 세상 • 308

Invite you to the Lord's table

풍성한 주님의 식탁으로 초대합니다

1부
하나님의 형상대로

그러므로 '하나님의 형상'이 무엇이냐 할 때,
인간이 하나님을 외형으로 닮았다는 것도 아니고
인간의 본질이 어떻다는 것도 아닙니다.
다 일리 있는 해석들이지만 성경이 말하려는 것은
하나님의 형상이란 바로 다스림에 있다는 것입니다.
하나님은 만물을 다스릴 왕의 권한과 책임을 사람에게 주셨습니다.
바로 이것이 하나님 형상의 뜻입니다.

― 본문 중에서 ―

주님의 환대

[살전 4:13-18]

형제들아 자는 자들에 관하여는 너희가 알지 못함을 우리가 원하지 아니하노니 이는 소망 없는 다른 이와 같이 슬퍼하지 않게 하려 함이라 우리가 예수께서 죽으셨다가 다시 살아나심을 믿을진대 이와 같이 예수 안에서 자는 자들도 하나님이 그와 함께 데리고 오시리라 우리가 주의 말씀으로 너희에게 이것을 말하노니 주께서 강림하실 때까지 우리 살아 남아 있는 자도 자는 자보다 결코 앞서지 못하리라 주께서 호령과 천사장의 소리와 하나님의 나팔 소리로 친히 하늘로부터 강림하시리니 그리스도 안에서 죽은 자들이 먼저 일어나고 그 후에 우리 살아 남은 자들도 그들과 함께 구름 속으로 끌어 올려 공중에서 주를 영접하게 하시리니 그리하여 우리가 항상 주와 함께 있으리라 그러므로 이러한 말로 서로 위로하라

[마 24:40-41]

그때에 두 사람이 밭에 있으매 한 사람은 데려가고 한 사람은 버려둠을 당할 것이요 두 여자가 맷돌질을 하고 있으매 한 사람은 데려가고 한 사람은 버려둠을 당할 것이니라

'Welcome To My Worlds'라는 유명한 팝송이 있습니다. 짐 리브스(Jim Reeves)가 1962년에 발표해서 당시 빌보드차트 2위까지 오른 곡입니다. 이 곡은 짐 리브스 이후로 엘비스 프레슬리나 아니타 커 싱어즈 같은 유명한 가수들이 리메이크했습니다. 우리에게는 전에 국적기를 타면 백 그라운드 뮤직으로 흘러 나와 해외 여행을 가는 설렘으로 가득하게 해 주었던 추억이 있는 곡이기도 합니다. 노래도 환상적으로 아름답지만 가사 역시 좋은데, 짐 리브스는 성경(마 7:7-8)에서 영감을 받았다고 앨범에 기록했습니다. 이 곡의 가사는 다음과 같습니다.

> Welcome To My Worlds
> 저의 세계로 오신 것을 환영합니다. 어서 오지 않으시겠어요?
> 기적은 지금도 가끔씩 생기는 것 같아요.
> 걱정거리를 남겨두고 제 마음속으로 들어오세요.
> 당신을 위해 만들어 놓은 저의 세계로 오신 것을 환영합니다.
> 두드리면 열릴 거예요.
> 당신이 찾으면 발견할 겁니다.
> 당신이 원한다면 주어질 거랍니다.
> 여기 저의 세계로 들어오는 열쇠가 있어요.
> 저는 제 두 팔을 펼쳐 기다리겠어요.
> 정말 당신을 위해 기다립니다. 저의 세계로 오세요.
> 저의 세계로 오신 것을 환영합니다.

어떤 사람들은 이 곡을 들으면서 연인을 떠올릴 것이고, 어떤 사람들은 그리운 고향을 생각할 것입니다. 여러분은 이 곡을 들으면 무슨 생각이 드십니까? 아마도 각자 환영받을 다양한 곳이 생각나겠지만, 저는 이 시간에 우리에게 주시는 본문의 말씀을 통해서 '예수님의 환대'를 생각해 보려고 합니다. 예수님의 환대에 대하여 가장 잘 알려진 성경말씀은 단연 요한복음 14장입니다. 1-3절 말씀입니다.

> 너희는 마음에 근심하지 말라 하나님을 믿으니 또 나를 믿으라 내 아버지 집에 거할 곳이 많도다 그렇지 않으면 너희에게 일렀으리라 내가 너희를 위하여 거처를 예비하러 가노니 가서 너희를 위하여 거처를 예비하면 내가 다시 와서 너희를 내게로 영접하여 나 있는 곳에 너희도 있게 하리라

여기 '영접'이라는 단어가 나옵니다. 예수님이 우리를 영접해 주겠다는 말씀입니다. 이 말씀은 요한복음 1장 12절에서 이 세상에 오신 예수님을 믿고 '영접하는 자에게 하나님의 자녀가 되는 권세를 주셨다'는 말씀과 쌍벽을 이룹니다. 우리가 예수님을 영접할 때 예수님도 우리를 영접해 주시겠다는 말씀의 쌍벽입니다. 우리만 예수님을 환영하는 것이 아닙니다. 예수님도 우리를 환영해 주십니다. '주님, 제 마음에 들어오십시오. 환영합니다'라고 우리가 주님을 환영할 때 주님도 'Welcome To My Worlds'라고 우리를 환영하시는 것입니다.

마태복음 24장은 이 세상의 종말에 있을 일들에 대한 예언의 말씀입니다. 아주 장엄하게 기록되어 있습니다. 우리는 그중에서 40-41

절 두 절을 본문으로 삼았습니다.

> 그때에 두 사람이 밭에 있으매 한 사람은 데려가고 한 사람은 버려둠을 당할 것이요 두 여자가 맷돌질을 하고 있으매 한 사람은 데려가고 한 사람은 버려둠을 당할 것이니라

여기 '데려가고'라는 단어가 나오는데, 예수님이 요한복음 14장에 '내가 너희를 영접하리라' 말씀하신 데서 쓰인 '영접'과 같은 단어입니다. 성경의 원어인 '파랄람바노'를 요한복음은 '영접'으로, 마태복음에서는 '데려가고'로 번역했습니다. 어떻게 번역을 했든 그 내용은 우리를 향한 예수님의 'Welcome' 즉 환영입니다.

이 단어는 '받아들임'을 말하는데, 예수님이 자신에게로 우리를 받아 주신다는 뜻입니다. 그래서 예수님은 "나 있는 곳에 너희도 있게 하리라"는 말씀을 곁들입니다. 완전한 연합입니다. 이런 받아들임의 표현은 아무 때에나 쓰는 것이 아니고, 신랑과 신부가 결혼할 때 서로를 받아들여 한 몸을 이루는 부부가 되는 때에 쓰는 말입니다. 이렇게 진한 환영의 뜻이 '데려가고'라는 단어에 담겨 있습니다. 아름답고 설레고 행복한 단어입니다.

예수님이 재림하실 때에 우리를 데려간다는 마태복음 24장의 말씀은 신랑이 신부를 데려간다는 뉘앙스를 강하게 담고 있는 것입니다. 실제로 성경은 예수님을 신랑으로 교회를 신부로 지칭합니다. 그리고 예수님이 다시 오시는 날을 혼인잔칫날이라고 말씀하십니다. 이것은 이날이 얼마나 영광스러운 환대의 날이 될지를 잘 보여주고 있습니다.

이 영광스러운 환대는 본문에 나오는 또 다른 단어를 통하여 느낄 수 있습니다. '밭'과 '맷돌질'이라는 말입니다. '두 사람이 밭에 있었다', '두 여자가 맷돌질을 하고 있었다'라고 합니다. 누가복음에는 "그 밤에 둘이 한 자리에 누워 있으매"(눅 17:34)라는 말이 추가되어 있습니다. 성경은 예수님이 이 세상에 다시 오시는 날에 사람들의 형편을 밭과 맷돌질과 침대에 누운 세 가지 모습으로 이야기합니다.

성경에서 밭이 처음 등장하는 것은 창세기 3장입니다. 사람이 하나님께 불순종하여 세상에 저주가 들어왔습니다. 이로써 사람은 평생 밭을 갈다가 흙으로 돌아가는 허무한 존재가 됩니다. 땅이 사람으로 말미암아 저주를 받아 가시덤불과 엉겅퀴를 내고, 이제 사람이 밭을 경작하는 것은 노고가 되었습니다. 그래서 '평생의 수고'라는 말씀이 잇따라 나옵니다. 이것이 우리 인생의 현주소 아닙니까? 이렇게 농사한 곡식을 여인들이 맷돌에 갈아 음식을 만듭니다. 밭에서 고생하는 남자나 집에서 맷돌을 가는 여자나 다 곤고한 인생임을 담고 있는 표현들입니다. 그러다가 사람은 허무하게 죽어 흙으로 돌아갑니다. 침상에 두 사람이 한 자리에 누워 있다는 것은 잠자는 상태를 말함과 동시에 죽어 잠들어 있다는 표현이기도 합니다. 이렇게 우리는 밭을 갈고 맷돌질을 하다가 죽어 흙으로 돌아간 상태에서 예수님의 재림을 맞는 것입니다.

> 보라 내가 너희에게 비밀을 말하노니 우리가 다 잠잘 것이 아니요 마지막 나팔에 순식간에 홀연히 다 변화되리니 나팔 소리가 나매 죽은 자들이 썩지 아니할 것으로 다시 살아나고 우리도 변화되리라
> **고전 15:51-52**

마치 신데렐라 이야기 같지 않습니까? 천덕꾸러기 신데렐라, 낡은 옷을 입고 청소를 도맡아 하며 구박이나 받던 신데렐라가 요정의 도움으로 공주의 옷을 입고 최고급 마차를 타고 왕궁의 잔치에 나아갑니다. 신데렐라의 모습이 너무나 아름다워 모든 사람들의 이목이 집중됩니다. 계모와 그의 두 딸은 아예 알아보지도 못합니다. 신데렐라는 놀랍게 변화한 것입니다.

'보라 내가 너희에게 비밀을 말하노니, 우리도 변화되리라.' 예수님이 다시 오시는 날에 우리의 변화된 모습은 신데렐라 정도가 아닐 것입니다. 우리는 영광스러운 썩지 아니할 몸으로 변화합니다. 손에 흙이 묻고 평생 맷돌질을 하느라 손마디마다 굳은살이 박히고 종국에는 흙으로 썩어 버리는 우리가 변화하는 것입니다. 이것이 '데려간다'는 뜻입니다.

그러면 한 사람은 버려둠을 당한다는 것은 무슨 말일까요? 뭔가를 허락한다는 뜻이 들어 있습니다. 누가 무엇인가를 강렬하게 원할 때에 더는 어쩌지 못하고 내버려 두는 모습을 일컫는 단어입니다. 그래서 그가 하자는 대로 버려두는 것입니다.

우리는 예수님이 다시 오실 때 어떤 사람은 환영해 주고 또 어떤 사람은 내버리는 것으로 생각합니다. 이런 생각은 뭔가 자격이 부족하여 버림을 당할 수 있다는 두려움, 근심, 불안이 담겨 있는 해석입니다. 하지만 이 말은 그런 뜻이 아닙니다. 사람이 거절한 것입니다. 주님의 환대를 끝내 거절하는 사람을 주님이 버려두신다는 뜻입니다. 누가복음 14장의 예수님이 해주신 이야기를 통해서 이를 확인할 수 있습니다.

어떤 사람이 큰 잔치를 베풀고 사람들을 초청하였습니다. '오십시오. 모든 것이 준비되었습니다'라는 초청입니다. 하지만 다 사양합니다. 사양이란 거절, 거부, 그리고 멸시의 뜻도 들어 있습니다. 뭔가 면제받아 벗어나기를 소원하는 태도를 말합니다. 사양하는 이유를 보면, '밭을 샀다, 소를 시험해 보러 간다, 장가들었다'입니다. 하나같이 저주받은 땅에 매여 사는 모습들입니다. 잔치를 연 주인은 화가 났습니다. 그래서 잔치에 초대되어 들어올 자격이 없는 사람들을 불러 모읍니다. '가난한 자, 몸이 불편한 자, 못 보는 자들과 저는 자들'입니다. 그것도 모자라 "가서 사람을 강권하여 데려와라"라고 명령합니다.

예수님의 이 잔치 이야기는 바로 오늘 우리들이 생각하는 하나님 나라의 잔치 이야기입니다. 예수님이 초대하시는 잔치에 가려면 무슨 자격이 있어야 하는 것은 아닙니다. 잔치에 참여하지 못하는 유일한 이유가 있다면, 그것은 스스로 거절하는 것입니다. 이것을 '한 사람은 버려둠을 당할 것이다'라고 말씀하시는 것입니다. "나는 예수의 환대 따위는 필요 없어! 내 인생은 내 거야! 내 맘대로 할 테니 간섭하지 말라고!" 이런 강한 고집 속에 버려지는 것입니다.

지금 우리는 버려짐이 아니라 주님의 환대를 생각하는 중이므로 버려둠은 이 정도로 다루기로 하겠습니다. 앞에서 말씀드렸지만, 이 환영은 쌍방적이었습니다. 우리가 예수님을 영접합니다. 그리고 예수님도 우리를 영접하십니다. 우리가 주님을 바라보고 기다립니다. 그리고 예수님도 우리를 바라보고 우리와 만날 날을 고대하십니다. 우리가 일평생 주님을 사랑하며 섬기고 헌신합니다. 나의 모든 것을 주님을 위하여 드립니다. 예수님을 자랑하고 기뻐합니다. 우리의 일생은 예수님을 환대한 삶입니다. 그런데 놀랍게도 예수님이 우리를 향하여 놀라운 환대를 준비하신다는 것입니다.

데살로니가전서 4장의 말씀은 예수님이 이 땅에 재림하시는 날에 있을 장면을 보여줍니다. "주께서 강림하실 때"라고 되어 있습니다. '강림'은 대단히 중요한 단어입니다. 우리말에는 15절과 16절에 각각 '강림'이라는 단어가 쓰였습니다만, 헬라어 원어는 각기 다른 단어입니다. 하나는 '현현'(파루시아, 15절)이고, 또 하나는 '내려오신다'(카타바이노, 16절)입니다. 둘 다 예수님이 재림하심을 말합니다만 특별히 '파루시아'가 중요합니다. 이 단어는 왕이 도착한다는 뜻입니다.

옛날에는 왕이 백성들을 떠나 전쟁터나 다른 지역에 가는 일이 있었습니다. 그리고 일을 마치고 돌아올 때면 장관을 이룹니다. 특히 전쟁에서 승리하는 승전의 귀환은 대단했습니다. 백성들이 자기 집이나 도성에서 왕을 맞는 것이 아닙니다. 이는 정서나 예의에서 어긋났습니다. 백성들이 성 밖으로 멀리까지 나가 왕을 환영했습니다. 열렬히 영접하는 것입니다. 이것이 승전하는 왕을 맞이하는 백성의 도리였고, 또한 백성들에게도 큰 영광이었습니다. 이것을 나타내는 단어가 '강림'(파루시아)입니다. 사도 바울은 이 단어를 예수님이 재림하시는 장면에 사용합니다.

영국의 신학자인 톰 라이트는 데살로니가전서 4장 16-17절에는 세 가지 이미지가 사용되었다고 했습니다. 첫째는 시내 산에 강림하시는 하나님의 모습입니다. 이것을 16절에는 이렇게 묘사합니다.

수께서 호령과 천사장의 소리와 하나님의 나팔 소리로 친히 하늘로부터 강림하시리니…

이것은 출애굽기에 나오는 시내 산의 장면과 같습니다. 출애굽기 19장 16-19절을 보겠습니다.

> 셋째 날 아침에 우레와 번개와 빽빽한 구름이 산 위에 있고 나팔 소리가 매우 크게 들리니 진중에 있는 모든 백성이 다 떨더라 모세가 하나님을 맞으려고 백성을 거느리고 진에서 나오매 그들이 산 기슭에 서 있는데 시내 산에 연기가 자욱하니 여호와께서 불 가운데서 거기 강림하심이라 그 연기가 옹기 가마 연기같이 떠오르고 온 산이 크게 진동하며 나팔 소리가 점점 커질 때에 모세가 말한즉 하나님이 음성으로 대답하시더라

참으로 장엄한 장면입니다. 하나님의 위엄이 시내 산에 나타났습니다. 모세가 시내 산에서 하나님을 뵙습니다. 얼마나 무서운지 백성들은 이렇게 말합니다.

> 뭇 백성이 우레와 번개와 나팔 소리와 산의 연기를 본지라 그들이 볼 때에 떨며 멀리 서서 모세에게 이르되 당신이 우리에게 말씀하소서 우리가 들으리이다 하나님이 우리에게 말씀하시지 말게 하소서 우리가 죽을까 하나이다 출 20:18-19

이렇게 말하면서도 그들은 하나님 앞에서 금송아지 우상을 만드

는 패역을 저지릅니다. 모세는 십계명 판을 가지고 내려와 이들을 심판하였습니다. 잘못된 것을 바로잡았습니다. 이것이 사도 바울이 언급하는 바 "주께서 호령과 천사장의 소리와 하나님의 나팔 소리로 친히 하늘로부터 강림하시리니"에 담은 예수님 재림의 배경 말씀입니다.

예수님은 시내 산에 강림하신 여호와 하나님과 같은 하나님이십니다. 그러나 우리가 예수님께로부터 말씀을 들을 때에는 무서워 죽을 것 같은 일은 없습니다. 사람의 몸을 입고 우리 가운데 오신 예수님은 우리의 눈높이로 자신을 낮추셨기 때문입니다. 하지만 예수님이 이 땅에 다시 오시는 날은, 모세가 십계명을 들고 우상 숭배에 빠진 이스라엘 백성들을 바로잡는 것 같은 심판의 날이 될 것입니다. 이 세상의 진정한 주인이 누구인지를 밝히실 것입니다. 인간들의 모든 악한 행위를 바로잡으실 것입니다.

톰 라이트가 말하는 둘째 이미지는 다니엘서에 나옵니다.

> 내가 또 밤 환상 중에 보니 인자 같은 이가 하늘 구름을 타고 와서 옛적부터 항상 계신 이에게 나아가 그 앞으로 인도되매 그에게 권세와 영광과 나라를 주고 모든 백성과 나라들과 다른 언어를 말하는 모든 자들이 그를 섬기게 하였으니 그의 권세는 소멸되지 아니하는 영원한 권세요 그의 나라는 멸망하지 아니할 것이니라
> **단 7:13-14**

다니엘은 한 사람을 보았습니다. '인자'란 사람의 아들이란 뜻입니다. 사람입니다. 그런데 구름을 타고 옵니다. 그가 영원한 권세와

멸망하지 않는 나라를 받고 모든 민족과 사람들에게 섬김을 받습니다. 이것이 다니엘이 본 사람입니다. 일찍이 다니엘이 본 이 인자는 누구입니까? 바로 우리 구주 예수 그리스도입니다. 사람의 몸을 입으시고 오신 분, 참 사람이고 참 하나님이신 예수님입니다. 사도 바울은 본문에서 예수님이 먼저 죽은 사람들을 데리고 재림하실 것을 다니엘서의 이미지를 가지고 설명했습니다. 다시 데살로니가전서 4장 14절을 보겠습니다.

> 우리가 예수께서 죽으셨다가 다시 살아나심을 믿을진대 이와 같이 예수 안에서 자는 자들도 하나님이 그와 함께 데리고 오시리라

초대교회 성도들 중에서는 자기 가족이나 지인이 먼저 죽은 사람들이 있었습니다. 사람이 죽으면 눈앞에서 사라집니다. 보고 만지고 대화하던 사람이 사라진 것입니다. 사랑하는 사람을 더 이상 볼 수 없다는 것은 큰 슬픔입니다. 이것이 초대교회의 슬픔이었습니다.

그런데 사도 바울이 이런 이야기를 듣고 위로합니다. 예수님의 부활을 이야기합니다. 예수님도 죽으셨지만 그 육체가 사라진 것이 아닙니다. 육신으로 죽고 영으로 부활했다는 것이 아닙니다. 육신도 부활했습니다. 예수님이 재림하시는 날에 이런 몸을 지닌 자로서 죽은 자들을 데리고 오신다는 것입니다. 예수님의 재림은 하나님의 오심이지만 인자의 오심입니다. 보이지 않는 영이신 하나님이 보이는 사람, 만질 수 있고 부둥켜안을 수 있는 몸으로 오는 것입니다. 더구나 이 부활한 몸은 다시 썩는 몸이 아닙니다. 슬픔이 있는 몸이 아닙니다. 주님이 눈물을 씻겨 주신 영원한 몸입니다.

셋째 이미지는 왕의 귀환입니다. 강림(파루시아)은 왕이 전쟁에서 승리하고 돌아오는 장면에서 비롯된 단어라고 말했습니다. 이렇게 귀환하는 왕은 성에 조용히 들어오지 않습니다. 백성들이 맞으러 나옵니다. 왕을 사랑하고 전쟁에서 승리한 왕의 업적이 커서 이것을 기뻐하고 존경하는 백성들은 멀리까지 맞으러 나가 그 왕을 보기를 원하게 됩니다.

사도행전에 이와 유사한 장면이 있습니다. 사도 바울이 로마에 들어오는 장면입니다. 사도 바울 당시에 로마에도 그리스도인들이 있었습니다. 이들이 멀리서 사도 바울의 행적을 듣고 그의 글을 읽었습니다. 그래서 사도 바울을 흠모했습니다. 그런데 이때 사도 바울이 로마에 온다는 소식이 들려온 것입니다. 듣자 하니 배를 타고 오다가 큰 풍랑을 만나 다 죽을 상황에서 사도 바울로 인하여 사람들이 모두 구원을 받았다는 기적 같은 소문도 있었습니다. 그러니 이 상황에서 로마의 기독교인들이 바울을 보고자 하는 열망이 얼마나 컸겠습니까? 사도행전 28장 15절은 그때의 장면을 이렇게 전합니다.

> 그곳 형제들이 우리 소식을 듣고 압비오 광장과 트레스 타베르네까지 맞으러 오니 바울이 그들을 보고 하나님께 감사하고 담대한 마음을 얻으니라

압비오 광장은 로마에서 65킬로미터나 떨어진 곳입니다. 트레스 타베르네는 50킬로미터 거리에 있습니다. 당시로는 매우 먼 거리입니다. 그런데 사람 하나 맞으려고 멀리까지 나온 것입니다. 그러니 왕의 귀환은 얼마나 대단하겠습니까? 우리 예수님이 오시는 날, 성경

이 뭐라고 했습니까?

> …너희 가운데서 하늘로 올려지신 이 예수는 하늘로 가심을 본 그대로 오시리라 하였느니라 **행 1:11**

예수님은 저 하늘로부터 오십니다. 상징이 아니라 실제적인 표현입니다. 그야말로 저 공중의 구름 속에서 오시는 것입니다. 지상에 있는 성도들이 예수님을 기다리다가 그분이 오신다는 선포에 그냥 공중까지 올라갑니다. 이것이 본문 17절에는 이렇게 기록되었습니다.

> 그 후에 우리 살아 남은 자들도 그들과 함께 구름 속으로 끌어올려 공중에서 주를 영접하게 하시리니 그리하여 우리가 항상 주와 함께 있으리라

'끌어올려지는' 것입니다. 수동태입니다. 예수님이 그의 오심을 사모하는 자들을 데려가시는 환영의 뜻이 강한 단어입니다.

사랑하는 성도 여러분, 과연 우리는 예수님의 다시 오심을 얼마나 고대하고 있습니까? 질문을 바꾸어 보겠습니다. 여러분은 예수님의 재림을 부담스럽게 여깁니까, 아니면 영광되고 행복하게 여깁니까? 이 세상은, 시내 산에 하나님이 강림하시는데 그 산 아래에서 타락하고 혼돈에 빠진 이스라엘 백성들의 모습과도 같습니다. 혹은 사망의 그늘 아래 누워 슬퍼하고 있는 허무한 세상이기도 합니다. 멀리 떠난 왕을 인정하지 않고 왕이 오심을 원하지 않는 은혜를 모르

는 배역한 세상이기도 합니다. 우리 그리스도인들은 그것을 압니다. 우리가 이 세상을 밝히려고 노력은 하지만 어둠이 점점 더 강해지는 세상을 보고 있습니다. 이 세상의 참된 소망은 예수님의 재림에 있습니다. 요한계시록 19장 9절은 이렇게 선포합니다.

> 천사가 내게 말하기를 기록하라 어린 양의 혼인 잔치에 청함을 받은 자들은 복이 있도다 하고 또 내게 말하되 이것은 하나님의 참되신 말씀이라 하기로

우리에게 예수님의 재림은 두려움이나 걱정의 날이 아닙니다. 예수님의 오심을 너무 사모한 나머지 저 공중까지 오르려는 마음이 있는 기쁜 날입니다. 물론 우리의 힘으로 지구의 중력을 이기고 저 공중까지 오르지는 못합니다. 이것은 주님의 몫입니다. 주님이 우리를 이끌어 가실 것입니다. 주님의 환영입니다.

풍성한 삶

[잠 4:7-8]

지혜가 제일이니 지혜를 얻으라 네가 얻은 모든 것을 가지고 명철을 얻을지니라 그를 높이라 그리하면 그가 너를 높이 들리라 만일 그를 품으면 그가 너를 영화롭게 하리라

[요 10:10]

도둑이 오는 것은 도둑질하고 죽이고 멸망시키려는 것뿐이요 내가 온 것은 양으로 생명을 얻게 하고 더 풍성히 얻게 하려는 것이라

요즘 유행어 가운데 '소확행'이라는 말이 있습니다. '소소하지만 확실한 행복'이라는 뜻의 이 말은, 1986년 일본의 한 작가가 쓴 30년도 더 된 글에서 유래했습니다. 이 작가는 다음과 같은 표현을 합니다. "갓 구운 빵을 손으로 찢어 먹는 것, 서랍 안에 반듯하게 집어

넣은 속옷이 잔뜩 쌓여 있는 것, 겨울 밤 부스럭 소리를 내며 이불 속으로 들어오는 고양이의 감촉." 소확행은 이런 데서 느끼는 행복입니다.

그런데 왜 오래전 표현이 우리 삶에 유행어가 되었을까요? 성장이 주도적인 사회에서는 미래의 행복을 중요하게 여기는 특성이 있는 데 반해, 경쟁이 치열하고 소득 격차가 크고 취업난이 심각한 저성장 시대에서는 지금 이 순간의 행복이 중요하게 여겨집니다. 가진 것이 별로 없으니 작고 일상적인 소소한 행복에 몰두하는 것입니다. 서울에서 아파트 한 채를 마련하려면 평생 번 돈을 다 쏟아부어도 어려울 지경입니다. 하지만 동네를 산책하고 맛집에서 맛있는 것을 사먹으며 행복할 수는 있습니다. 이게 '소확행'입니다. 불확실과 암담한 시대를 반영하는 유행어라고 할 수 있습니다.

여러분은 어디서 무엇을 할 때 행복을 느끼나요? 지금 이 시대를 살면서 우리 그리스도인에게 행복은 무엇이며, 어디에 있는 것일까요? 우리 어르신들, 우리 부모님들 세대에게 기독교 신앙은 아주 내세 지향적이었습니다. 찬송도 죽음 후의 천국을 향한 것을 많이 불렀고, 예수님 다시 오실 때에 대한 기대가 많았습니다. "죄 많은 이 세상은 내 집 아니네, 내 모든 보화는 저 하늘에 있네, 저 천국 문을 열고 나를 부르네, 나는 이 세상에 정들 수 없도다" "낮에나 밤에나 눈물 머금고 내 주님 오시기만 고대합니다" 이런 찬송들입니다.

요즘 교인들은 이런 찬송들은 잘 안 부릅니다. 이런 찬송이 있는지 모르는 사람도 있을 것입니다. 그저 현실에서 주님이 주시는 행복이 무엇인지에 관심이 많습니다. 어떤 면에서 오늘을 사는 우리

기독교인들도 신앙적 소확행이라는 트렌드가 대세로 보입니다.

그렇다면 이에 따른 이런 질문을 해보겠습니다. 하나님을 믿는 사람들, 예수님을 구주로 믿고 사는 사람들에게 행복이란 죽어서 얻는 것일까요? 그게 전부일까요? 아니면 여기 지금 살아가는 삶 속에서도 주님이 주시는 복이 있는 것일까요? 여기에 대한 예수님의 명쾌한 대답이 있습니다. 요한복음 10장 10절에 나오는 말씀입니다.

…내가 온 것은 양으로 생명을 얻게 하고 더 풍성히 얻게 하려는 것이라

여기 '생명'과 '풍성한 것'이 등장합니다. '풍성함'은 '차고 넘친다'는 뜻입니다. 남아돌도록 넘치는 상태란 뜻입니다. 물론 여기서 말하는 풍성함은 예수님이 주시는 생명으로 말미암은 결과입니다. 뭐든지 풍성함은 생명력의 결과입니다. 씨앗을 하나 심으면 수십 개, 수백 개의 열매가 나옵니다. 이런 의미에서 농부는 믿음의 사람이라고 할 수 있습니다. 생각해 보십시오. 봄에 농부가 씨앗을 뿌립니다. 대개 봄은 춘궁기입니다. 그런데도 농부는 먹거리인 씨앗을 아낌없이 땅에 뿌립니다. 당장의 상황만 말한다면 농부는 지금 씨앗을 땅 속에 버리고 있습니다. 그러나 농부는 알고 있습니다. 이 씨앗 하나에서 엄청난 열매들이 쏟아져 나온다는 것을! 그것을 믿고 뿌리는 것입니다.

어느 황량한 지역이 있었습니다. 산과 들은 메말라 붙었고 생명체라고는 찾아볼 수 없는 광야 같은 곳에 한 사람이 도토리를 심기 시작합니다. 하루에 100개씩을 심었습니다. 그리고 30년이 흘렀는데 기적이 일어났습니다. 들판이 상수리나무로 가득했고, 시냇물이 흐르

기 시작하더니 온갖 새들과 들짐승들이 깃들어 낙원 같은 풍성함이 넘치게 된 것입니다. 이런 것이 바로 생명력입니다.

예수님은 우리들에게 생명을 주시는 분이고, 그 생명 안에 능력이 있습니다. 이 능력으로 풍성한 삶이 펼쳐지는 것입니다. 예수님은 분명히 생명과 풍성한 삶을 말씀하셨습니다. 두 가지가 다 있습니다. 생명을 구원이라 한다면 풍성함은 그 구원받은 자가 누리는 삶이라고 할 수 있습니다. 이것은 죽어서야 누리는 것이 아닙니다. 지금 여기에 나타나는 놀라운 삶입니다. 그런데 너무나 많은 그리스도인들이 이것을 모르고 삽니다. 예수님 안에 이 모든 것이 들어 있음을 잘 모릅니다. 알지 못하기에 누리지도 못합니다.

이런 이야기가 있습니다. 옛날에 어떤 영국 사람이 배를 타고 대서양을 건너 미국으로 가게 되었습니다. 가난하기에 겨우 뱃삯을 마련하여 승선하였습니다. 당시 배가 대서양을 건너는 데는 여러 날이 걸리기 때문에 배에서 먹고 자고 하며 갑니다. 배 안에는 뷔페 레스토랑이 있어서 손님들이 웃음 가득한 얼굴로 음식을 즐겼습니다. 이 사람은 굶으면서 식당에 들어가지도 못하고 물로 배를 채우고 항해하였습니다. 그런데 나중에 알고 보니 자기가 지불한 뱃삯에 음식 값도 포함되어 있었던 것입니다. 이 얼마나 억울한 이야기입니까?

또 이런 이야기도 있습니다. 어떤 선교사가 차를 타고 가다가 한 아주머니가 무거운 짐을 머리에 이고 길을 가는 것을 보았습니다. 선교사는 안타까운 마음에 아주머니를 자기 차에 태웠습니다. 그런데 아주머니는 여전히 머리에 짐을 이고 있었습니다. "그 짐, 옆에 내려놓으시고 편안히 가시지요." "아휴, 저를 태워준 것만으로도 감사한데 짐까지 싣는다면 너무 미안하잖아요." 이게 말이 되는 소리인가요?

예수님이 구원선에 우리를 태우셨습니다. 그 구원선에 탄 사람이 누릴 혜택에 '풍성함'이 있습니다. 우리는 과연 구원을 받은 것뿐 아니라 이 풍성함도 누리고 있는지요? 우리의 구원이 죽은 후 저 천국에 가는 것이 다는 아닙니다. 우리의 신앙은 죽어서 누릴 영생의 복뿐 아니라 지금 여기서 누릴 풍성함, 혹은 그 반대인 비참함도 있는 것입니다.

《최후 심판에서 행위의 역할 논쟁》이라는 책이 있습니다. 이 책은 우리가 받은 구원은 은혜로 받은 것인가, 아니면 우리의 행실을 포함하는 것인가를 논제로 다루고 있습니다. 믿음으로 구원을 얻는다는 것을 강조하는 종교개혁자의 후손으로서 너무도 당연한 문제 같지만 깊이 들어가 보면 매우 어려운 논제입니다. 예수 믿고 행실이 나빠도 구원을 받느냐는 질문에 대한 것입니다.

사도 바울은 갈라디아서 2장 16절에서 이렇게 말합니다.

> 사람이 의롭게 되는 것은 율법의 행위로 말미암음이 아니요 오직 예수 그리스도를 믿음으로 말미암는 줄 알므로 우리도 그리스도 예수를 믿나니…

또한 마태복음 7장 21절에서 예수님은 이렇게 말씀하십니다.

> 나더러 주여 주여 하는 자마다 다 천국에 들어갈 것이 아니요 다만 하

늘에 계신 내 아버지의 뜻대로 행하는 자라야 들어가리라

이렇듯 상반되게 보이는 말씀에 대해 신학자들의 논쟁이 치열합니다. 좀 어려운 책이지만 읽어 볼 만합니다.

그런데 여기서 신학자들이 공통적으로 하는 말이 있습니다. 성경에 구원이라는 말이 나올 때는 그것이 세상 끝에 하나님 앞에서 심판을 받는 것을 말하는지와 그렇지 않은 것인지를 잘 구별하여 살펴볼 필요가 있다는 것입니다. 당연히 우리가 죽은 후에, 예수님이 이 세상에 다시 오셔서 최후의 심판이 벌어질 때, 우리의 행실로는 구원을 얻을 자가 없습니다. 그때는 예수님의 십자가 은혜를 믿어 구원을 받는 것입니다. 믿는 자는 심판에 이르지 않습니다.

그리고 그때 신자의 행실은 상급과 관련이 있습니다. 성경 여러 곳에서 행실을 요구합니다. 그리고 이 행위에는 결과가 따른다는 것입니다. 때로는 복을 받기도 하고 때로는 망하기도 합니다. 그런데 이것은 최후 심판의 자리에서 일어나는 것이 아닙니다. 우리 사는 이 세상에서 우리가 누리는 삶에서 일어나는 구원을 다루는 것입니다. 일상의 삶입니다.

이렇게 성경이 말하는 '구원'이라는 단어의 의미가 폭이 넓습니다. 죽은 후 하나님의 심판대 앞에서 영원한 천국과 지옥으로 갈라지는 것을 말하기도 하고, 살아 있는 동안에 병에서 치료받는 것, 전쟁에서 이기는 것, 기타 온갖 문제가 해결되는 것 모두가 구원이라는 범주에 들어갑니다. 그래서 신학자들은 이것을 잘 살펴야 한다고 말합니다. 우리의 행실이 없으면 망한다고 할 때, 그것이 영원한 멸망을 말하는 것인지, 아니면 우리 사는 삶에 나타나는 풍성함이나 곤고

함을 말하는 것인지를 분별해야 한다는 것입니다.

우리는 예수를 믿어 구원선에 올라탔습니다. 하나님의 구원은 취소될 수 없습니다. 그러나 이 배에서 누리는 삶은 모두가 다릅니다. 배 타고 대서양을 건너는 사람 이야기처럼, 풍성한 음식을 즐기며 갈 수도 있고, 밖에서 쫄쫄 굶으며 신세나 한탄하면서 갈 수도 있습니다.

그러면 어떻게 해야 우리는 풍성한 삶을 누릴 수 있을까요? 이 일에 대하여 하나님께서는 신명기 30장 15-20절에 이렇게 말씀하셨습니다.

> 보라 내가 오늘 생명과 복과 사망과 화를 네 앞에 두었나니 곧 내가 오늘 네게 명령하여 네 하나님 여호와를 사랑하고 그 모든 길로 행하며 그의 명령과 규례와 법도를 지키라 하는 것이라 그리하면 네가 생존하며 번성할 것이요 또 네 하나님 여호와께서 네가 가서 차지할 땅에서 네게 복을 주실 것임이니라 그러나 네가 만일 마음을 돌이켜 듣지 아니하고 유혹을 받아 다른 신들에게 절하고 그를 섬기면 내가 오늘 너희에게 선언하노니 너희가 반드시 망할 것이라 너희가 요단을 건너가서 차지할 땅에서 너희의 날이 길지 못할 것이니라 내가 오늘 하늘과 땅을 불러 너희에게 증거를 삼노라 내가 생명과 사망과 복과 저주를 네 앞에 두었은즉 너와 네 자손이 살기 위하여 생명을 택하고 네 하나님 여호와를 사랑하고 그의 말씀을 청종하며 또 그를 의지하라 그는 네 생명이시요 네 장수이시니 여호와께서 네 조상 아브라함과 이삭과 야곱에게 주리라 맹세하신 땅에 네가 거주하리라

여기에 등장하는 '명령', '규례', '법도'라는 말씀은 잠언에 자주 나오는 표현들입니다. 잠언은 구원을 가르치는 책이 아닙니다. 구원은 출애굽기에 나옵니다. 우리가 구원이 무엇인지를 알려면 출애굽기를 연구해야 합니다. 잠언은 출애굽기를 염두에 둔 책입니다. 이미 구원을 받은 백성들이 누리는 풍성한 삶을 가르치는 책이 바로 잠언입니다. 그래서 잠언을 열면 풍성한 삶이 쏟아져 나옵니다. 너무 많이 나와서 정신을 차리지 못할 지경입니다. 잠언 3장을 보십시오. '장수', '평강', '존귀한 삶', '골수가 윤택', '창고가 가득' 이런 말씀들이 쉴 새 없이 나옵니다.

우리가 본문으로 읽은 잠언 4장 8절에 "…그가 너를 높이 들리라…그가 너를 영화롭게 하리라"는 말씀과 잠언 1장 9절에 "이는 네 머리의 아름다운 관이요 네 목의 금 사슬이니라"는 말씀은 창세기의 요셉을 생각나게 하는 표현들입니다. 억울하게 깊은 옥에 들어간 젊은이가 어떻게 왕 앞에 서고, 졸지에 총리가 되어 그 목에 금사슬을 두르고 왕의 인장반지를 끼고 세마포 옷을 입을 수 있단 말입니까!

이것은 요셉만의 이야기는 아닙니다. 다니엘도 마찬가지입니다. 포로로 끌려간 불행한 유대 청년이 하나님의 명령과 규례와 법도에 주목합니다. 다니엘서 1장 8절을 보면 "다니엘은 뜻을 정하여…자기를 더럽히지 아니하도록"이라고 했습니다. 뜻을 정하였다는 말은 하나님의 명령과 규례와 법도에 주목했다는 뜻입니다. 천박한 노예가 존귀의 길로 들어서는 순간입니다. 하나님이 그를 높이십니다. 다니엘서 5장 29절을 봅시다.

이에 벨사살이 명하여 그들이 다니엘에게 자주색 옷을 입히게 하며 금 사슬을 그의 목에 걸어 주고 그를 위하여 조서를 내려 나라의 셋째 통치자로 삼으니라

다니엘도 요셉과 똑같이 그 목에 금사슬을 겁니다. 이것은 잠언에 약속한 풍성한 삶의 한 모습입니다. '풍성한 삶의 한 모습'이라고 말한 것은, 예수님이 말씀하시는 풍성한 삶은 정말 다양하고 넓기 때문입니다. 이것은 물질세계만 나타내지 않지만, 풍성한 삶은 분명히 물질계도 포함합니다. 먹는 것에서부터 옷, 집 등등이 다 들어 있습니다. 예수님이 사람들을 먹이신 것을 보십시오. 오병이어는 작은 아이의 도시락이었습니다. 한 사람이 먹어도 모자랄 분량입니다. 그런데 이것이 예수님 손에서 풍성해집니다. 풍성하다는 말이 '넘친다, 남는다'라고 말씀을 드렸는데, 오병이어로 먹고 난 후에 남은 것이 열두 바구니입니다. 먹고도 남았습니다. 이게 풍성함입니다. 하나님의 손에는 모자람이라는 것이 없습니다.

그런가 하면 보이지 않는 영역에서도 풍성함이 있습니다. 바로 평안입니다. 잠언에는 장수의 복을 말하는데, 이것은 그냥 오래 산다는 것이 아닙니다. 요즘에 '재수 없으면 오래 산다'는 말이 있습니다. 장수하지만 고통 속에 행복하지 않는 것을 일컫는 말입니다. 제일 큰 문제가 노인의 외로움입니다. 육신의 건강도 노인의 문제입니다. 더 무서운 것이 치매입니다. 뇌가 다 녹아 버려 모든 기억을 지웁니다. 이로써 모든 관계가 파괴됩니다. 자기 자식도 몰라보고 배우자도 몰라봅니다. 이런 장수는 복이 아닙니다.

그러나 주님이 주시는 복에는 평안이 있습니다. 평안의 깊은 곳에

용납이 있습니다. 하나님이 나를 받으셨다는 것입니다. 로마서 5장 1-4절을 보겠습니다.

> 그러므로 우리가 믿음으로 의롭다 하심을 받았으니 우리 주 예수 그리스도로 말미암아 하나님과 화평을 누리자 또한 그로 말미암아 우리가 믿음으로 서 있는 이 은혜에 들어감을 얻었으며 하나님의 영광을 바라고 즐거워하느니라 다만 이뿐 아니라 우리가 환난 중에도 즐거워하나니 이는 환난은 인내를, 인내는 연단을, 연단은 소망을 이루는 줄 앎이로다

이 병든 세상에서 기독교인인들 왜 질병이 없겠습니까, 왜 가난인들 없겠습니까, 어찌 슬픈 이별이 없을까요? 하지만 믿음으로 사는 자에게는 하늘 위로가 있고 소망이 있습니다. 이 점이 다릅니다. 여기에 영적 풍성함이 있습니다. 풍성함이란 물질계에만 있는 것이 아니라 영적 세계에도 있는 것입니다.

사도 바울을 보십시오. 그의 삶은 풍성함 그 자체입니다. 사도 바울은 몸이 아팠습니다. 몸이 너무 괴로워서 하나님께 고쳐 달라고 세 번이나 기도를 합니다. 그런데도 좋아지지를 않으니 바울의 삶의 질이 얼마나 낮았겠습니까? 그러나 그는 이렇게 말합니다. 고린도후서 12장 9-10절입니다.

> 나에게 이르시기를 내 은혜가 네게 족하도다 이는 내 능력이 약한 데서 온전하여짐이라 하신지라 그러므로 도리어 크게 기뻐함으로 나의 여러 약한 것들에 대하여 자랑하리니 이는 그리스도의 능력이 내게

1부 하나님의 형상대로

머물게 하려 함이라 그러므로 내가 그리스도를 위하여 약한 것들과 능욕과 궁핍과 박해와 곤고를 기뻐하노니 이는 내가 약한 그때에 강함이라

사도 바울의 글에는 '족하다', '풍족하다', '만족하다', '자족한다', '내게 부족함이 없다' 이런 표현이 자주 나옵니다. 이것이 물질계를 넘어선 영적인 풍성함입니다. 여러분, 진정한 풍성함은 어디에 있습니까? 주님 안에 거하는 것입니다. 다윗은 이렇게 선포합니다. "여호와는 나의 목자시니 내게 부족함이 없으리로다"(시 23:1). 잠언 30장 15-16절에는 재미있는 표현이 나옵니다. 아굴이라는 사람의 잠언인데 이분은 표현을 재미있게 합니다.

거머리에게는 두 딸이 있어 다오 다오 하느니라 족한 줄을 알지 못하여 족하다 하지 아니하는 것 서넛이 있나니 곧 스올과 아이 배지 못하는 태와 물로 채울 수 없는 땅과 족하다 하지 아니하는 불이니라

아굴은 탐욕에 절어 있는 사람의 모습을 거머리에 비유합니다. 거머리는 피를 빨아먹고 사는 끔찍한 벌레입니다. 논이나 미나리 밭에 가면 많습니다. 거머리가 피를 빠는 것을 보았습니까? 배가 터지도록 피를 빨고 나서도 그대로 붙어 있습니다. 거머리는 떨어지는 법이 없습니다. 그래서 떼내야 합니다. 거머리의 두 딸, 그 입의 빨판이 두 딸처럼 아주 탐욕스럽게 피를 빠는 모습을 만족을 모르는 인간의 탐욕에 빗대어 이렇게 묘사한 것입니다. 자! 그러면 이런 자에게도 풍성함이 있을까요? 결코 없습니다. 풍성함은 넘치는 것을 묘사

하는 단어입니다. 이 넘침은 자족과 감사의 사람에게 있습니다. 자족함을 모르는 자는 온 세상을 다 주어도 만족이 없습니다.

그런가 하면 '스올'을 말합니다. 스올은 죽음의 영역입니다. 스올에서는 죽은 자가 너무 많이 와서 '사절'이라는 말을 하지 않는다는 것입니다. 또 '아이 배지 못하는 태'가 나오는데 이는 임신을 향한 여인의 갈망을 나타냅니다. '물로 채울 수 없는 땅'은 사막을 말하는 것이고, '족하지 아니하는 불'은 다 태우고도 만족이 없는 것을 나타냅니다. 이 모든 것은 인간의 만족을 모르는 상태에 대한 묘사입니다. 그만큼 지독합니다.

풍성함은 오직 하나님 안에서 누릴 수 있는 자족함입니다. 이것을 빌립보서 4장 11-13절은 이렇게 말씀합니다.

> 내가 궁핍하므로 말하는 것이 아니니라 어떠한 형편에든지 나는 자족하기를 배웠노니 나는 비천에 처할 줄도 알고 풍부에 처할 줄도 알아 모든 일 곧 배부름과 배고픔과 풍부와 궁핍에도 처할 줄 아는 일체의 비결을 배웠노라 내게 능력 주시는 자 안에서 내가 모든 것을 할 수 있느니라

여기서 중요한 것은 "내게 능력 주시는 자 안에서"라는 말씀입니다. 바로 예수님입니다. 우리가 우리에게 생명을 주시고 그 생명에서 뿜어내는 풍성함을 주시는 예수님 안에 있을 때 자족함이 옵니다. 그때 풍부할 때 교만하지 않고, 궁핍할 때 비굴하지 않고, 배부를 때 '하나님이 누구냐' 하지 않고, 또 배고플 때 도둑질 같은 악에 물들

지 않는 모든 비결을 배우게 되는 것입니다.

잠언에는 이 모든 것들이 녹아 있습니다. 잠언은 풍부함의 창고입니다. 우리가 잠언에 귀 기울이면 인생의 고생과 파멸을 피할 수 있습니다. 잠언을 통하여 우리는 그리스도인의 소확행 정도가 아니라 대확행도 누릴 수 있습니다.

《P31-성경대로 비즈니스 하기》라는 책은 팀하스 하형록 회장 이야기입니다. 그는 잠언 31장으로 세계적인 건축 설계회사를 경영한 사람입니다. 그는 "지혜가 제일이니, 그가 너를 영화롭게 하리라"는 말씀에 주목합니다. 그리하여 21세기 요셉과 다니엘 같은 삶을 간증한 분입니다. 그는 잠언 31장, 단 한 장의 말씀만으로 풍성한 삶을 엮어냈습니다. 이렇게 잠언의 말씀은 오늘의 삶에도 효력을 나타냅니다.

잠언은 '그 지혜를 너의 친구로 삼으라, 지혜를 얻으라!'고 요청합니다. 여기 '얻으라'의 히브리어는 '카나'라는 단어인데, 이는 값을 치르고 사서 내 것으로 삼는 것을 말합니다. 이것은 마태복음 13장에 나오는 천국의 비유를 생각나게 합니다. 44-46절을 읽겠습니다.

> 천국은 마치 밭에 감추인 보화와 같으니 사람이 이를 발견한 후 숨겨두고 기뻐하며 돌아가서 자기의 소유를 다 팔아 그 밭을 사느니라 또 천국은 마치 좋은 진주를 구하는 장사와 같으니 극히 값진 진주 하나를 발견하매 가서 자기의 소유를 다 팔아 그 진주를 사느니라

지혜를 얻는 것은 나의 소유 전부를 다 팔아도 괜찮은 가치입니다. 지혜 안에 숨겨진 풍성한 보화들을 보는 것 자체가 이미 지혜입니다. 밭의 비유와 진주 구하는 비유에서 공히 나오는 표현은 "자기

의 소유를 다 팔아"라는 말입니다. 진주 장수는 자기의 소유를 다 팔았습니다. 그는 이미 자기가 소유하고 있었던 수많은 진주들도 다 내놓았을 것입니다. 왜냐하면 그가 지금 발견한 진주는 그동안 자기가 사모은 진주들과 비교할 수 없는 '극히 값진 진주 하나'이기 때문입니다. 이 진주 장수의 정신을 보십시오. 더 나은 가치, 더 풍성한 것을 위해서라면 지금 있는 것에 안주하지 않겠다는 것입니다. 그는 기꺼이 풍성한 삶을 위한 모험을 떠납니다. 이사야 55장 1-2절에는 풍성함을 향하여 모험을 떠나라는 초청의 말씀이 나옵니다.

> 오호라 너희 모든 목마른 자들아 물로 나아오라 돈 없는 자도 오라 너희는 와서 사먹되 돈 없이, 값 없이 와서 포도주와 젖을 사라 너희가 어찌하여 양식이 아닌 것을 위하여 은을 달아 주며 배부르게 하지 못할 것을 위하여 수고하느냐 내게 듣고 들을지어다 그리하면 너희가 좋은 것을 먹을 것이며 너희 자신들이 기름진 것으로 즐거움을 얻으리라

우리는 혹시 '양식이 아닌 것, 배부르게 하지 못할 것'에 안주하는 사람은 아닐까요? 성경은 '좋은 것, 기름진 것'을 향해 나가려는 자를 지혜로운 자라고 말씀하고 있습니다. 하나님은 풍성한 삶으로 우리를 부르십니다. 잠언에는 우리를 초청하는 하나님의 음성을 다음과 같이 삼중으로 들려주고 있습니다.

> 지혜가 길거리에서 부르며 광장에서 소리를 높이며 시끄러운 길목에서 소리를 지르며 성문 어귀와 성중에서 그 소리를 발하여 이르되
> 잠 1:20-21

사람들아 내가 너희를 부르며 내가 인자들에게 소리를 높이노라
잠 8:4

어리석은 자는 이리로 돌이키라 또 지혜 없는 자에게 이르기를 너는 와서 내 식물을 먹으며 내 혼합한 포도주를 마시고 어리석음을 버리고 생명을 얻으라 명철의 길을 행하라 하느니라 **잠 9:4-6**

하나님의 형상대로

[창 1:26-28]

하나님이 이르시되 우리의 형상을 따라 우리의 모양대로 우리가 사람을 만들고 그들로 바다의 물고기와 하늘의 새와 가축과 온 땅과 땅에 기는 모든 것을 다스리게 하자 하시고 하나님이 자기 형상 곧 하나님의 형상대로 사람을 창조하시되 남자와 여자를 창조하시고 하나님이 그들에게 복을 주시며 하나님이 그들에게 이르시되 생육하고 번성하여 땅에 충만하라, 땅을 정복하라, 바다의 물고기와 하늘의 새와 땅에 움직이는 모든 생물을 다스리라 하시니라

결혼식에서 신랑은 '군', 신부는 '양'이라고 합니다. '군'과 '양'은 일반적으로 아랫사람을 조금 높이거나 친근하게 부르는 말입니다. 그러나 한자의 뜻을 보면, '양'은 아가씨 양인데 '커다란 여자' 즉 어머니를 가리키는 속어라고 합니다. 그리고 '군'은 '임금 군'입니다. 그저

아랫사람을 친근하게 부르는 김 군, 이 군, 박 군에 이런 뜻이 담겨 있습니다. 언젠가 이런 이야기를 들었습니다. "이 군이라는 단어를 신랑에게 쓰는 것은 구한말에 선교사가 들어와 이 땅의 청년들에게 붙여 주었기 때문이다." 임금이나 영주에게나 쓰던 존귀한 말을 일반 모든 총각들에게 붙여 주었다는 것입니다. 100년 전에 이런 사회적인 인식을 했다는 것은 정말 놀라운 일입니다.

본문을 보면 하나님께서 사람을 창조하실 때 "우리의 형상을 따라 사람을 만들자"라고 말씀하십니다. 그래서 사람은 하나님의 형상으로 지음 받았습니다. 참으로 특별한 일입니다. 하나님이 지으신 만물 중에 사람의 창조는 하나님의 형상이라고 하는 특별한 의미가 있습니다.

성경에서 '창조'(바라)는 하나님께만 쓰는 단어입니다. 엄밀히 말해 인간은 창조할 수 없습니다. 이미 주어진 것을 변형시키거나 이용할 뿐입니다. 성경에는 창조라는 하나님의 행위가 마흔아홉 번 쓰였습니다. 그런데 창세기 1장에만 이 단어가 다섯 번 나옵니다. 이중 두 번은 하나님이 창조주이심을 선언하는 1절에, 그리고 다섯째 날에 나오고, 유독 사람을 지으신 27절에서 세 번이나 연거푸 나옵니다(우리 말에는 두 번만 나오게 번역했습니다).

그리고 사람을 지으신 여섯째 날에만 '그' 여섯째 날이라는 정관사가 붙습니다. 무엇보다 중요한 것은, 다른 모든 피조물들은 그냥 지었는데 사람은 의논하고 지으셨다는 사실입니다. 또한 생물의 경우 '종류대로' 지었는데 사람에게는 '종류대로'라는 표현이 없습니다. 원숭이 같은 유인원들은 종류가 있겠지만, 사람은 '종류'로 분류될 존재가 아니라 '하나님의 형상'이라는 선언입니다. 그야말로 인간의 창조는 특별합니다. 그래서 창조의 마지막 날 인간이 창조된 것을 창조의 극치요 완성이라고 부릅니다. 이렇게 사람은 하나님의 형상으로 창조되었습니다. 인간에게 '하나님의 형상'이라는 표현은 소중합니다.

그런데 '하나님의 형상'이라는 단어가 성경에 그렇게 자주 나오는 것은 아닙니다. 구약성경에 세 번밖에 안 나옵니다. 창세기 1장 26-27절과 5장 1-2절, 그리고 9장 6절입니다. 인간이 타락한 이야기가 성경 창세기에 딱 한 번만 나오지만 성경 전체에서 중요한 내용인 것처럼, 하나님의 형상에 대한 언급도 불과 세 번밖에 안 나오지만 대단히 중요합니다.

하나님의 형상으로 지었다는 것은 참으로 이상한 말씀입니다. 왜냐하면 성경은 그 어떤 것으로도 '하나님의 형상을 만들지 말라'고 말씀하시기 때문입니다. 십계명에 나옵니다. 출애굽기 20장 4절입니다.

> 너를 위하여 새긴 우상을 만들지 말고 또 위로 하늘에 있는 것이나 아래로 땅에 있는 것이나 땅 아래 물 속에 있는 것의 어떤 형상도 만들지 말며

출애굽기 20장 23절에도 나옵니다.

> 너희는 나를 비겨서 은으로나 금으로나 너희를 위하여 신상을 만들지 말고

이렇게 '하나님의 형상'을 만드는 것을 철두철미하게 금하셨는데, 하나님께서 인간을 만드실 때 '하나님의 형상'으로 창조하셨다는 것은 실로 놀라운 말씀이 아닐 수 없습니다. 그렇다면 도대체 사람이 하나님의 형상이란 것은 무슨 뜻일까요?

여러 신학자들이 연구하고 다양하게 해석합니다. 우선 하나님의 형상을 영적으로 이해합니다. 영적 능력, 지성과 의지로 보는 것입니다. 다분히 철학적인 해석입니다. 인격성, 이성, 자유의지, 자아의식, 지성, 영혼의 불멸성 같은 이해도 다 여기에서 비롯된 해석입니다.

그다음에 형상은 그냥 형상이라고 보는 해석이 있습니다. 추상적으로 보지 말자는 것입니다. 그저 인간의 외형과 외모가 하나님을 닮았다고 보는 해석입니다. 모든 동물 중에서 사람이 직립보행을 하는 것도 하나님의 형상으로 이해하자는 것인데, 사실 이 해석은 좀 위험합니다.

그런가 하면 교리학에서는 인간의 본질, 예를 들어 인간의 자유, 양심, 초월성, 자주성, 영성으로 해석합니다.

한편 하나님의 형상이라는 말을 기능적으로도 해석합니다. 옛날 왕들은 자기 형상을 조각해서 먼 변방에 설치했습니다. 왕을 직접 볼 수 없는 자들에게 왕과 똑같이 생긴 조각상을 두고 왕을 보듯 하게 했다는 것입니다. 그러나 이 역시 하나님과 인간의 외모가 닮았다는 식의 해석과 다를 바가 없습니다.

조금 고급스런 해석도 있습니다. 인간을 하나님과의 대화 상대자, 즉 하나님이 인간을 '너'라고 부를 수 있는 존재로서 이해하는 것입니다. 하나님의 형상을 하나님과 관계를 맺을 수 있는 대화 상대자로 해석합니다. 여러분은 이런 다양한 해석에서 어떤 것이 좋아 보입니까?

아무래도 성경의 해석은 성경 안에서 찾는 것이 좋습니다. 본문을 보면 하나님은 사람을 지으신 후에 복을 주셨습니다. 다섯 가지인데, 창세기 1장 28절에 나옵니다.

> 하나님이 그들에게 복을 주시며 하나님이 그들에게 이르시되 생육하고 번성하여 땅에 충만하라, 땅을 정복하라, 바다의 물고기와 하늘의 새와 땅에 움직이는 모든 생물을 다스리라 하시니라

'생육하라', '번성하라', '땅에 충만하라', '땅을 정복하라', '모든 생물을 다스리라'입니다. 앞의 세 가지는 인간에게만 주신 복이 아닙니다. 생물들에게도 생육, 번성, 충만의 복을 주셨습니다. 유독 인간에게 주신 복이 '정복'과 '다스림'입니다. 이 말씀에 따르면 사람이 다른 생물들과 다른 점은 정복과 다스림에 있습니다. 이것은 시편에도 그대로 나타납니다. 시편 8편 3-8절입니다.

> 주의 손가락으로 만드신 주의 하늘과 주께서 베풀어 두신 달과 별들을 내가 보오니 사람이 무엇이기에 주께서 그를 생각하시며 인자가 무엇이기에 주께서 그를 돌보시나이까 그를 하나님보다 조금 못하게 하시고 영화와 존귀로 관을 씌우셨나이다 주의 손으로 만드신 것을 다스리게 하시고 만물을 그의 발 아래 두셨으니 곧 모든 소와 양과 들짐승이며 공중의 새와 바다의 물고기와 바닷길에 다니는 것이니이다

시편 8편은 하나님의 형상으로 지음 받은 사람의 위치에 대한 중

요한 말씀입니다. 여기에는 '하나님의 형상'이라는 말이 없지만 분명 그것을 염두에 둔 말씀이라고 할 수 있습니다. 다윗은 시편 8편에서 '사람이 하나님보다 조금 못하게 지어졌는데 영화와 존귀로 관을 씌우셨다'고 말합니다. 여기 '관'은 임금이 쓰는 것입니다. 그래서 이 표현은 '하나님이 사람을 임금, 왕으로 지었다'는 뜻입니다.

그리고 그 역할은 만물을 발 아래 두어 다스리는 것이라고 말합니다. '발 아래, 다스림'은 창세기 1장에 나오는 '정복과 다스림'과 같습니다. 여기서 '다스린다'는 말은 참으로 중요합니다. 왕권의 의미가 담겼기 때문입니다.

그러므로 '하나님의 형상'이 무엇이냐 할 때, 인간이 하나님을 외형으로 닮았다는 것도 아니고 인간의 본질이 어떻다는 것도 아닙니다. 다 일리 있는 해석들이지만 성경이 말하려는 것은 하나님의 형상이란 바로 다스림에 있다는 것입니다. 하나님은 만물을 다스릴 왕의 권한과 책임을 사람에게 주셨습니다. 바로 이것이 하나님 형상의 뜻입니다. 다시 한번 창세기 1장 27절을 보겠습니다.

> 하나님이 자기 형상 곧 하나님의 형상대로 사람을 창조하시되 남자와 여자를 창조하시고

잘 보셨습니까? 특히 여성분들이 잘 보셨나요? '남자와 여자'입니다. 하나님의 형상인 왕권은 남자에게만 있는 것이 아니라 여자에게도 있습니다. 그래서 28절에 복을 명하실 때 '그들에게'라고 하십니다. 남자와 여자가 하등의 차이가 없습니다. 놀라운 말입니다.

고대 근동에서 '신의 형상'이라는 말은 낯선 말이 아니었습니다.

메소포타미아나 애굽에서 왕은 언제나 신의 형상으로 지칭되었습니다. 주전 14세기 기록에는 이집트의 최고 신이 바로에게 이렇게 말합니다. "너는 내가 세상에 세워 준 나의 형상이다. 나는 세상을 평화롭게 통치하기 위해서 너를 세웠다." 신의 형상이 왕권, 즉 왕이 통치하고 다스리는 것으로 나옵니다.

이렇듯 고대 근동에서는 한 나라의 왕만이 신의 형상입니다. 하지만 창세기 1장에서는 남자와 여자가 공히 하나님의 형상임을 선포합니다. 사람으로 태어난 모든 자는 하나님의 형상입니다. 이는 모든 사람이 왕권을 지니고 태어난다는 뜻입니다. 그래서 구약학자인 박준서 교수는 이를 일컬어 '하나님의 형상의 민주화'라고 말합니다.

구한말에 선교사들이 들어왔을 때 신분적 차등이 심한 이 나라를 보았습니다. 양반과 상놈이 존재합니다. 그때 '군'이라는 말을 들을 수 있었던 사람은 그야말로 왕궁에 사는 왕의 족속들뿐이었습니다. 왕의 자식들을 군이라고 부릅니다. 왕의 서자들도 군으로 불렀습니다. 종종 공신에게도 군의 작위를 하사했습니다. 하지만 까딱 잘못하면 군의 호칭을 빼앗기는 일도 있었습니다. 그야말로 군이라는 말은 상류계층에서 허물이 없는 자에게 쓰는 말이었습니다. 그런 세상에서 선교사들이 모든 젊은이들에게 '군' 자를 붙입니다. 양반 상놈, 빈부귀천을 막론하고 사람에게 하나님의 형상, 즉 왕권이 있음을 적용한 것입니다.

사람은 하나님의 형상, 왕권을 지닌 특별한 존재로 창조되었습니다. 하나님의 형상인 왕권이란 만물을 다스리는 것입니다. 사람은 누구나 다스리는 왕권의 특권과 임무를 지녔습니다. 이 세상의 모든 영역은 다스림이 필요합니다.

그러면 다스림이란 무엇일까요? 성경에 다스림이라는 말이 많이 나오는데, 흥미롭게도 포도를 재배하는 데에도 이 단어를 씁니다. 포도 농사와 다스림이 대체 무슨 상관이 있을까요? 잠언 24장 30-32절을 보겠습니다.

> 내가 게으른 자의 밭과 지혜 없는 자의 포도원을 지나며 본즉 가시덤불이 그 전부에 퍼졌으며 그 지면이 거친 풀로 덮였고 돌담이 무너져 있기로 내가 보고 생각이 깊었고 내가 보고 훈계를 받았노라

포도 넝쿨을 그냥 내버려 두면 세 가지 현상이 일어납니다. 첫째로 가시덤불이 전부에 퍼지고, 둘째로 지면이 거친 풀로 덮이고, 그리고 셋째로 돌담이 무너져 버립니다. 그 결과 포도 농사를 완전히 망치고 맙니다. 그래서 잠언 24장 34절은 이렇게 이어집니다.

> 네 빈궁이 강도같이 오며 네 곤핍이 군사같이 이르리라

이 포도원의 이야기를 통하여 성경 전체에서 다스림의 두 가지 측면을 봅니다. 바로 지혜와 부지런함입니다. 다스리는 일은 지혜와 부지런함으로 합니다. 그래서 성경 곳곳에서는 다스리는 자의 지혜와 부지런함에 대하여 이렇게 말씀합니다.

> 나(지혜)로 말미암아 재상과 존귀한 자 곧 모든 의로운 재판관들이 다스리느니라 잠 8:16

여호와께서 네게 지혜와 총명을 주사 네게 이스라엘을 다스리게
하시고 네 하나님 여호와의 율법을 지키게 하시기를 더욱 원하노라
대상 22:12

부지런한 자의 손은 사람을 다스리게 되어도 게으른 자는 부림을 받
느니라 **잠 12:24**

혹 위로하는 자면 위로하는 일로, 구제하는 자는 성실함으로, 다스
리는 자는 부지런함으로, 긍휼을 베푸는 자는 즐거움으로 할 것이니
라 **롬 12:8**

'사람이 지혜와 부지런함으로 하나님이 맡겨 주신 직분인 왕권, 곧 다스리는 일을 하지 않는다면 이것은 마치 돌보지 않는 포도원처럼 되리라' 하는 이야기입니다. 잘 다스린다는 것이 이만큼 어렵습니다. 하나님은 이를 위해 사람을 하나님의 형상으로 창조하였습니다. 그래서 사람에게 잘 다스리는 것은 대단히 중요합니다. 잘 다스리는 일에 평안이 있습니다. 사무엘서에는 잘 다스리는 일의 소중함을 이렇게 전합니다.

…사무엘이 미스바에서 이스라엘 자손을 다스리니라 **삼상 7:6**

블레셋 사람들이 이스라엘에게서 빼앗았던 성읍이 에그론부터 가드
까지 이스라엘에게 회복되니 이스라엘이 그 사방 지역을 블레셋 사람
들의 손에서 도로 찾았고 또 이스라엘과 아모리 사람 사이에 평화가

> 있었더라 사무엘이 사는 날 동안에 이스라엘을 다스렸으되 해마다 벧엘과 길갈과 미스바로 순회하여 그 모든 곳에서 이스라엘을 다스렸고 라마로 돌아왔으니 이는 거기에 자기 집이 있음이니라 거기서도 이스라엘을 다스렸으며 또 거기에 여호와를 위하여 제단을 쌓았더라
>
> **삼상 7:14-17**

여기 다스림과 평화의 관계를 보십시오. 사무엘이 다스림의 직무를 잘하는 동안에 이스라엘에 회복과 평안이 찾아왔습니다. 이것은 다윗도 마찬가지였습니다. 성경은 계속하여 다스림의 중요성을 이야기합니다. 다스림이 없는 세상은 상상할 수 없습니다. 사사기를 보면 기드온 이야기가 나오는데, 기드온이 이렇게 말합니다. 사사기 8장 22-23절입니다.

> 그때에 이스라엘 사람들이 기드온에게 이르되 당신이 우리를 미디안의 손에서 구원하셨으니 당신과 당신의 아들과 당신의 손자가 우리를 다스리소서 하는지라 기드온이 그들에게 이르되 내가 너희를 다스리지 아니하겠고 나의 아들도 너희를 다스리지 아니할 것이요 여호와께서 너희를 다스리시리라 하니라

기드온의 이 말은 매우 겸손하게 들립니다. '하나님이 너희를 다스리신다' 맞는 말입니다. 하나님은 다스리시는 분입니다. 그러나 또한 하나님은 그 다스림을 사람에게 위임하셨습니다. 사람이 그것을 회피하면 이 땅에는 재앙이 일어납니다. 기드온은 정당한 다스림을 회피합니다. 그리고 사사기 8장 이후를 보면 혼돈과 어둠이 그 땅을

지배하는데, 이것은 잠언 24장에 나오는 돌보지 않은 포도원과 다름 없습니다.

하나님은 사람에게 다스림의 권한을 주셨습니다. 이 다스림은 모든 영역에 있습니다. 만물을 다스리라는 것입니다. 자연세계, 동식물, 나라와 민족, 교회, 성소와 하나님의 일도 여기에 속합니다. 그리고 가정도 다스리는 것입니다. 그래서 교회의 직분자는 자기 집을 잘 다스리는 자여야 합니다. 잘 다스린다는 것은 쉬운 일이 아닙니다. 앞서 본 것처럼 지혜와 부지런함이 있어야 합니다. 또한 하나님을 경외하며 공의와 긍휼도 나타내야 합니다.

다스림에는 훌륭한 다스림도 있지만 좋지 않은 다스림도 있습니다. 그냥 권력으로 다스리거나 강포로 다스릴 경우입니다. 그 결국은 비극입니다. 예레미야서 5장 30-31절을 봅시다.

> 이 땅에 무섭고 놀라운 일이 있도다 선지자들은 거짓을 예언하며 제사장들은 자기 권력으로 다스리며 내 백성은 그것을 좋게 여기니 마지막에는 너희가 어찌하려느냐

에스겔 선지자도 같은 말씀을 전합니다. 에스겔 34장 4-5절입니다.

> 너희가 그 연약한 자를 강하게 아니하며 병든 자를 고치지 아니하며 상한 자를 싸매 주지 아니하며 쫓기는 자를 돌아오게 하지 아니하며 잃어버린 자를 찾지 아니하고 다만 포악으로 그것들을 다스렸도다 목자가 없으므로 그것들이 흩어지고 흩어져서 모든 들짐승의 밥이 되었도다

목자가 없거나 포악한 목자가 다스리는 곳에는 이런 비극이 있습니다. 에스겔 34장은 이런 일이 이스라엘 역사에 있었다고 증언합니다. 우리 사는 세상에는 언제나 포악한 다스림이 있어 왔습니다. 그런데 에스겔 선지자는 이런 비극을 지적함으로 말씀을 마치지 않고 다음과 같은 놀라운 말씀을 선포합니다. 에스겔 34장 15절입니다.

> 내가 친히 내 양의 목자가 되어 그것들을 누워 있게 할지라 주 여호와
> 의 말씀이니라

이것은 예언의 말씀입니다. 그리고 이 예언은 요한복음 10장에서 이루어집니다. 바로 예수님이 선한 목자로 오신 것입니다. 예수님은 이렇게 말씀하십니다. "내가 온 것은 양으로 생명을 얻게 하고 더 풍성히 얻게 하려는 것이라 나는 선한 목자라"(10-11절). 우리는 예수님에게서 진정한 하나님의 형상을 봅니다. 하나님이 사람에게 맡기신 왕권, 그 다스림의 진정한 모습이 예수님에게 있습니다. 그래서 예수님을 참 사람이라고 부릅니다. '참 사람'이란 진정한 사람이라는 뜻입니다. 사람이란 잘 생겨서 사람이 아닙니다. 직립보행을 한다고 하나님의 형상이 아닙니다. 사람만이 영혼을 가졌느니, 이성적 존재니 하는 이야기를 하자는 것이 아닙니다. 하나님의 다스리심, 그 왕권이 무엇이냐가 바로 하나님의 형상이란 말에 들어 있습니다. 그러므로 하나님의 형상이 무엇이냐를 보려면 예수님을 보면 됩니다.

우리가 예수님을 바라보자는 것은 바로 하나님의 형상을 회복하자는 것입니다. 이 세상의 모든 피조물들을 향한 하나님의 사랑을 드러나게 하는 것이 바로 하나님의 형상, 그 통치권입니다. 우리는

하나님을 닮아 하나님의 모습으로 이 세상의 구석구석을 다스립니다. 우리는 모두 왕입니다. 이 말은 왕처럼 군림하자는 것이 아닙니다. 하나님의 모습으로 다스리자는 것입니다. 가정에서도 이 왕권이 있습니다. 교회는 더욱더 이런 다스림이 중요합니다. 잘 다스리는 자가 교회에 필요합니다. 이런 다스림은 나라와 민족에도 필요합니다.

그러면 어떻게 해야 잘 다스리는 자가 될 수 있겠습니까? 하나님께 기도하면 됩니다. 말씀을 시작하면서 한자에 '군' 자를 살펴보았습니다. 한자를 좀 더 밝혀 보겠습니다. '군'(君) 자는 입 '구'(口)에 다스릴 '윤'(尹)을 더한 것입니다. '윤' 자는 권력을 상징하는 지휘봉을 들고 있는 모습에서 왔습니다. 권세 있는 자의 입, '군주가 입으로 명령을 내리다'라는 뜻입니다. 그런데 놀랍게도 이렇게 해석할 수도 있습니다. '군'이라는 것은 하늘에 기도하여(입 '구'의 뜻) 하늘의 뜻을 이어받아 천하를 다스리는 사람이다! '군' 자에 담겨 있는 놀라운 뜻입니다. 다스리는 자, 손에 지휘봉을 들고 있는 자는 하늘에 기도하는 자여야 한다는 것입니다.

다윗을 보십시오. 그는 늘 하나님께 묻고 또 물으며 다스렸습니다. 예수님을 보십시오. 늘 아버지와 함께합니다. 우리 사는 영역에서 다스림의 위치가 커질수록 이것이 필요합니다. 우리의 도움은 하나님께 있기 때문입니다.

굉장한 몸

[빌 1:19-21]

이것이 너희의 간구와 예수 그리스도의 성령의 도우심으로 나를 구원에 이르게 할 줄 아는 고로 나의 간절한 기대와 소망을 따라 아무 일에든지 부끄러워하지 아니하고 지금도 전과 같이 온전히 담대하여 살든지 죽든지 내 몸에서 그리스도가 존귀하게 되게 하려 하나니 이는 내게 사는 것이 그리스도니 죽는 것도 유익함이라

"나는 처음 현미경을 통해 살아 있는 세포를 보았을 때를 기억한다." 어느 의대생이 한 말입니다. 그는 이어서 말했습니다. "내가 물 한 방울을 현미경 슬라이드 위에 떨어뜨렸을 때, 하나의 우주가 살아 생동하기 시작했다." 세포 하나에 깃든 놀라운 장면에 대한 묘사입니다. 이 의대생은 책에서 이론으로 공부한 것과 실제로 들여다본 세포가 얼마나 다른 감동을 자아내는지를 잘 보여주었습니다.

사람의 몸은 단 한 개의 세포인 난자와 정자가 만나서 9개월간 아주 정교한 방법으로 분화되는데, 이내 10조 개에 이르는 세포로 생성됩니다. 지금 여러분이 스스로 만져 볼 수 있는 여러분의 몸은 단 하나의 세포, '우주가 살아 생동하는 것 같은' 정도가 아니라 자그마치 10조 개의 세포가 연합하여 장대한 오케스트라를 연출하는, 그야말로 놀라운 신비입니다.

사실 우리 몸은 너무나 익숙하여 이런 말을 들어도 크게 놀라거나 하지는 않는 것 같습니다. 아우구스티누스가 이렇게 말했습니다. "인간은 높은 산과 바다의 거대한 파도와 굽이치는 강물과 광활한 대양과 무수히 반짝이는 별을 보고 경탄하면서도 자기 자신의 몸은 별 생각 없이 지나친다." 몸 전체를 거론할 것도 없습니다.

그 유명한 과학자 뉴턴(Isaac Newton)은 이런 말을 했습니다. "다른 증거가 전혀 없다 할지라도 나는, 엄지손가락 하나만으로 하나님의 존재를 확신할 수 있다." 손 하나 움직이는 데 70개의 근육이 동원됩니다. 미켈란젤로의 작품이나 루빈스타인의 연주회도 인간의 엄지손가락에서 나오는 힘 덕분에 가능했다고 합니다. 우리 인간만이 엄지와 검지손가락 끝을 맞댈 수 있어 물건을 쉽고 정확하게 다룰 수 있습니다.

그런가 하면 우리 몸의 피부는 놀라움 그 자체입니다. 영국 왕 제임스 1세가 이런 말을 남겼습니다. "왕과 왕자 외에는 아무도 가려움을 느껴서는 안 된다. 가려운 곳을 긁어서도 안 된다. 가려운 곳을 긁는 쾌감이 너무나 유쾌하기 때문이다." 유머입니다만 왕이 이런 말을 할 정도입니다. 도대체 이 쾌감은 몸의 어디서 비롯되는 것일까요? 신비하기 이를 데가 없습니다.

이렇게 세포 하나, 엄지손가락 하나, 피부 하나만 따져 봐도 우리의 몸이 얼마나 대단합니까! 그러니 백체를 다 생각한다면 그야말로 굉장한 것이 우리의 몸입니다. 시편 139편 13-14절에서는 이렇게 묘사합니다.

> 주께서 내 내장을 지으시며 나의 모태에서 나를 만드셨나이다 내가 주께 감사하오움은 나를 지으심이 심히 기묘하심이라 주께서 하시는 일이 기이함을 내 영혼이 잘 아나이다

이 시편은 특히 '내장을 지으셨다'고 말하는데, 이게 참 기묘합니다. 내장은 우리 눈에 보이지 않습니다. 이 볼 수 없는 곳을 생각합니다. 우리는 맨날 보이는 얼굴만 놓고 '잘생겼니 못생겼니, 맘에 드니 안 드니' 하지만 어디 얼굴만 몸입니까? 얼굴 미인만 미인입니까? 피부 미인도 있고, 뒤태 미인도 있고, 심지어는 훌륭한 내장도 있습니다. 타인이 어떻게 평가하든 다양한 면에서 볼 때 내 몸은 그 누구도 평가할 수 없으리만큼 값진 것입니다.

조선시대에 말 한 필의 값에 대한 기록을 본 적이 있는데, 노비 세 명이라고 되어 있었습니다. 세상에! 한 명도 아니고 세 사람이 말 한 마리 값이랍니다. 조선시대는 신분의 귀천이 있던 사회였기 때문입니다. 이렇듯 사람의 몸은 시대나 환경이나 여건에 따라서 다르게 평가됩니다. 오늘날에는 신분의 귀천은 없다지만 온갖 여건에 따라서 사람의 몸값이 달라집니다. 젊고 유능한 몸은 값이 높아지지만 늙거나 병들면 값이 떨어집니다. 유명한 축구선수의 전성기 몸값은 상상을 초월하지 않습니까?

그런데 이런 세상적인 몸값 매김과는 상관없이 전혀 다른 차원의 이야기가 성경에 있습니다. 고린도전서 6장 19-20절 말씀입니다.

> 너희 몸은 너희가 하나님께로부터 받은 바 너희 가운데 계신 성령의 전인 줄을 알지 못하느냐 너희는 너희 자신의 것이 아니라 값으로 산 것이 되었으니 그런즉 너희 몸으로 하나님께 영광을 돌리라

우리의 몸이 성령의 전이라는 말씀입니다. 사도 바울은 고린도전서 3장 16절에서 "너희는 너희가 하나님의 성전인 것과 하나님의 성령이 너희 안에 계시는 것을 알지 못하느냐"라고 말했는데, 이제 하나님의 성전이 바로 내 몸이라고 밝히는 것입니다.

구약 시대에 하나님은 건물에 계셨습니다. 솔로몬이 돌로 지은 집에 하나님을 모셨습니다. 예수님 당시에는 헤롯이 46년간 짓고 있던 예루살렘 성전이 있었습니다. 이 성전이 얼마나 대단한 건축물이었는지 예수님의 제자들이 "이 건물 좀 보세요!"라며 입을 다물지 못했습니다. 이런 건축물에 하나님이 계셨습니다. 그런데 이제는 이런 돌로 지은 성전이 아니라 우리의 몸을 성전으로 삼으신다는 말씀입니다. 그래서 우리의 몸이 거룩한 성전입니다.

어떻게 내 몸이 성전이 될까요? 예수님이 피 흘려 그 값으로 우리 몸을 사셨기 때문입니다. 그래서 하나님의 성령이 우리 몸에 오셔서 거하십니다. 이제 내 몸은 내 것이 아니라 거룩한 하나님의 집입니다. 내 몸이 하나님이 거하시는 성전이 되면 몸이 거룩해지고 깨끗해집니다. 몸에 더러운 짓을 하지 않으려 합니다.

사람이 자기의 몸을 어떻게 대하고 있는지를 보면 그 사람에게 하나님이 계시는지 아니면 귀신이 거하는지를 알 수 있습니다. 마가복음 5장 5절에 보면 귀신 들린 사람이 등장하는데, 이 사람이 자기의 몸에 무슨 짓을 하고 있었는지 이렇게 전합니다.

> 밤낮 무덤 사이에서나 산에서나 늘 소리 지르며 돌로 자기의 몸을 해치고 있었더라

귀신의 특징은 더러움과 사나움입니다. 그래서 귀신을 말할 때는 항상 '더러운 귀신'이라는 말이 붙습니다. 사람에게 귀신이 붙거나 사람 사는 곳에 귀신 문화가 생기면 대번에 그 영향이 몸에 나타납니다. 자기 몸을 쥐어뜯고 해합니다. 더 악한 것은 다른 사람의 몸도 학대하고 천시합니다. 이 모든 것이 바로 귀신 문화입니다. 그런데 하나님의 영이 거하시는 성전으로서의 몸은 그야말로 아름답고 거룩합니다. 그는 자신의 몸을 존귀하게 여깁니다. 몸의 가치가 한없습니다. 그 사람 개인뿐 아니라 그가 사는 곳도 아름다워집니다. 하나님의 성전이 사람의 몸이기 때문입니다.

본문에서 사도 바울은 자신의 몸을 놓고 말씀을 전합니다. 20절을 다시 봅시다.

> 나의 간절한 기대와 소망을 따라 아무 일에든지 부끄러워하지 아니하고 지금도 전과 같이 온전히 담대하여 살든지 죽든지 내 몸에서 그리스도가 존귀하게 되게 하려 하나니

이것을 새번역에서는 "나의 간절한 기대와 희망은…내 몸에서 그리스도께서 존귀함을 받으시리라는 것입니다"라고 했습니다. 어떤 번역에서는 '내 몸'을 '생활'이라고 했지만 원어는 정확히 '몸'입니다. 지금 사도 바울은 몸의 중대성을 말하고 있습니다.

성경에는 몸이라는 단어가 400번도 넘게 나옵니다. 사도 바울은 사람의 영혼을 중요하게 언급하고 있지만 몸도 중시합니다. 그래서 이렇게 말하는 것입니다. "나의 간절한 기대와 희망은, 내 몸에서 그리스도께서 존귀함을 받으시리라는 것입니다."

그러면 지금 이렇게 말하고 있는 사도 바울의 몸은 지금 어떤 몸일까요? 우선 그는 지금 '갇혀 있는 몸'입니다. 복음을 전하다가 유대인들의 시기로 옥에 들어갔고 재판을 기다리고 있습니다. 재판 결과가 어떻게 될지는 알 수 없습니다. 살아 나갈 수도 있고 사형을 받아 죽은 몸으로 나갈 수도 있습니다. 그런데 사도 바울은 말합니다.

"살든지 죽든지 내 몸에서 그리스도가 존귀하게 되기를 나는 간절히 원한다!"

미래가 불투명한 몸도 가치가 있을까요? 사도 바울은 그렇다는 것입니다. 자기가 살아도 혹시 죽어도 그 몸에서 그리스도가 존귀하게 된다고 했습니다. 지금 사도 바울은 젊은 몸이 아닙니다. 나이도 들었고 더군다나 늙은 몸으로 옥에 갇혀 있습니다. 사도 바울의 생김새는 어땠을까요? 테클라(Thecla)라는 처녀가 사도 바울이 어떻게 생겼는지 생김새에 대해 기록을 남겼습니다.

"몸이 작고, 대머리요, 등은 굽었으며, 눈썹은 뻣뻣하고 치켜 올라갔고, 눈은 움푹 들어갔으며, 높이 솟은 매부리코에 안짱다리를 가졌는데, 몸은 좋은 상태고 매우 친밀감이 있는 사람이다. 처음에는 평범한 사람같이 보이나 다시 보면 한 천사의 얼굴을 가졌다."

작은 체구, 대머리, 안짱다리, 매부리코에 움푹 들어간 눈, 분명 잘 생긴 사람이 아닙니다. 한번 생각해 보십시오. 사도 바울이 자신의 몸을 놓고 말하는데, 객관적으로 볼 때 그의 몸은 별 볼 일이 없어 보입니다. 천성적으로 미남형도 아닌데다가 늙었고 더군다나 옥살이를 하고 있습니다. 이 정도면 무슨 몸값이 있겠습니까? 그런데도 사도 바울은 자신의 몸 이야기를 하고 있습니다. 자신의 몸이 여전히 엄청난 가치가 있다는 것입니다. 왜 그럴까요? '내 몸에서 그리스도가 존귀하게 되게 하려' 했기 때문입니다. 이 말은 사도 바울의 몸에서 예수 그리스도가 차지하는 것이 크다는 뜻입니다.

본문의 '존귀'라는 말은 '크게 한다'에서 온 단어입니다. 참으로 놀라운 말씀입니다. 사람의 몸이 존귀한 것은 그가 젊거나 잘생겼거나 기능적으로 유능해서가 아니라 사람의 몸에 그리스도가 거하심으로 된다는 말씀입니다.

하나님을 믿는 사람들도 다양합니다. 잘난 사람도 있고 못난 사람도 있습니다. 젊은이가 있는가 하면 늙고 병든 사람도 있습니다. 장애인도 있습니다. 그런데 누구든지 그리스도 안에 있으면 그는 존귀한 몸입니다. 그의 몸은 하나님이 거하시는 성전입니다. 그래서 하나님의 백성들은 그 누구의 몸도 멸시할 수 없습니다. 다 존귀한 몸으로 여겨야 합니다.

그러면 어떻게 하면 내 몸에서 그리스도의 존귀가 드러날 수 있을까요? 이에 대한 사도 바울의 고백이 갈라디아서 2장 20절에 나옵니다.

> 내가 그리스도와 함께 십자가에 못 박혔나니 그런즉 이제는 내가 사는 것이 아니요 오직 내 안에 그리스도께서 사시는 것이라 이제 내가 육체 가운데 사는 것은 나를 사랑하사 나를 위하여 자기 자신을 버리신 하나님의 아들을 믿는 믿음 안에서 사는 것이라

바로 내 안에 그리스도가 사는 것입니다. 내가 내 몸을 경영하는 것이 아니라 그리스도가 경영하는 것입니다. "내가 육체 가운데 사는 것은"이라는 표현은 몸에 관한 것입니다. 사람은 누구나 자기의 몸을 사랑합니다. 그래서 율법의 가장 큰 계명은 "네 이웃을 네 몸같이 사랑하라"는 것입니다. 자기 몸을 사랑하는 것, 여기에는 그 누구도 예외가 없고 부족함도 없습니다. 사람은 다 자기 몸을 중시합니다. 하지만 그렇다고 해서 다 성공적입니까?

먼저, 자기 몸을 자기 것으로 여기며 사는 사람을 봅시다. 이런 사람이 자기 몸에 쏟아붓는 게 어마어마합니다. 자기 몸 하나 위하겠다고 온갖 노력을 다 합니다. 하지만 결국은 늙고 썩는 몸으로 갈 뿐입니다. 로마서는 이를 '너희 지체를 불의의 무기로 죄에게 내어주는 것'이라고 표현합니다. 그리고 '그 마지막은 사망이라'고 했습니다.

이와는 반대로 그리스도를 믿는 믿음으로 살면서 주님이 내 몸을 경영하심에 맡기는 사람의 모습을 봅시다. 바로 예수님이 내 몸을 사용하시게 하는 것입니다. 로마서에는 이것은 '너희 지체를 의의 무기로 하나님께 드리는 것'이라고 표현합니다. 그리고 이것의 '마지막은 영생이라'고 했습니다. 이것이 사도 바울이 말하는, 내 몸에서 그리스도가 존귀하게 된다는 말씀의 의미입니다. 바로 내 안에 예수님이 사시는 것입니다. 그래서 사도 바울은 빌립보서 2장 5절에서 이

렇게 말씀을 이어갑니다.

> 너희 안에 이 마음을 품으라 곧 그리스도 예수의 마음이니

내 몸을 내가 사는 것이 아닙니다. 바로 예수 그리스도가 사는 것입니다. 사람들은 나의 몸에서 그리스도를 봅니다. 예수의 마음을 품은 사람들은 모두 그리스도가 그 몸에서 존귀하게 되는 삶을 사는 것입니다. 이것은 비단 성품만을 말하는 것이 아닙니다. 그리스도로 사는 사람은 그리스도를 믿는 믿음으로 사는 사람입니다. 주님이 핏값으로 내 몸을 사셨습니다. 이제 이 몸의 경영권은 주님에게 있습니다. 살든지 죽든지 이제는 주님이 내 몸을 경영하실 것입니다. 이것이 그리스도를 믿는 믿음 안에 사는 삶이고, 주님이 내 몸을 책임지신다는 것입니다. 우리는 이 믿음 안에서 살아가야 합니다.

이 믿음이 내 맘에 평안을 줍니다. 심령이 평안하니 얼굴도 환해집니다. 매사에 기쁨이 있습니다. 자신감도 있습니다. 운명에 휘둘리지 않습니다. 지금 사도 바울의 처지가 형편없지만 그의 몸이 최상의 상태로 기쁨과 평안을 누리는 비결은 바로 그리스도를 믿는 믿음으로 사는 데에 있기 때문입니다.

본문 말씀에는 구약의 욥이 한 말이 들어있습니다. 19절에 '이것이 나를 구원에 이르게 한다'인데, 욥기 13장 16절에 똑같은 말씀이 나옵니다. "이것이 나의 구원이 되리라." 이런 인용은 사도 바울이 자신의 처지를 욥과 같이 여기고 있음을 보여주는 것입니다. 욥

이 얼마나 불행했습니까? 그는 한순간에 모든 것을 잃었습니다. 지금 감옥살이를 하는 바울도 마찬가지인 심정입니다. 이런 불행을 이길 힘은 바로 하나님을 믿는 믿음뿐입니다. 그래서 야고보서는 이렇게 말합니다. 야고보서 5장 11절입니다.

> 보라 인내하는 자를 우리가 복되다 하나니 너희가 욥의 인내를 들었고 주께서 주신 결말을 보았거니와 주는 가장 자비하시고 긍휼히 여기시는 이시니라

여러분은 이 믿음 안에 살고 있습니까? 몸이 얼마나 중요한지를 믿고, 이제 이 몸 안에 주님이 거하심으로 하나님의 성전이 되었기에 그분이 책임져 주신다는 이 믿음이 있습니까? 몸을 주님께 맡길 수 있습니까? 내 몸이 '주님의 것'이라고 하면 속박되고 눌리는 삶을 사는 것은 아닐까 여기는 사람도 있을 것입니다. 하지만 그런 것이 아닙니다. 고린도전서 6장 13절에 보면, 우리 몸이 주를 위할 때 주님은 내 몸을 위하신다고 말씀합니다. 그리고 종국에는 우리의 낮은 몸을 자기 영광의 몸의 형체와 같이 변하게 해주시겠다고 약속하십니다(빌 3:21). 그러므로 이제 우리는 기쁨으로 주님께 우리 몸을 드릴 수 있습니다.

우리 하나님은 우리의 몸에 대하여 이렇게 요청하십니다. 거룩함과 예배에 대한 요청으로, 레위기 11장 44절과 로마서 12장 1절의 말씀입니다.

> 나는 여호와 너희의 하나님이라 내가 거룩하니 너희도 몸을 구별하여

거룩하게 하고 땅에 기는 길짐승으로 말미암아 스스로 더럽히지 말라 **레 11:44**

그러므로 형제들아 내가 하나님의 모든 자비하심으로 너희를 권하노니 너희 몸을 하나님이 기뻐하시는 거룩한 산 제물로 드리라 이는 너희가 드릴 영적 예배니라 **롬 12:1**

교회의 원작

[엡 3:7-11]

이 복음을 위하여 그의 능력이 역사하시는 대로 내게 주신 하나님의 은혜의 선물을 따라 내가 일꾼이 되었노라 모든 성도 중에 지극히 작은 자보다 더 작은 나에게 이 은혜를 주신 것은 측량할 수 없는 그리스도의 풍성함을 이방인에게 전하게 하시고 영원부터 만물을 창조하신 하나님 속에 감추어졌던 비밀의 경륜이 어떠한 것을 드러내게 하려 하심이라 이는 이제 교회로 말미암아 하늘에 있는 통치자들과 권세들에게 하나님의 각종 지혜를 알게 하려 하심이니 곧 영원부터 우리 주 그리스도 예수 안에서 예정하신 뜻대로 하신 것이라

레오나르도 다 빈치의 작품 중에 〈최후의 만찬〉이 있습니다. 1498년 이탈리아 밀라노의 한 수도원 식당 벽에 그린 벽화입니다. 그야말로 대작입니다. 완성 즉시 걸작이요 역사상 가장 위대한 작품 중 하

나라는 세인의 칭송을 받았습니다.

하지만 이 벽화는 수백 년에 걸쳐 내려오면서 한때 망가질 대로 망가진 것으로도 유명하였습니다. 다 빈치가 세상을 떠나기도 전에 물감이 들뜨고 껍질이 벗겨졌습니다. 벽화이기에 세월이 흐르면서 오염과 습도에 무방비로 방치되었고, 먼지와 곰팡이, 양초 검댕에 그림 자체가 거의 보이지 않을 정도가 되었습니다.

1977년 피닌 바실론이라는 이탈리아 예술품 보존가에게 이것을 복원해 달라는 요청이 들어왔습니다. 그리하여 자그마치 23년에 걸쳐 복원 작업을 진행했습니다. 먼지와 곰팡이 같은 것을 걷어내는 것은 그래도 쉬웠습니다. 1700년대에 거의 재앙 수준의 복원 작업이 있었는데, 이때 복원가들이 다 빈치의 작품에 두꺼운 덧칠을 했기 때문입니다. 더 끔찍한 일이 벌어진 것은 다 빈치의 원작을 제멋대로 왜곡했다는 것입니다. 이들은 이해하지 못한 부분은 붓질로 뭉갰고 빈 구멍은 메꿔 버렸습니다. 그리하여 다 빈치의 그림은 다 빈치의 것이라고 할 수 없게 되어 버렸습니다.

바실론과 그의 팀은 각고의 노력을 기울였는데, 첨단기술을 사용하여 그림 표면을 1제곱미터씩 분석하고 20여 년 동안 현미경 위에 쭈그리고 앉아 500년 묵은 때와 덧칠된 흔적을 긁어냈습니다. 그리하여 1999년, 마침내 다 빈치의 원작이 드러났습니다! 베드로의 코는 어설픈 둔중함을 벗어던졌고, 마태는 흑발이 아닌 금발이었으며, 도마에게는 왼손이 생겼고, 안드레는 더 이상 시무룩한 표정이 아니라 화들짝 놀란 영 판판의 얼굴로 회복됐고, 꾀죄죄한 덧칠로 덮여 있던 예수님의 얼굴은 광채를 발하는, 그야말로 다 빈치의 천재적 필치가 되살아났습니다. 이게 진짜 다 빈치의 걸작 〈최후의 만찬〉입니다.

이 세상에는 세월을 따라 퇴색하는 것이 있습니다. 미술 작품뿐 아니라 언어도 퇴색합니다. '사랑'이나 '믿음' 같은 설레고 감동적인 단어도 너무 많이 쓰고 이것저것 덧붙이면 그 의미가 퇴색됩니다. 그래서 상점에서 점원이 "사랑합니다. 고객님!" 해도 별 감동이 없습니다. 이때 사랑은 그냥 상품적인 것입니다. 북한에서 온 사람은 이 말을 듣고 밤새 고민했다고 합니다. '저 사람이 왜 나를 사랑한다고 하지?' 하면서 말이죠. 이렇게 언어도 퇴색할 수 있습니다.

그런데 '교회'라는 말을 들으면 어떤가요? 교회는 2천 년의 세월 속에 그 의미가 제대로 보존되었을까요? 불행하게도 그렇지 않습니다. 교회의 처음 의미는 '부름받은 사람들'이었습니다. 그런데 오늘날은 교회하면 거의가 다 건물을 연상합니다. 이제 교회는 사람이 아닌 건물을 지칭하게 된 것입니다. 그러나 교회는 건물이 아닙니다. 건물은 단지 예배당일 뿐입니다.

더욱이 사람들에게 교회가 건물로 인식되는 것보다 더 위험하고 안타까운 점이 있습니다. 교회를 무가치하게 여기는 것입니다. 혹은 세상의 다른 단체처럼 이익집단이나, 특정 사람들의 모임 정도로 생각하는 것입니다. 이렇게 된 데에는 다 빈치의 그림을 복원한다고 제멋대로 덧칠을 한 어설픈 복원처럼, 교회를 사람의 생각대로 덧칠한 역사적 사건들이 많이 있었기 때문입니다.

그렇다면 지금 쓰는 교회라는 말 속에는 예수님이 처음 세우신 그 교회의 필치와 얼마나 다를까요? 과연 교회의 원본은 무엇일까요? 또한 우리는 그것을 어디서 어떻게 되찾을 수 있을까요?

신약성경에 '교회'라는 단어는 약 114절에 걸쳐 나옵니다. 성경에

'교회'라는 말이 100번 이상 나옵니다. 그런데 예수님의 공생애를 기록한 복음서에는 마태복음에만 단 두 번 나옵니다. 마태복음 16장 18절 "내가 이 반석 위에 내 교회를 세우리니"와 18장 17절 "만일 그들의 말도 듣지 않거든 교회에 말하고 교회의 말도 듣지 않거든 이방인과 세리와 같이 여기라"입니다. 교회에 대하여 예수님이 하신 언급은 이 두 마디입니다. 짧지만 아주 강렬한 말씀입니다. '반석 위의 교회, 그리하여 사망의 권세를 이기는 교회', 그리고 '주님의 교회'입니다.

예수님은 '내 교회'라고 하십니다. 교회는 권세가 있습니다. 사람이 죄를 지었을 때 최종적으로 하나님의 백성이냐 세상 사람이냐의 경계를 짓는 권위가 교회에 있다고 예수님이 말씀하십니다. 그러다가 사도행전으로 가면 교회라는 단어가 폭발적으로 쏟아져 나오기 시작합니다. 사도행전에 20회, 고린도서에만 거의 30회, 그리고 요한계시록의 일곱 교회에 대한 언급이 나오는 2-3장에 15회쯤 나옵니다. 다른 곳에도 교회라는 단어가 나오지만 사도행전, 고린도서, 그리고 계시록에 제일 많이 나오는데, 주로 교회의 활동과 문제가 일어났을 때를 언급하는 상황에서 교회라는 단어가 등장합니다.

오늘 우리는 에베소서를 읽었습니다. 여기에도 교회라는 단어가 나옵니다. 왜 교회를 언급할 때 에베소서가 중요할까요? 에베소서에는 교회의 원 색깔이 담겨 있기 때문입니다. 에베소서 3장 10절을 다시 읽어 보겠습니다.

> 이는 이제 교회로 말미암아 하늘에 있는 통치자들과 권세들에게 하나님의 각종 지혜를 알게 하려 하심이니

교회는 하나님의 각종 지혜를 알려 주는 곳이라고 되어 있습니다. 여기 '각종'이라고 번역한 말은 아주 아름답게 수놓인 카펫의 화려하고 다양한 색깔의 아름다움을 묘사할 때 쓰는 단어입니다. 우리말로 '다채롭다'가 적당한 번역입니다. 구약에서 요셉이 채색옷을 입었고, 성막을 지을 때 '청색 자색 홍색 실로 정교하게 수를 놓아 장식하라'고 했습니다. 채색은 아름다움입니다. 구약의 성막은 신약 교회의 예표인데 성막의 채색 실 부분도 교회의 예표가 됩니다. 교회에는 하나님의 아름다움이 있기 때문입니다. 성막에 다양한 색깔로 아름답게 수를 놓은 것이 사람의 마음을 감동시키듯이, 주님이 세우신 교회에는 하나님의 지혜가 '각종' 다양한 색깔처럼 사람들의 마음을 이끌어 감동을 준다는 말씀입니다.

교회는 하나님의 각종 지혜가 있는 곳입니다. 교회는 하나님이 채색하신 곳입니다. 마치 레오나르도 다 빈치의 작품처럼 걸작입니다. 안타깝게도 이런 하나님의 지혜를 인간의 생각대로 덧칠을 해서 교회의 아름다움을 훼손하는 일이 얼마나 많았는지요!

그러면 "하나님의 각종 지혜를 알게 하려 하심이니"에서 하나님의 지혜는 무엇일까요? 이것은 고린도전서 1장 24절에 잘 나타나 있습니다.

> 오직 부르심을 받은 자들에게는 유대인이나 헬라인이나 그리스도는
> 하나님의 능력이요 하나님의 지혜니라

하나님의 지혜는 곧 예수 그리스도입니다. 예수님의 십자가의 도가 하나님의 지혜입니다. 사도 바울은 이것을 알고 난 후에 자신의

방법과 인간의 지혜를 다 내려놓았습니다. 예수 그리스도와 십자가의 못 박히신 것 외에는 아무것도 알지 아니하기로 작정합니다. 왜냐하면 하나님의 지혜의 아름다움을 제대로 맛보아 알았기 때문입니다. 여러분, 한번 생각해 보십시오. 우리가 유명한 화가의 원작을 직접 보았는데 다른 것으로 만족할 수 있을까요?

한번은 미술관에 원작 전시가 있어서 보러 갔는데 한 여인의 초상화를 보고 얼마나 감동했는지 모릅니다. 같은 그림을 책자나 엽서로도 제작하여 판매도 하는 그림이었는데, 원작을 보고 나니 인쇄한 것과는 얼마나 다른지요! 세상의 화가가 그린 그림도 그렇습니다. 이와 같이 사도 바울이 하나님이 그 지혜로 드러내신 예수 그리스도의 십자가의 도를 경험했을 때 다른 것은 눈에 차지 않게 된 것입니다. 그는 나중에는 이렇게 말합니다.

> 또한 모든 것을 해로 여김은 내 주 그리스도 예수를 아는 지식이 가장 고상하기 때문이라 내가 그를 위하여 모든 것을 잃어버리고 배설물로 여김은 그리스도를 얻고 그 안에서 발견되려 함이니… **빌 3:8-9**

하나님의 지혜, 세상을 구원하시려는 예수 그리스도의 십자가 안에 나타난 하나님의 지혜의 아름다움을 '교회로 말미암아 알게 하려 하신다'고 본문은 말씀하고 있습니다. 그러므로 교회는 하나님의 지혜를 나타내는 곳입니다.

그런데 여기 좀 이상한 표현이 나옵니다. '이제 교회로 말미암아 하늘에 있는 통치자들과 권세들에게 하나님의 각종 지혜를 알게 하려 하신다'는 10절의 말씀입니다. 이 세상에 있는 교회가 '하늘에 있는 통치자들과 권세들에게' 하나님의 각종 지혜를 알게 한다는 말씀입니다. 우리는 흔히 이렇게 생각할 수 있습니다. '교회가 세상 사람들에게 하나님의 각종 지혜를 알린다'라고요. 그런데 본문에는 그것을 넘어서서 저 하늘에 있는 통치자들과 권세들에게까지 이것을 알게 한다는 것입니다.

이는 천사들을 일컫는 말입니다. 성경의 천사는 사람보다 훨씬 큰 능력을 가진 존재입니다. 그야말로 하늘의 존재들입니다. 그런데 그 천사들이 여기 보잘것없는 우리들로 인하여 하나님의 지혜를 알게 된다는 말씀입니다. 이게 교회입니다. 사도 바울만 이런 말을 한 것이 아니었습니다. 사도 베드로도 이렇게 언급했습니다. "이것은… 천사들도 살펴보기를 원하는 것이니라." 베드로전서 1장 12절에 나오는 말씀입니다.

교회가 맡은 일은 하늘의 권세자들인 천사들마저 알기를 원하는 수준의 일입니다. 물론 이 세상의 그 어떤 사람들도 다 알아야 하는 일이기도 합니다. 왕과 부자, 권세자, 남녀노소, 빈부귀천을 막론하고 하나님의 지혜를 다 알아야 합니다. 교회가 이것을 맡았습니다. 다시 한번 말하지만, 이것(하나님의 각종 지혜)은 아름다운 카펫처럼 놀라운 면모를 가지고 있습니다. 사람은 누구나 다 명작을 보고 싶어 합니다. 유명한 작품은 사람을 끌어들입니다. 돈을 주면서까지 보고 싶어 하고, 심지어 부자들은 수천만 원, 수십억을 주고라도 원작을 소유하고 싶어 합니다. 그 아름다움에 매료당하기 때문입니다. 예수님의 십자가의 도는 바로 이런 것입니다. 그리고 교회는 그것을 알리는 사람들입니다. 이게 교회의 면모입니다. 진짜 교회의 모습입니다. 정말 멋지지 않습니까?

이어서 사도 바울은 "내가 교회의 일꾼이 되었노라"고 말합니다. 심지어 교회의 일, 그리스도의 일을 하다가 옥에 갇혔고, 이것을 '영광'이라고 부릅니다. 에베소서 3장 13절을 보십시오.

> 그러므로 너희에게 구하노니 너희를 위한 나의 여러 환난에 대하여
> 낙심하지 말라 이는 너희의 영광이니라

교회에 담겨 있는 것이 얼마나 아름답고 큰지 '여러 환난'에도 불구하고 '영광'이라는 것입니다.

결혼식이 있었습니다. 신랑이 신부 앞에서 이런 노래를 불렀습니다. 윤종신의 '오르막길'인데 노래의 앞부분 가사가 이렇습니다.

> 이제부터 웃음기 사라질 거야 가파른 이 길을 좀 봐
> 그래 오르기 전에 미소를 기억해 두자 오랫동안 못 볼지 몰라
> 완만했던 우리가 지나온 길엔 달콤한 사랑의 향기
> 이제 끈적이는 땀 거칠게 내쉬는 숨이
> 우리 유일한 대화일지 몰라
> 한걸음 이제 한걸음일 뿐 아득한 저 끝은 보지 마
> 평온했던 길처럼 계속 나를 바라봐줘 그러면 견디겠어
> 사랑해, 이 길 함께 가는 그대 굳이 고된 나를 택한 그대여
> 가끔 바람이 불 때만 저 먼 풍경을 바라봐
> 올라온 만큼 아름다운 우리 길

사랑하는 사람들은 웃음기 사라질 인생의 거칠고 가파른 길을

가면서도 그것을 아름다운 길로 여깁니다. 왜냐하면 그들은 서로를 사랑하고 있기 때문입니다. 이것은 결혼하여 부부가 되는 사람들의 이야기이며, 동시에 예수 그리스도와 교회의 이야기이기도 합니다. 그리스도의 신부인 교회는 그 가는 길이 그야말로 '웃음기 사라질 가파른 길'입니다. 하지만 교회는 이것을 아름다운 길로 여깁니다. 특히 교회를 위하여 일꾼이 된 사람들의 가는 길이 그렇습니다. 이들에게 '교회', '일꾼', '영광'은 따로 뗄 수 있는 말이 아닙니다. 이 세 단어는 연결되어 있습니다.

그런데 너무나 많은 사람에게서 교회와 일꾼과 영광이 따로 떨어져 버립니다. 교회 일꾼 되는 것을 부담스럽게 여기며 때로는 도망치기도 합니다. 구약의 요나 선지자처럼 하나님의 뜻을 무시하고 제멋대로 자기 방편을 찾아가기도 합니다. 하지만 이것은 교회의 본 모습을 보지 못한 연고입니다. 우리 모두 교회의 영광을 보기 원합니다. 이것을 아는 것은 큰 축복입니다.

그러기 위해서는 하나님께서 우리의 눈을 열어 주셔야 합니다. 계시의 정신을 주셔야 합니다. 우리가 십자가의 도를 알아야 합니다. 하나님의 지혜가 얼마나 큰 능력을 나타내는지 깨달아 알아야 합니다. 그때에 우리는 교회가 얼마나 귀한 곳인지, 그 아름다움이 얼마나 큰지, 그 영광이 얼마나 대단한지 알게 되기 때문입니다. 우리의 생애 가장 귀한 직분이 교회를 섬기는 것임을 알게 되는 것입니다.

교회의 본 모습을 발견하는 것이 중요합니다. 하나님의 아름다움, 이것이 교회에 새겨져 있습니다. 바로 예수 그리스도입니다. 여기에 인간의 지혜나 인간의 방편이나 인간의 온갖 것을 덧칠하면 안 됩니다. 옛날에 〈순악질여사〉라는 제목의 네 컷 만화가 있었습니다. 순악질여사가 미술관에 갔는데 작품 앞에 '손대지 마시오!'라는 경고문이 있었습니다. 순악질여사가 심술궂은 눈썹을 한껏 찌푸리더니 '손대지 말라'고 해서 '매직펜'으로 낙서를 합니다. 우리 인간은 종종 순악질여사처럼 하나님의 작품 앞에서 이런 일을 합니다. 하나님의 지혜로 세운 교회를 참아 내지 못합니다. 십자가의 도를 벗어나 인간의 방편이나 가치관 같은 매직펜을 그어 댑니다. 그러면 교회는 원작의 빛을 잃고 무가치한 모습으로 전락합니다.

교회가 인간의 철학이나 사상이나 방법으로 무엇을 이룰지라도 그 결과는 비참합니다. 오히려 교회이기 때문에 더욱더 실망스런 결과를 만들고 맙니다. 교회가 영광스러운 것은 오직 하나님의 지혜가 충만할 때뿐입니다. 이것을 고린도전서 1장은 이렇게 전하고 있습니다.

> 십자가의 도가 멸망하는 자들에게는 미련한 것이요 구원을 받는 우리에게는 하나님의 능력이라 기록된바 내가 지혜 있는 자들의 지혜를 멸하고 총명한 자들의 총명을 폐하리라 하였으니 지혜 있는 자가 어디 있느냐 선비가 어디 있느냐 이 세대에 변론가가 어디 있느냐 하나님께서 이 세상의 지혜를 미련하게 하신 것이 아니냐 하나님의 지혜에 있어서는 이 세상이 자기 지혜로 하나님을 알지 못하므로 하나님께서 전도의 미련한 것으로 믿는 자들을 구원하시기를 기뻐하셨도다 유대인은 표적을 구하고 헬라인은 지혜를 찾으나 우리는 십자가에 못 박힌 그리스도를 전하니 유대인에게는 거리끼는 것이요 이방인에게는 미련한 것이로되 오직 부르심을 받은 자들에게는 유대인이나 헬라인이나 그리스도는 하나님의 능력이요 하나님의 지혜니라 **고전 1:18-24**

우리의 운명

[엡 1:3-10]

찬송하리로다 하나님 곧 우리 주 예수 그리스도의 아버지께서 그리스도 안에서 하늘에 속한 모든 신령한 복을 우리에게 주시되 곧 창세 전에 그리스도 안에서 우리를 택하사 우리로 사랑 안에서 그 앞에 거룩하고 흠이 없게 하시려고 그 기쁘신 뜻대로 우리를 예정하사 예수 그리스도로 말미암아 자기의 아들들이 되게 하셨으니 이는 그가 사랑하시는 자 안에서 우리에게 거저 주시는 바 그의 은혜의 영광을 찬송하게 하려는 것이라 우리는 그리스도 안에서 그의 은혜의 풍성함을 따라 그의 피로 말미암아 속량 곧 죄 사함을 받았느니라 이는 그가 모든 지혜와 총명을 우리에게 넘치게 하사 그 뜻의 비밀을 우리에게 알리신 것이요 그의 기뻐하심을 따라 그리스도 안에서 때가 찬 경륜을 위하여 예정하신 것이니 하늘에 있는 것이나 땅에 있는 것이 다 그리스도 안에서 통일되게 하려 하심이라 우리나라는 새해를 두 번 맞습니다. 신정과 구정, 곧 설날입니다. 신정은 양력에 따른 것인데 바로 태양력에서 비롯된 것이고, 구정은 음력으로 달을 중심으로 만들어졌습니다. 많은 나라들이 새해맞이를 한 번 하지만 우리나라는 전통적으로 내려온 음력의 설날이 오랜 관습으로 남아 있기 때문에 이렇게 두 번의 새해맞이를 합니다.

농경 시대에는 음력으로 모든 일정을 정하고 움직였습니다. 세상이 변하고 농경 시대를 지나 이제는 첨단과학 시대를 산다고 하지만 여전히 태양과 달을 기준으로 인생의 갈 길을 알고 싶어 합니다. 세상 사람들은 설날이 되면 새로운 한 해를 맞으며 올해는 어떤 해가 될 것인지를 놓고 토정비결을 보기도 하고 자신의 운세를 점치기도 합니다.

우리 그리스도인들에게는 또 하나의 달력이 있습니다. 이것을 교회력이라고 부릅니다. 태양을 중심하면 태양력이고 달을 중심으로 돌아가면 태음력이라고 할 때, 예수 그리스도를 중심으로 돌아가는 것이 바로 교회력입니다. 교회력은 예수님이 중심입니다. 성탄절을 앞두고 4주간을 대림절이라고 하는데 이것이 교회력의 시작입니다. 성탄절이 지나면 주현절이 오는데, 주현절은 예수님이 하나님의 아들이심을 드러내는 능력과 신적 정체성을 나타냅니다. 그리고 이어서 부활절을 앞두고 사순절이 시작됩니다. 사순은 40일이라는 뜻입니다. 이 40일간 예수님의 수난과 죽음을 담은 것이 사순절입니다. 부활절은 기독교의 가장 기쁜 교회력으로 50일간 경축합니다. 그리고 예수님의 승천일, 성령강림절을 지나고 한 해를 마무리하며 다시금 대림절을 맞는 것이 교회력입니다.

우리에게 교회력이 중요한 것은, 진정 우리 인생의 중심은 태양도 아니고 달도 아니라 바로 예수 그리스도이기 때문입니다. 그래서 우리는 토정비결이나 운세나 점괘 같은 데 매이지 않습니다. 우리는 교회력에 따라 예수 그리스도를 생각하고 이에 따른 말씀을 묵상함으로써 우리 인생의 갈 길을 밝혀 나갑니다.

에베소서 1장은 참으로 놀라운 말씀입니다. 왜냐하면 하나님께서 자신의 계획을 우리에게 알리셨다고 말씀하시기 때문입니다. 이 계획은 바로 우리 사람들을 향한 것인데, 9절에 '그 뜻의 비밀을 우리에게 알리셨다'고 했습니다.

사실 인간은 자신의 운명이 어떻게 결정되어 있는지 알지 못합니다. 사람들은 때때로 용한 점쟁이를 찾아가 자신의 운명을 알고 싶어 하지만, 만약에 사람이 자신의 미래를 낱낱이 알게 된다면 엄청난 혼란이 일어나게 될 것입니다. 만일 내가 10년 후에 아주 비참한 모습으로 고통 가운데 죽을 운명이 분명하다면, 그 10년을 어떻게 견디겠습니까? 반대로 대단한 영광이 온다는 것이 명확하다면 어떤 노력이나 훈련도 받지 않는 안일함에 빠질 것입니다. 이렇게 매일의 삶이 의미를 잃고 운명과 결정론에 지배를 받는 끔찍한 일상이 되어 버릴 것입니다. 그래서 하나님께서는 인간들이 자신의 미래를 절대로 알지 못하게 만들어 놓으셨습니다. 모든 인간의 미래를 철저하게 비밀에 붙이시고 단지 주어진 형편에서 열심히 살게 하셨습니다.

그런데 오늘 우리가 읽은 에베소서에서, 놀랍게도 이 세상 누구에게도 공개되지 않은 하나님의 비밀을 바로 예수를 믿는 우리에게 드러내셨다는 것입니다. 이것은 너무나도 엄청난 일이며 위험합니다. 만약에 이것이 잘못 받아들여지거나 바른 이해가 되지 않는다면 굉장한 부작용이 생길지도 모릅니다. 그럼에도 불구하고 하나님께서는 지금까지 우리 인간들에게 절대로 알리지 않으셨던 하나님의 비밀을 드러내셨습니다. 그 내용은 이 세상에 대한 미래의 운명, 즉 나와 이 세상 전체에 대한 하나님의 정하신 뜻이 무엇인가 하는 것입니다.

저의 솔직한 고민을 말하자면, 설교를 준비하다가 벽에 부딪히는 것입니다. 무슨 벽이냐 하면 바로 하나님이 하시는 일이 너무 크고 광대하여 한눈에 다 들어오지 않는다는 벽입니다. 그냥 망망대해에 풍덩 뛰어드는 듯합니다. 그때마다 이런 탄식이 나옵니다. '하나님, 오늘 성경에 계시되어 있는 말씀이 너무 크고 깊고 광대하여 감당이 안 됩니다.' 그런데 이것은 나 같은 부족한 사람만의 고민은 아니었던 것 같습니다. 아우구스티누스라는 유명한 신학자의 이야기도 있습니다. 그가 삼위일체를 연구하다가 깊은 고민에 빠졌습니다. 하루는 바닷가를 산책하다가 한 어린아이가 조개껍질을 가지고 노는 것을 봅니다. "애야, 뭐 하니?" "이 조개껍질로 바닷물을 퍼올리고 있어요. 언젠가는 바닷물을 다 담을 수 있겠지요." 여기서 아우구스티누스는 자신이 하나님을 다 알아내겠다는 것이 얼마나 제한적인가를 깨닫게 됩니다.

성경에 나오는 아브라함 역시 이런 벽에 부딪힙니다. 그가 백 세가 다 되도록 자식이 없을 때 하갈을 통해 이스마엘을 얻었습니다. 아브람 86세 때 일입니다. 그런데 99세에 하나님이 아브람에게 나타나서 이름을 아브라함이라 바꿔 주시고, 그의 아내 사라에게 복을 주어 아들을 낳게 하겠다며 장차 이루어질 하나님의 원대한 계획을 일러 주십니다. 이때 아브라함이 한 말이 있습니다.

"이스마엘이나 하나님 앞에 살기를 원하나이다"(창 17:18).

아브라함의 생각 속에는 지금 눈앞에 보이는 이스마엘뿐입니다. 하지만 하나님께서는 아직 태어나지도 않은 아들을 말씀하십니다. 낳기도 전에 이삭이라는 이름을 주었습니다. 아브라함은 하나님의 원대한 계획 앞에 벽을 느꼈던 것입니다.

우리가 에베소서 1장을 읽을 때도 이런 벽을 느낍니다. 하나님께서 우리 인생을 향한 비밀을 공개하십니다. 이 엄청난 것을 사도 바울이 한 문장으로 담아냅니다. 에베소서 1장 3-14절은 헬라어로 한 문장입니다(번역으로는 여섯 문장으로 쪼개 놓았습니다). 그야말로 웅장한 건축물 같습니다. 그래서 이 부분은 항상 버겁습니다. 뭔가 굉장한 내용을 담아 놓았는데 이게 한눈에 다 안 들어오는 것입니다. 그래서 사도 바울은 이 문장에 뒤이어 기도문을 실어 놓았습니다.

"하나님 아버지께서 지혜와 계시의 정신을 너희에게 주어서 마음의 눈이 밝아져 이 엄청난 계시를 다 알게 하시기를 구한다"(엡 1:17-19).

그리고 3장에 가서 또 기도를 합니다. 이번에는 무릎을 꿇고 기도합니다.

"능히 지식에 넘치는 그리스도의 사랑을 알고 그 너비와 길이와 높이와 깊이가 어떠함을 깨달아 충만하게 하시기를 구한다"(엡 3:18-19).

이런 기도가 없다면 우리는 다 벽에 부딪히고 무슨 뜻인지도 모른 채 아브라함처럼 "이스마엘이나 살기를 바라나이다" 하면서 우리의 눈앞에 보이는 단편적인 소원만을 구하게 될 것입니다. '지혜와 계시의 정신' 그리고 '그리스도의 사랑의 광대함을 깨닫는 충만한 지식'이 우리 모두에게 있기를 축원합니다.

그러면 에베소서 1장에 나오는 '하나님의 비밀'이란 무엇일까요? 9-10절을 중심으로 생각해 보겠습니다.

> 그 뜻의 비밀을 우리에게 알리신 것이요 그의 기뻐하심을 따라 그리스도 안에서 때가 찬 경륜을 위하여 예정하신 것이니 하늘에 있는 것이나 땅에 있는 것이 다 그리스도 안에서 통일되게 하려 하심이라

하나님께서는 이 세상을 향한 자신의 계획을 그리스도 안에서 이루십니다. 그러므로 하나님의 비밀의 열쇠는 바로 그리스도입니다. 예수 그리스도가 중심이라는 말씀입니다. 우리가 태양력도 아니고 태음력도 아닌 그리스도력, 즉 교회력을 중시하는 이유입니다.

자연만물은 언제나 중력이 있어 중심이 잡히고 질서 있게 운행합니다. 작게는 전자가 원자를 중심으로 돌며 물체를 형성하고 있고, 크게는 태양계 역시 태양이 중심이 되어 운행하고 있습니다. 달도 지구의 중력으로 운행합니다. 만약에 중력이 사라지면 이 세상 만물은 혼돈으로 멸망하고 말 것입니다. 히브리서에 이런 말씀이 나옵니다.

'모든 세계는 하나님의 말씀으로 지어졌다. 보이는 것은 나타난 것으로 말미암아 된 것이 아니다'(11:3).

이 말씀은 원자나 태양 같은 것도 그 자체가 궁극적인 원인이 아니라는 말씀입니다. 그 배후에 하나님의 말씀이 있습니다. 그리고

이 말씀에 대하여 요한복음은 이렇게 선포합니다.

> 태초에 말씀이 계시니라 이 말씀이 하나님과 함께 계셨으니 이 말씀은 곧 하나님이시니라 그가 태초에 하나님과 함께 계셨고 만물이 그로 말미암아 지은 바 되었으니 지은 것이 하나도 그가 없이는 된 것이 없느니라 **요 1:1-3**

예수님은 말씀이시고 하나님이십니다. 모든 만물은 예수 그리스도로 말미암아 지어졌습니다. 여기서 '그로 말미암아'가 무슨 뜻일까요? 쉽지 않은 부분입니다. 신학적으로는 '중심'이라는 의미가 들어 있습니다. 모든 피조 세계가 그리스도의 통제를 받으며 그를 중심으로 존재한다는 말입니다. 이것을 쉽게 이해하려면 오케스트라를 보면 됩니다. 오케스트라는 수많은 다양한 악기들과 연주자들의 집합체입니다. 각기 모양도 다르고 소리가 다릅니다. 만약에 이들이 모여 제각기 소리를 낸다면 커다란 소음이 될 것입니다. 그런데 지휘자가 중심에 서서 그가 선정한 악보를 가지고 오케스트라를 지휘합니다. 그 어떤 악기도 제멋대로 소리를 내지 않습니다. 지휘자의 통제와 지도에 따라서 소리를 냅니다. 이때 우리는 이것을 연주라고 부릅니다. 이처럼 온 세상 만물이 제각기 제 맘대로 돌아가는 것이 아니라 예수 그리스도의 지휘와 통제를 따라 존재하고 운행한다는 것을 '그리스도로 말미암아'라고 표현한 것입니다.

예수님이 중심이십니다. 그 누구든지 예수님을 떠나면 그는 떠도는 별처럼 됩니다. 성경에 나오는 저주받고 떠도는 첫 번째 인물은 가인입니다. 가인은 동생을 죽이고 '떠도는 인생'이 되었습니다(창 4:12). 목적 없이 방황하는 인생입니다. 왜냐하면 가인은 인생의 중심이 되는 하나님의 말씀을 떠났기 때문입니다. 성경의 끝 부분에 가면 유다서라는 작은 책이 있는데, 여기에는 가인과 더불어 저주받은 사람들로 발람과 고라를 언급하며 이렇게 말씀합니다.

> 화 있을진저 이 사람들이여, 가인의 길에 행하였으며 삯을 위하여 발람의 어그러진 길로 몰려갔으며 고라의 패역을 따라 멸망을 받았도다 그들은 기탄 없이 너희와 함께 먹으니 너희의 애찬에 암초요 자기 몸만 기르는 목자요 바람에 불려가는 물 없는 구름이요 죽고 또 죽어 뿌리까지 뽑힌 열매 없는 가을 나무요 자기 수치의 거품을 뿜는 바다의 거친 물결이요 영원히 예비된 캄캄한 흑암으로 돌아갈 유리하는 별들이라 유 1:11-13

'흑암으로 돌아갈 유리하는 별들', 이것이 바로 만물의 중심이신 그리스도를 떠난 저주받은 자들의 모습입니다. 여러분, 한번 생각해 보십시오. 지휘자 없는 오케스트라에서 제멋대로 연주하여 만들어 내는 그 소음을! 그리고 별이 중력을 벗어나 흑암을 떠도는 모습을! 이런 표현들은 하나님을 등지고 사는 인생들에 대한 이미지들입니다. 이보다 저주받은 인생이 어디 있을까요? 그리스도를 떠난 상태에서 오는 저주입니다.

예수 그리스도는 내 인생의 중심입니다. 나의 삶을 하나님의 뜻에 따라 조화롭게 연주하실 분입니다. 흑암을 떠돌며 방황하는 나의 인생에서 건져 찬란한 태양빛을 중심으로 돌아 온갖 생명으로 충만한 지구와 같이 풍성한 삶으로 인도하시는 분이 바로 예수 그리스도입니다. 누구든지 예수님이 계시면 무질서에서 질서로 나오게 됩니다.

이전에 어느 성경공부 교재에서 동그라미 그림을 보았습니다. 동그라미는 내 마음을 나타내는데 그 동그라미 안에 의자가 하나 있습니다. 바로 내 마음의 왕좌입니다. 그 의자에 내가 앉아 있으면 삶은 온갖 무질서로 뒤범벅이 됩니다. 그러다가 내가 겸손히 내려앉고 예수 그리스도를 의자에 모시면 이내 삶은 질서로 정연하게 됩니다. 이 내면의 질서가 잡힐 때 우리의 외면의 삶도 질서가 잡힙니다.

《내면세계의 질서와 영적 성장》라는 책에서 고든 맥도날드는 이런 말을 합니다. "나의 내면세계를 질서정연한 상태라고 할 수 있다면, 그것은 내가 이러한 질서 상태를 지키기로 매일같이 선택하고 있기 때문이다." 내 인생의 질서는 매일의 삶에서 예수 그리스도를 선택하는 것으로 결정됩니다.

본문 말씀에는 '통일'이라는 단어가 등장합니다. 10절에 나오는 말씀입니다.

> 하늘에 있는 것이나 땅에 있는 것이 다 그리스도 안에서 통일되게 하려 하심이라

우리말로 '통일'이라고 번역한 이 단어는 성경에 두 번만 나오는 희귀한 단어입니다. 그 뜻은 '몸이 머리에 전체적인 지배를 받아 복종한다'는 뜻입니다. 예수님이 교회의 머리시고 교회는 그의 몸입니

다. 머리와 몸은 연결되어 통일을 이루고 있습니다. 어쩌다 병이 들어 몸에 마비가 와서 머리가 명령을 해도 몸이 움직이지 않는 경우가 있습니다. 바로 중풍 같은 경우입니다. 생각해 보십시오. 몸이 말을 안 듣는다는 게 얼마나 무서운 일입니까? 사람의 몸은 모두 머리의 지배를 받습니다.

몸의 백체에는 별별 것이 다 있습니다. 심장도 있고 간도 있습니다. 눈도 있고 입도 있습니다. 얼마 전에 과학적 실험을 하는 것을 보았는데, 사람이 맛을 느끼는 것이 입이 아닙니다. 뇌에서 느끼는 것이라고 합니다. 음식물을 씹을 때 냄새 분자로 만들어져서 후각을 관장하는 뇌에 닿을 때 비로소 맛을 느낀다고 합니다. 그래서 머리가 없으면 입은 맛도 모릅니다. '몸이 천 냥이면 간이 구백 냥이다'라고 떠들어대도 머리 없는 간 역시 아무것도 아닙니다. 우리 몸의 모든 것은 머리가 있어야 존재합니다.

이 세상에 잘났다는 것이 많고도 많습니다. 하지만 예수 그리스도와 통일되지 않은 존재들은 의미가 없습니다. 하나님께서는 저 하늘에서도, 그리고 이 땅에서도 모든 만물이 그리스도 안에서 통일됨을 선포하셨습니다. 그리스도와 연결하여 몸이 지배를 받고 각자가 역할을 하도록 만들었습니다.

그런데 여기 통일이라는 것은 획일화하겠다는 뜻은 아닙니다. 무슨 종교를 통일하거나 모양을 통일하자는 것도 아닙니다. 하나님이 지으신 세계는 매우 다양합니다. 우리 몸의 백체가 서로 다르듯, 이 세상의 모든 것들은 다양성이 있습니다. 그래서 그리스도 안에서 이루는 통일은, 사람의 몸이 백체로 다양하지만 하나인 머리의 지배를 받아 복종하여 통일된 몸을 이루듯, 하나님께서는 그리스도 안에서 온 세상을 조화롭게 하려 하신다는 말씀입니다. 이것은 아주 신비로운 말씀입니다.

이렇게 그리스도와 연결되어 통일된 세상에서는 모든 것이 조화롭고 어떤 것도 소외되지 않습니다. 우리의 몸을 보십시오. 건강한 몸은 어떤 부분도 소외되지 않습니다. 눈이나 심장, 간 같은 중요 장기들뿐 아니라 새끼손가락이나 눈에 잘 띄지 않는 지체까지도 다 존귀하며 의미를 가지고 각각 기능을 합니다. 이것은 몸의 모든 백체가 하나같이 머리에 직접 연결되어 있기 때문입니다. 머리가 모르는 지체는 존재하지 않습니다.

우리는 예수 그리스도 안에서 한 몸입니다. 덜 귀한 사람도 없고 더 귀한 사람도 없습니다. 하나님은 그 원하시는 대로 지체를 각각 몸에 두셨을 뿐입니다. 하나님이 몸을 고르게 하여 부족한 지체에게 귀중함을 더하셨고, 여러 지체가 서로 같이 돌보게 하셨습니다. 그리하여 몸의 덜 귀히 여기는 그것들을 더욱 귀한 것들로 입히고, 아름답지 못한 지체는 더욱 아름다운 것을 얻게 하셨습니다(고전 12:18-25). 이 모든 것이 머리 되시는 예수 그리스도 안에서 이루어집니다. 그러므로 중요한 것은 어떤 지체냐가 아니라, 그 지체가 머리의 지배를 받고 있느냐입니다.

마태복음 9장에서 중풍병자 한 사람이 침상에 누워 있습니다. 중풍병은 몸이 머리의 지배를 받지 못하는 병입니다. 모든 신경이 끊어져 있습니다. 예수님은 그를 향하여 이렇게 말씀하십니다.

"작은 자야 안심하라 네 죄 사함을 받았느니라."

주변에 있던 서기관이 속으로 생각합니다. '이 사람이 신성을 모독하였다!' '신성모독하다'는 말은 '자기가 하나님이란 말인가?'라는 뜻입니다. 예수님은 이렇게 대답하십니다. "그러나 인자가 세상에서 죄를 사하는 권능이 있는 줄을 너희로 알게 하려 하노라." 그러고는 병자에게 이렇게 말씀하십니다. "일어나 네 침상을 가지고 집으로 가라." 중풍병자가 예수님의 명령을 듣습니다. 그는 더 이상 중풍병자가 아닌 건강한 사람이 되었습니다. 단순히 육신의 중풍에서 벗어났을 뿐 아니라 그리스도의 명령에 순종하는 몸으로 회복이 되었습니다. 중풍병자였던 사람은 그리스도 안에서 통일이 되어 온전하게 되었습니다.

이 이야기는 이 세상 역사의 축소판입니다. 죄악된 세상은 몸이 마비된 중풍병자와 같습니다. 하나님은 이 세상을 버리지 않고 예수님을 이 세상에 보내 주셨습니다. 그러므로 세상은 예수 그리스도 안에서 회복될 것입니다. 하나님을 거역하고 떠도는 별처럼 저주받은 중풍병 걸린 인생들이 회복되어 그리스도 안에서 하나님과 화목하게 될 것입니다. 이 세상의 역사는 그렇게 진행됩니다. 우리의 운명은 그리스도 안에 있습니다. 골로새서에는 그리스도가 중심이심을 이렇게 선포합니다.

그는 보이지 아니하는 하나님의 형상이시요 모든 피조물보다 먼저 나신 이시니 만물이 그에게서 창조되되 하늘과 땅에서 보이는 것들과 보이지 않는 것들과 혹은 왕권들이나 주권들이나 통치자들이나 권세들이나 만물이 다 그로 말미암고 그를 위하여 창조되었고 또한 그가 만물보다 먼저 계시고 만물이 그 안에 함께 섰느니라 골 1:15-17

Invite you to the Lord's table

풍성한 주님의 식탁으로 초대합니다

2부
우리는 어디로 갈까?

이것은 교회의 이야기입니다.
우리는 한 아버지인 하나님을 뵈려고 아버지의 집을 찾습니다.
하나님께는 수많은 자녀들이 있습니다.
우리 모두는 하나님을 아버지라 부르는 하나님의 자녀들입니다.
흥미로운 것은 르우벤이 "나는 어디로 갈까?"라고 했을 때
여기 '갈까'에 사용된 히브리어 단어는 '보'입니다.
이 '보'는 공동체가 함께 기도하고 희생제사를 드리려고
성소에 가는 사람에 대해 사용합니다.

— 본문 중에서 —

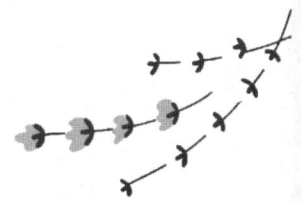

우리는 어디로 갈까?

[창 37:29-35]

르우벤이 돌아와 구덩이에 이르러 본즉 거기 요셉이 없는지라 옷을 찢고 아우들에게로 되돌아와서 이르되 아이가 없도다 나는 어디로 갈까 그들이 요셉의 옷을 가져다가 숫염소를 죽여 그 옷을 피에 적시고 그의 채색옷을 보내어 그의 아버지에게로 가지고 가서 이르기를 우리가 이것을 발견하였으니 아버지 아들의 옷인가 보소서 하매 아버지가 그것을 알아보고 이르되 내 아들의 옷이라 악한 짐승이 그를 잡아 먹었도다 요셉이 분명히 찢겼도다 하고 자기 옷을 찢고 굵은 베로 허리를 묶고 오래도록 그의 아들을 위하여 애통하니 그의 모든 자녀가 위로하되 그가 그 위로를 받지 아니하여 이르되 내가 슬퍼하며 스올로 내려가 아들에게로 가리라 하고 그의 아버지가 그를 위하여 울었더라

[요 13:33-36]

작은 자들아 내가 아직 잠시 너희와 함께 있겠노라 너희가 나를 찾을 것이나 일찍이 내가 유대인들에게 너희는 내가 가는 곳에 올 수 없다고 말한 것과 같이 지금 너희에게도 이르노라 새 계명을 너희에게 주노니 서로 사랑하라 내가 너희를 사랑한 것같이 너희도 서로 사랑하라 너희가 서로 사랑하면 이로

써 모든 사람이 너희가 내 제자인 줄 알리라 시몬 베드로가 이르되 주여 어디로 가시나이까 예수께서 대답하시되 내가 가는 곳에 네가 지금은 따라올 수 없으나 후에는 따라오리라

'우리는 어디로 갈까?' 오늘 이야기의 제목입니다. 이 제목은 우리가 읽은 창세기 본문의 말씀 중에 르우벤이 한 말, '나는 어디로 갈까?'에서 빌려왔습니다.

아브라함의 손자 야곱에게는 열두 아들이 있습니다. 배다른 자식들입니다. 성경에서 12라는 수는 '선택'이라는 의미입니다. 그래서 야곱의 열두 아들은 하나님의 선택된 사람들이라는 의미가 있습니다. 예수님은 열두 제자를 부르셨는데, 여기에도 선택이라는 의미가 담겨 있습니다. 그래서 오늘 이야기는 단순히 야곱의 아들들의 이야기를 넘어 하나님이 선택하시고 부르신 사람들의 이야기입니다. 이렇게 선택된 사람들을 '하나님의 백성' 혹은 '교회'라고 부릅니다. 오늘 야곱의 아들들 이야기는 바로 여기 있는 교회인 우리들의 이야기입니다.

르우벤이 말합니다. "나는 어디로 갈까?" 오늘 우리 교회는 이렇게 물을 수 있습니다. "우리는 어디로 갈까?" 우리 교회가 가야 할 곳, 나아가야 할 방향과 목적지는 과연 어디인지를 묻는 것입니다. 요즘에는 세상 사람들도 교회를 향하여 묻습니다. "너희는 뭐냐? 무엇하는 사람들이냐?"

2020년 7월에 엠브레인 트렌드 모니터에서 '종교인 인식조사'를 했

습니다. '불교하면 떠오르는 이미지는 무엇인가?' 물었을 때 '온화한, 따뜻한, 절제하는'이고, 천주교는 불교의 이미지에 윤리적 추가의 이미지인 데 반하여, 개신교는 '거리를 두고 싶은, 이중적인, 사기꾼 같은, 이기적인, 배타적인, 부패한'이라는 단어였습니다. 변명하고 싶은 마음이 굴뚝같겠지만 이것이 오늘날 사람들의 눈에 비친 우리 교회의 이미지입니다. 이것은 지금 우리가 어디에 있고 어디로 가고 있는지를 보여줍니다.

이제 성경의 이야기를 살펴보겠습니다. 야곱의 아들들은 아버지의 양을 치는 사람들이라고 합니다. 야곱에게 열한 번째 아들이 태어났는데 요셉입니다. 야곱의 늦둥이 아들 요셉은 아버지의 특별한 관심과 사랑을 받았지만 형들에게는 미움과 시기를 받습니다. 요셉이 꿈을 꾸었는데 모두들 자기에게 절하는 꿈입니다. 요셉은 자기가 꾼 꿈을 형제들에게 자랑스레 알리지만 이는 오히려 화를 자초하였고, 급기야 멀리 양 떼를 치러 간 형들에게 아버지의 심부름을 하러 간 요셉을 형들이 죽이려는 상황이 벌어졌습니다.

"자 그를 죽여 한 구덩이에 던지고 악한 짐승이 잡아먹었다 하자."

요셉의 형들이 한 말입니다. 이것은 형제들 사이의 미움과 시기가 얼마나 무서운 결말을 가져오는지를 단적으로 보여주는 장면입니다. 그래도 맏형인 르우벤이 상황을 조금 누그러뜨려서 죽이지는 말고 구덩이에 던져 넣자고 하여 피를 보는 것은 피했고, 르우벤은 나중에 요셉을 건져내서 아버지에게 돌려보내고자 했다고 되어 있습니다. 요셉이 깊은 구덩이에 던져져 슬피 울고 있을 때 이 상황에서 형들은 음식을 먹습니다. 밥을 먹었답니다. 밥맛이 있었을까요? 어떻게 이리도 잔혹할까요? 이렇게 밥을 먹으면서 그들은 요셉을 단돈 20냥에 노예로 팔아 버립니다. 이때에 르우벤은 자리에 없었는데 돌아와 보니 요셉이 없어졌습니다. 창세기 37장 29-30절을 봅시다.

> 르우벤이 돌아와 구덩이에 이르러 본즉 거기 요셉이 없는지라 옷을 찢고 아우들에게로 되돌아와서 이르되 아이가 없도다 나는 어디로 갈까

르우벤은, 이제 형제들이 곧 양 치는 일을 마치고 집으로 돌아갈 텐데, 집에 가서 아버지를 어떻게 볼까 하는 의미로 한 말입니다. 아니나 다를까 아버지 야곱이 요셉의 피 묻은 겉옷을 보고 애통하는데, 그 어떤 위로도 받지 않았다는 말씀이 나옵니다.

이 이야기가 성경에 기록된 것은 하나님의 백성인 교회의 이야기라고 전제하고 이 말씀을 살펴보았습니다. 이것은 교회의 이야기입니다. 우리는 한 아버지인 하나님을 뵈려고 아버지의 집을 찾습니다. 하나님께는 수많은 자녀들이 있습니다. 우리 모두는 하나님을 아버지라 부르는 하나님의 자녀들입니다. 흥미로운 것은 르우벤이 "나는 어디로 갈까?"라고 했을 때, 여기 '갈까'에 사용된 히브리어 단어는 '보'입니다. 이 '보'는 공동체가 함께 기도하고 희생제사를 드리려고 성소에 가는 사람에 대해 사용합니다. 신명기 12장 5-7절을 봅시다.

> 오직 너희의 하나님 여호와께서 자기의 이름을 두시려고 너희 모든 지파 중에서 택하신 곳인 그 계실 곳으로 찾아 나아가서 너희의 번제

와 너희의 제물과 너희의 십일조와 너희 손의 거제와 너희의 서원제와 낙헌 예물과 너희 소와 양의 처음 난 것들을 너희는 그리로 가져다가 드리고 거기 곧 너희의 하나님 여호와 앞에서 먹고 너희의 하나님 여호와께서 너희의 손으로 수고한 일에 복 주심으로 말미암아 너희와 너희의 가족이 즐거워할지니라

예레미야 7장 2절도 봅니다.

너는 여호와의 집 문에 서서 이 말을 선포하여 이르기를 여호와께 예배하러 이 문으로 들어가는 유다 사람들아 여호와의 말씀을 들으라

시편 5편 7절과 42편 2절에도 나옵니다.

오직 나는 주의 풍성한 사랑을 힘입어 주의 집에 들어가 주를 경외함으로 성전을 향하여 예배하리이다 시 5:7

내 영혼이 하나님 곧 살아 계시는 하나님을 갈망하나니 내가 어느 때에 나아가서 하나님의 얼굴을 뵈올까 시 42:2

르우벤이 자기의 형제 중 하나인 요셉이 사라진 후 "아이가 없어졌어. 난 어디로 갈까" 다시 말해 "내가 어떻게 아버지에게 나아갈까?" 하는 것은, 우리가 하나님 앞에 나아가 예배를 드리려 할 때의 상황과 같은 말씀이라는 뜻입니다. 르우벤이 "나는 어디로 갈까?"라고 울부짖는 것은 이런 상태로는 아버지께로 갈 수가 없다는 뜻입니

다. 아무리 양을 잘 쳐서 사업을 훌륭하게 했더라도 아버지는 그것을 기뻐하지 않을 것입니다. 하나님은 천천만만의 희생제물을 가지고 그 앞에 나아가더라도 우리가 미워하고 시기하고 서로를 해하려 한다면 그 제물을 받지 않으실 것입니다. 하나님이 원하시는 것은 제물이 아닙니다. 하나님께서 호세아 6장 6절에 명확히 밝히셨습니다.

나는 인애를 원하고 제사를 원하지 아니하며 번제보다 하나님을 아는 것을 원하노라

예수님은 이렇게 말씀하셨습니다.

그러므로 예물을 제단에 드리려다가 거기서 네 형제에게 원망들을 만한 일이 있는 것이 생각나거든 예물을 제단 앞에 두고 먼저 가서 형제와 화목하고 그 후에 와서 예물을 드리라 마 5:23-24

'하나님이 원하시는 것이 제물인가, 인애인가?' 이것은 대단히 중요한 질문입니다. 바로 교회의 방향을 묻는 질문이기 때문입니다. 교회는 하나님이 선택하고 부르신 사람들의 모임입니다. 성경은 이것을 사람의 뜻을 따라 나지 않고 하나님의 뜻을 따라 태어났다고 표현합니다. 그러므로 교회는 철저하게 하나님이 원하시고 바라시는 것을 향해 나아가야 합니다. 바로 인애입니다. 인애는 사랑, 친절, 긍휼 같은 말로 바꿀 수 있는 말입니다. 불쌍히 여기는 마음입니다. 하나님 아버지의 마음이며 속뜻입니다. 오직 이것을 따라가야 하나님 아버지를 만날 수 있습니다.

그런데 사람이 형제를 미워하고 시기하고 해하려는 마음을 접고 서로 사랑하는 마음을 가지는 것은 결코 쉬운 일이 아닙니다. 오히려 미워하고 시기하고 다투는 일에 능합니다. 그래서 우리는 주로 하나님께로 가기보다 하나님을 등지는 길을 갑니다. 인생의 길을 잃는 것입니다.

구약의 요나 선지자를 보십시오. 하나님이 그를 니느웨로 보내십니다. 니느웨는 요나에게 원수의 나라인 앗수르의 수도입니다. 요나는 이게 싫어서 다시스로 가는 배를 탑니다. 요나에게 다시스는 자기 뜻을 따르는 곳입니다. 우리 교회가 요나와 같을 때가 얼마나 많을까요? 우리 주님은 우리를 부르신 후에 세상으로 보내셨습니다. 바로 주님의 은혜를 가지고 죄악된 세상으로 나아가라는 것입니다. 미움으로 가득한 세상에 하나님의 사랑을 전하라는 것입니다. 그런데 역사적으로 교회는 세상으로 나아가기는커녕 자신들만을 위한 건물을 짓고 사업하고, 그러다가 형제들끼리 서로 경쟁하고 빼앗고 시기 다툼으로 빠져든 적이 한두 번이 아니었습니다. 이것은 교회가 길을 잃은 것입니다.

그러면 우리는 왜 이렇게 하나님의 뜻에 반하는 길을 가는 것일까요? 그 이유를 찾기 위해 먼저 야곱의 열두 아들을 살펴보겠습니다. 형들은 왜 요셉을 미워하고 시기하고 죽이려 했을까요? 요셉이 꾼 꿈 때문입니다. 요셉의 꿈은 요셉이 지도자가 된다는 것입니다. 이것이 큰 갈등을 가져왔습니다. "네가 참으로 우리의 왕이 되겠느냐?" 하면서 형들이 분개했고, 의기투합하여 요셉을 죽이려 했습니다. 열한 번째 아들이 자기들의 지도자가 된다고 하니 열 명의 형들이 분노한 것입니다.

인간 세상에서 '누가 높으냐?' 하는 데서 오는 주도권, 기득권, 이권의 문제는 갈등의 큰 원인이 됩니다. 교회도 다를 바가 없습니다. 교회가 길을 잃는 것은 거의가 다 주도권 문제입니다. 성경은 지도자의 자리를 부정하지는 않습니다. 다만 그것은 하나님이 세우시는 것으로서 하나님의 질서의 문제입니다. 야고보와 요한이 예수님께 오른편 왼편의 중직 자리를 구할 때, 예수님은 그것은 하나님이 정하시는 일이라고 말씀하셨습니다(마 20:23).

이스라엘 백성들이 하나님과 바른 관계에 있을 때에는 항상 이렇게 물었습니다. "하나님, 우리 중에 누구를 세울까요? 하나님, 우리 중에 누가 먼저 올라갈까요?" 사무엘이 다윗을 세울 때에도 그랬습니다. 약속의 땅을 차지하는 전쟁을 하러 나갈 때도 그랬습니다. 하지만 하나님의 백성이 타락했을 때는 자기들 멋대로 했습니다. 그래서 하나님이 이런 말씀을 하십니다. 호세아 8장 4절입니다.

> 그들이 왕들을 세웠으나 내게서 난 것이 아니며 그들이 지도자들을 세웠으나 내가 모르는 바이며 그들이 또 그 은, 금으로 자기를 위하여 우상을 만들었나니 결국은 파괴되고 말리라

이렇게 제멋대로 하면 결국은 파괴되고 만다는 말씀입니다. 그래서 하나님의 백성들은 지도자를 세울 때마다 반드시 하나님의 뜻을 묻고 세워야 합니다. 성경에는 하나님의 뜻이 어디에 있는지도 명확히 밝히셨습니다. 하나님은 겸손한 자에게 은혜를 주시며, 섬기는 자가 큰 자라고 하십니다. 그런데 인간의 욕심을 따라 이런 것을 무시

하고 다투고 싸우며 힘으로 기득권을 가지려고 합니다. 이때 발생하는 것이 다툼입니다.

> 너희 중에 싸움이 어디로부터 다툼이 어디로부터 나느냐 너희 지체 중에서 싸우는 정욕으로부터 나는 것이 아니냐 너희는 욕심을 내어도 얻지 못하여 살인하며 시기하여도 능히 취하지 못하므로 다투고 싸우는도다 너희가 얻지 못함은 구하지 아니하기 때문이요 구하여도 받지 못함은 정욕으로 쓰려고 잘못 구하기 때문이라 **약 4:1-3**

세상 사람들이 우리에게서 이것을 보는 것입니다. 그래서 그들이 우리를 향하여 "교회는 무엇이냐? 너희는 도대체 정체가 무엇이냐? 이 세상에서 무슨 쓸모가 있는 모임이냐?"라고 묻습니다. 그 답을 말하기 위해서 우리는 다시 길을 찾아야 합니다. 미움과 시기와 다툼, 그리고 높아지려는 마음을 버리고 하나님 아버지께로 나아가는 길, 인애를 가지고 형제와 함께 하나님께 나아가 예배하는 길로 우리의 방향을 돌이켜야 합니다. 이 방향을 어디서 찾을 수 있을까요? 바로 예수님입니다. 예수님은 우리의 방향을 정하시는 나침반이십니다. 예수님이 우리의 길이십니다.

어떤 배가 큰 풍랑을 만나 파선하였습니다. 배에 탄 사람들이 급히 구명정을 내리고 탈출하는데 갑자기 한 선원이 그 가라앉는 배로 다시 뛰어들었습니다. 조금 있다가 선원이 침몰하는 배에서 나왔습니다. 사람들이 놀라서 그에게 물었습니다. "아니 왜 그 위험한 곳으로 다시 들어갔습니까?" 선원이 손에 든 물건을 내보입니다. 그것은 바로 나침반이었습니다. 이제 곧 망망대해를 떠돌 구명정에 꼭 필요한 물건입니다. 방향은 이렇게나 중요한 것입니다.

예수님은 말씀하십니다. "내가 곧 길이다" 우리가 나아가야 할 방향이 예수님께 있다는 말씀입니다. 요한복음 13장부터 16장에는 예수님의 제자들에게 하신 말씀이 장장하게 나옵니다. 그런데 여기에 반복하시는 말씀이 아버지께로 가신다는 말씀입니다. 이어서 하시는 말씀이 이렇습니다.

'그 길을 너희가 안다'(요 14:4).

제자들이 답답해하며 묻습니다. "주님, 잘 모르겠는데요. 도대체 어디로 가시는 것입니까? 그 길을 우리가 어떻게 알겠습니까?" 지금 예수님은 사람이 하나님께로 가는 길에 대하여 말씀하십니다. 그런데 제자들은 이게 무슨 말인지 알아듣지 못합니다. 그래서 이런 요청을 합니다. "하나님을 아버지라고 하시는데 그 아버지를 좀 보여 주세요." 예수님이 이렇게 답하십니다.

"나를 알면 아버지를 아는 것이다. 나를 보면 아버지를 보는 것이다. 나로 말미암지 않고는 아버지께로 갈 수가 없다."

예수님의 말씀의 요지는 하나님 아버지가 예수님과 함께 계신다는 것입니다. 그러면서 하나님 아버지께로 이르는 길은 예수님 안에 있음을 가르쳐 주십니다. 하나님 아버지를 만나 보고 싶습니까? 예수님을 만나면 됩니다! 예수님은 어디서 만날 수 있을까요? 제가 그 주소를 알려 드리겠습니다. 요한복음 14장 21절에 나옵니다.

> 나의 계명을 지키는 자라야 나를 사랑하는 자니 나를 사랑하는 자는 내 아버지께 사랑을 받을 것이요 나도 그를 사랑하여 그에게 나를 나타내리라

예수님의 계명이 있는 곳, 거기가 예수님을 만나는 자리입니다. 그 계명을 찾아보겠습니다. 요한복음 15장 12절입니다.

> 내 계명은 곧 내가 너희를 사랑한 것같이 너희도 서로 사랑하라 하는 이것이니라

이런 말씀을 통해서 예수님을 만날 수 있는 주소를 만들어 볼 수 있습니다. 그 주소는 '계명동 사랑리 13-15번지'입니다. 요한복음 13-15장에 예수님의 사랑이 계속 흘러나오기에 이것으로 번지수를 붙여보았습니다. 대표적인 말씀은 이렇습니다.

> 유월절 전에 예수께서 자기가 세상을 떠나 아버지께로 돌아가실 때가 이른 줄 아시고 세상에 있는 자기 사람들을 사랑하시되 끝까지 사랑하시니라 요 13:1

> 새 계명을 너희에게 주노니 서로 사랑하라 내가 너희를 사랑한 것같이 너희도 서로 사랑하라 너희가 서로 사랑하면 이로써 모든 사람이 너희가 내 제자인 줄 알리라 요 13:34-35

그리고 요한복음 14장의 성령 이야기, 15장의 포도나무 열매 이야기로 이어지는데, 그 주제는 예수님의 계명인 사랑입니다. 14장 중반에 '나를 믿는 자는 내가 하는 일을 할 것이요 그보다 큰일도 하리라'고 하신 말씀, 이것이 전부 예수님이 보이신 형제 사랑에 걸려 있습니다. 그렇게 읽어야 합니다. 여기 나오는 '큰일'이라는 말씀은, 우

리가 무슨 병 고치는 기적이나 능력이나 사업 같은 것을 예수님보다 더 크게 한다는 말이 아닙니다. 이것은 사랑의 이야기입니다. 이게 전체의 문맥입니다. 그래서 요한복음 13장에서 15장까지는 그야말로 예수님의 사랑의 금광맥입니다. 이것을 따라가면 고구마 줄기에서 줄줄이 따라 나오는 고구마 열매처럼, 우리를 사랑으로 온전히 하나님 앞에 나아가게 하는 이야기가 가득 들어 있는 것입니다.

보이지 않는 약속

[창 12:1-10]

여호와께서 아브람에게 이르시되 너는 너의 고향과 친척과 아버지의 집을 떠나 내가 네게 보여줄 땅으로 가라 내가 너로 큰 민족을 이루고 네게 복을 주어 네 이름을 창대하게 하리니 너는 복이 될지라 너를 축복하는 자에게는 내가 복을 내리고 너를 저주하는 자에게는 내가 저주하리니 땅의 모든 족속이 너로 말미암아 복을 얻을 것이라 하신지라 이에 아브람이 여호와의 말씀을 따라갔고 롯도 그와 함께 갔으며 아브람이 하란을 떠날 때에 칠십오 세였더라 아브람이 그의 아내 사래와 조카 롯과 하란에서 모은 모든 소유와 얻은 사람들을 이끌고 가나안 땅으로 가려고 떠나서 마침내 가나안 땅에 들어갔더라 아브람이 그 땅을 지나 세겜 땅 모레 상수리나무에 이르니 그때에 가나안 사람이 그 땅에 거주하였더라 여호와께서 아브람에게 나타나 이르시되 내가 이 땅을 네 자손에게 주리라 하신지라 자기에게 나타나신 여호와께 그가 그곳에서 제단을 쌓고 거기서 벧엘 동쪽 산으로 옮겨 장막을 치니 서쪽은 벧엘이요 동쪽은 아이라 그가 그곳에서 여호와께 제단을 쌓고 여호와의 이름을 부르더니 점점 남방으로 옮겨갔더라 그 땅에 기근이 들었으므로 아브람이 애굽에 거류하려고 그리로 내려갔으니 이는 그 땅에 기근이 심하였음이라

2020 도쿄올림픽은 코로나19 상황에서 1년을 연기한 끝에 어렵게 개최되었습니다. 우리나라에 첫 금메달의 기쁨을 안겨준 것은 양궁입니다. 양궁에는 총 5개의 금메달이 걸려 있는데, 우리나라 선수들이 그중에서 4개를 가져왔습니다. 양궁이 올림픽 정식 종목이 된 후 총 42개의 금메달 중에 27개를 우리나라가 획득했고, 여자대표팀은 9연속 금메달의 기록을 세웠습니다. 참으로 놀라운 일입니다.

이런 우리나라의 양궁을 보면서 워싱턴포스트지는 "한국 양궁 왕조는 매혹적이고 무자비한 모습을 보여줬다"는 평을 내놓았습니다. 양궁의 활은 당기는 것도 힘들지만, 자그마치 70미터 밖에 있는 지름 13센티미터의 작은 과녁에 화살을 꽂아야 10점을 따는 아주 어려운 스포츠입니다. 우리나라 선수들은 하루에 수백 발에서 천 발에 가까운 연습을 합니다. 올림픽에 나가려면 훈련으로만 100만 발쯤 쏘아야 합니다. 이렇게 함으로써 그 조그만 과녁에 화살을 꽂을 수 있게 됩니다.

이것은 우리의 인생을 놓고도 큰 교훈이 되는 이야기입니다. 성경에 '죄'라는 단어를 헬라어로 '하마르티아'라고 하는데, 그 뜻은 '화살이 과녁을 벗어났다'입니다. 어떤 목표에서 벗어나 목표를 이루지 못하는 것을 일컫는 단어입니다. 그리스의 철학자인 아리스토텔레스는 자국어인 이 '하마르티아'를 이렇게 정의합니다. "이것은 인간의 연약함과 불완전한 지식 때문에 미덕에 이르지 못하는 것이다." 성경은 이런 그리스어를 '죄'라는 용어로 사용합니다.

구약성경에는 죄를 나타내는 히브리어가 여럿 있습니다. 그중에 '아온'이라는 단어가 있는데, 옳은 길에서 의식적으로 이탈하는 것을 나타냅니다. 헬라어 하마르티아와 유사한 개념입니다. 화살이 제 방향을 벗어남같이 하나님을 향한 마음이 흔들려 하나님께서 뜻하신 길에서 벗어나 방황하는 모습을 나타내는 단어입니다. 히브리어 '아온'은 연약한 인간의 속성과 행동을 잘 보여줍니다. 마치 처음 화살을 쏘는 훈련생처럼 인간의 마음은 하나님의 뜻에 대하여 자주 흔들립니다. 그리고 방황합니다. 하지만 양궁 선수가 계속되는 훈련을 통하여 그 작은 과녁에 화살을 정확히 꽂아 넣듯이, 사람은 믿음의 훈련을 통하여 더 이상 방황하지 않고 하나님의 뜻을 이루는 삶으로 나아가게 됩니다. 이것은 양궁보다 더 놀라운 이야기입니다.

아브라함은 믿음의 조상입니다. 이것은 아브라함이 우리에게 믿음의 길을 간 모범이고 뿌리가 됨을 나타내는 표현일 것입니다. 아브라함은 우리 믿음의 조상입니다. 우리 중 누구든지 하나님을 향한 믿음의 길을 가려 한다면 아브라함이 훌륭한 모범이 될 것입니다. "아브람이 여호와를 믿으니 여호와께서 이를 그의 의로 여기시고"라는 말씀이 창세기 15장 6절에 기록되어 있습니다. '믿음으로 아브라함은 부르심을 받았을 때에 순종하여 갈 바를 알지 못하였지만 나아갔다'는 말씀은 히브리서 11장에 나옵니다. 그런가 하면 로마서 4장에는 '아브라함이 바랄 수 없는 중에 바라고 믿었다', '그가 백 세나 되어 자기 몸이 죽은 것 같음을 알고도 믿음이 약하여지지 아니하고, 믿음이 없어 하나님의 약속을 의심하지 않고 믿음으로 견고하여져서 하나님께 영광을 돌리며, 약속하신 그것을 또한 능히 이루실 줄을 확신하였으니, 그러므로 그것이 그에게 의로 여겨졌다'라고 말씀합니다. 이런 말씀들을 근거로 아브라함을 믿음의 조상이라 부릅니다.

아브라함은 믿음에 있어서 조금의 흔들림이나 방황 없이 하나님의 뜻을 이룬 사람처럼 보입니다. 하지만 오늘 읽은 말씀을 보면 이것은 사실이 아닙니다. 아브라함은 우리와 똑같이 흔들리고 방황합니다. 하나님께서 아브라함을 부르셨을 때에 순종하고 나아갔지만 그가 가는 길은 화살이 정확하게 과녁을 향해 날아가는 모습이 아니었습니다. 아브라함도 때로는 주저했고, 때로는 지나쳤으며, 때로는 속이며 눈 가리고 아웅하는 모습도 보입니다. 이를테면 아브라함은 선천적인 궁사가 아니라는 말입니다. 아브라함도 우리와 마찬가지로 믿음의 과정, 훈련과 실수와 실패를 부단히 겪으면서 방황을 바로잡은 사람입니다. 본문에서 그것이 드러납니다.

창세기 12장은 아브람이 하나님의 부르심을 받는 유명한 말씀입니다. 하나님은 아브람에게 고향과 친척과 아버지의 집을 떠나라고 명하십니다. "내가 너로 큰 민족을 이루고 네게 복을 주어 네 이름을 창대하게 하리니 너는 복이 될지라"는 축복의 말씀은 아브람을 향하신 하나님의 놀라운 계획입니다. 2-3절의 짧은 말씀 안에 '복'이라는 단어가 다섯 번이나 나옵니다. 아브람은 이 말씀을 따라 약속의 땅으로 나아갔습니다. 5절에서 그때의 정황이 이렇게 담겨 있습니다.

> 아브람이 그의 아내 사래와 조카 롯과 하란에서 모은 모든 소유와 얻은 사람들을 이끌고 가나안 땅으로 가려고 떠나서 마침내 가나안 땅에 들어갔더라

우리는 이 말씀에서 첫 번째 아브람의 믿음의 방황을 엿보게 됩니다. 그것은 아브람의 식솔들 때문이었습니다. 아브람은 혈혈단신으로 부르심을 받은 것이 아닙니다. 그에게는 식솔이 많이 딸려 있었습니다. 아내 사래도 있고 조카인 롯도 있고 하란에서 얻은 사람들도 있었습니다. 아브람은 이 모든 사람들의 가장입니다. 이들을 책임져야 합니다. 가장의 짐은 무겁습니다. 그래서 본문은 '이끌고'라는 단어와 더불어 '마침내'라는 단어를 사용합니다.

사실 히브리어 원문을 보면 '마침내'라는 단어는 없습니다. 간결하게 '아브람이 떠나서 가나안 땅에 들어갔다'고 되어 있습니다. 왜 번역자들이 '마침내'라는 단어를 사용하였을까요? 아브람의 여정이 그렇게 만만한 것이 아니었음을 보여주고자 했기 때문입니다. 거리상으로 700킬로미터가 넘습니다. 식솔만 수십 명일 것입니다. 그러니 이 어찌 쉬운 길이겠습니까? 그래서 '이끌고, 마침내' 들어갔다고 번역한 것입니다. 부르심이야 아브람이 받은 것이니 사실 아내나 조카에게는 한 다리 건너 이야기입니다.

전에 선교사 가정을 먼 나라로 파송할 때 그의 어린 두 아들을 보면서 눈물을 흘렸던 일이 있습니다. 부르심은 선교사님이 받은 것인데, 이 어린 것들은 무슨 이유로 고생 길을 가야 합니까? 실제로 많은 선교사들이 자녀 문제로 선교를 포기합니다. 가정의 갈등이 만만치 않다는 뜻입니다. 아브람 역시 식솔들로 인하여 고민이 많았을 것입니다. 그는 하나님의 부르신 길로 가려 할 때 부딪쳐 오는 반대와 원망과 몰이해를 감수해야만 했습니다.

아브람은 힘들고 더뎠지만 마침내 가나안 땅에 들어갔습니다. 그런데 6절에는 이해하지 못할 말씀이 나옵니다.

아브람이 그 땅을 지나 세겜 땅 모레 상수리나무에 이르니 그때에 가
나안 사람이 그 땅에 거주하였더라

아브람은 약속의 땅을 지나가 버립니다. 그래서 하나님이 7절에
또 나타나십니다. 그리고 간결하게 말씀하십니다.

여호와께서 아브람에게 나타나 이르시되 내가 이 땅을 네 자손에게
주리라 하신지라…

아브람이 이 말씀을 듣고는 그곳에서 제단을 쌓습니다. 예배드렸다는 말씀입니다. 그런데 8절에 "거기서 옮겨"라고 되어 있고, 9절에는 "점점 남방으로 옮겨 갔더라"고 합니다. 정말 우리 눈을 동그랗게 뜨고 '왜 그랬을까?'라고 묻고 싶은 대목입니다. 약속의 땅에 도착했습니다. 하나님이 또 나타나셔서 확증하셨습니다. 예배도 계속 드립니다. 하지만 아브람의 몸은 약속의 땅을 벗어나고 있습니다. 화살이 과녁을 벗어나 다른 곳으로 향해 날아가는 안타까운 장면입니다. 왜 그랬을까요? 왜 아브람이 약속의 땅을 지나치는 것일까요?

두 가지 이유가 있지 않았을까 합니다. 하나는 보편적인 인간의 성질 때문이고, 또 하나는 아브람이 당면한 현실적인 이유 때문입니다.

먼저 인간의 보편적인 성질입니다. 바로 안목의 정욕 때문입니다. 아브람이 하나님의 부르심을 받았을 때 들은 엄청난 축복의 말씀은 그의 마음을 들뜨게 했을 것입니다. 약속의 땅! 후일 그것은 젖과 꿀이 흐르는 땅으로 지칭됩니다. 아브람이 처음 이 땅에 대하여 들었을 때 그곳은 미지의 땅이었습니다. 아브람은 상상합니다. 인간적

인 상상입니다. 그런데 막상 가나안 땅에 들어가 보니 성에 안 차는 것입니다. 자기의 고향 땅인 갈대아 우르보다 나은 것 같지도 않습니다.

하나님이 약속하신 땅은 아브람의 눈에 흡족하지 않았습니다. 인간의 눈과 하나님의 눈의 차이점입니다. 그러면 우리는 이것을 어떻게 알 수 있을까요? 바로 창세기 13장의 말씀으로 알 수 있습니다. 창세기 13장은 아브람이 믿음의 방황을 거친 후의 이야기입니다. 애굽까지 내려갔다가 거의 파산지경이 되어, 하나님의 은혜로 다시 가나안 땅에 올라옵니다. 그곳이 가나안 땅인 소돔 성 옆이었습니다. 이때 아브람의 가족 공동체는 큰 문제에 부닥칩니다. 바로 조카 롯과의 갈등이 생긴 것입니다. 결국 아브람은 롯과 갈라서기로 합니다. 롯은 그의 눈이 보기에 좋은 대로 소돔 땅을 선택하여 그리로 갔습니다. 당시 소돔 땅이 눈에 얼마나 보기 좋은지 성경은 이렇게 전합니다. 창세기 13장 10절입니다.

> 이에 롯이 눈을 들어 요단 지역을 바라본즉 소알까지 온 땅에 물이 넉넉하니 여호와께서 소돔과 고모라를 멸하시기 전이었으므로 여호와의 동산 같고 애굽 땅과 같았더라

인간의 연약하고 불완전한 지식은 그릇된 안목의 정욕대로 선택합니다. 롯은 자기 눈에 보기 좋은 것만 보았습니다. 그러나 롯이 보지 못한 것이 있습니다. 악과 죄입니다. "소돔 사람은 여호와 앞에 악하며 큰 죄인이었더라"(창 13:13). 안목의 정욕은 이것을 보지 못합니다. 롯이 여기에 빠진 것입니다.

아브람 역시 이 안목의 정욕의 눈을 가졌던 사람입니다. 그래서 마침내 가나안 땅에 들어간 후 하나님이 점지해 주신 땅에 만족하지 못하고 흔들렸습니다. 하지만 믿음의 연단이 있은 후 아브람의 시각이 변하기 시작합니다. 롯이 소돔으로 떠난 후 그는 척박해 보이는 헤브론 땅으로 갑니다. 하나님이 보여주시는 땅입니다. 이렇게 아브람은 믿음의 방황을 겪은 후 안목을 고쳤습니다.

톨스토이의 《전쟁과 평화》의 여자 주인공은 나타샤입니다. 나타샤는 바실리 공작의 파렴치하고 바람둥이인 아들 아나톨리의 매혹에 빠져 인생을 망칠 뻔합니다. 이 아가씨의 눈에는 이 못돼먹은 아나톨리가 너무 멋져 보입니다. 인생의 파멸이 거기에 들어 있음을 보지 못합니다. 청년이 흔히 빠질 수 있는 실수입니다. 그래서 시편은 이렇게 전합니다. "청년이 무엇으로 그의 행실을 깨끗하게 하리이까 주의 말씀만 지킬 따름이니이다"(시 119:9). 사도 요한은 이런 말씀으로 우리를 교훈합니다. 요한일서 2장 15-17절입니다.

> 이 세상이나 세상에 있는 것들을 사랑하지 말라 누구든지 세상을 사랑하면 아버지의 사랑이 그 안에 있지 아니하니 이는 세상에 있는 모든 것이 육신의 정욕과 안목의 정욕과 이생의 자랑이니 다 아버지께로부터 온 것이 아니요 세상으로부터 온 것이라 이 세상도, 그 정욕도 지나가되 오직 하나님의 뜻을 행하는 자는 영원히 거하느니라

아브람이 약속의 땅을 지나쳐 통과해 버린 두 번째 이유는 현실적인 것입니다. 바로 가나안 사람 때문입니다. "그때에 가나안 사람이 그 땅에 거주하였더라"고 본문 6절에 기록되어 있습니다. 하나님께

서 비전으로 보이신 땅은 빈 땅이 아니었습니다. 아브람이 가보니 거기에는 가나안 사람이 살고 있습니다. 가나안 사람들의 모습을 민수기 13장 28절에 '그 땅 주민들은 강하고 성읍은 견고하고 심히 컸다'라고 묘사하고 있습니다. '거기서 본 모든 백성은 신장이 장대한 자들이며 거기서 거인들을 보았나니 우리는 스스로 보기에도 메뚜기 같았다'(민 13:32-33). 아브람도 이것을 본 것입니다. 아브람은 약속의 땅에 들어갔지만, 이미 그 땅에 살고 있는 장대한 사람들 틈에서 자신이 거할 곳을 발견하지 못합니다. 그냥 밀린 듯이 그 땅을 지나쳐 내려갑니다. 하나님의 계시의 말씀도, 하나님께 드린 예배도 이 현실 앞에서는 무용지물처럼 되고 말았습니다. 아브람의 믿음은 부초처럼 떠밀립니다. 이것이 흔들리는 아브람의 두 번째 모습입니다.

그리고 세 번째로 나타나는 것은 본문 10절에 나오는 기근입니다.

> 그 땅에 기근이 들었으므로 아브람이 애굽에 거류하려고 그리로 내려갔으니 이는 그 땅에 기근이 심하였음이라

아브람이 하나님의 부르심을 받고 약속의 땅에 도착할 때까지, 그리고 도착한 후 결국 머물지 못하고 방황한 이유는 식솔들로 인한 갈등, 부족한 안목으로 말미암은 선택의 실패, 그리고 강한 자들 틈바구니에서의 약한 모습으로 인한 흔들림이었습니다. 그리고 여기에 결정적으로 타격을 가한 것은 바로 흉년입니다. 성경은 '그 땅에 기근이 들었다!'라고 전합니다. 아니, 하나님이 가라고 하신 약속의 땅이 아닙니까? 복을 명하지 않으셨습니까? 모든 것을 다 뒤로 하고 고향을 떠나 그 많은 식솔을 설득해 가며 여기까지 왔는데, 눈에 차지

도 않은 세상이 펼쳐져 있고, 그마저 강한 자들이 차지하고 있는 데다 기근까지 덮친 것입니다. 이것, 정말 하나님이 약속하신 축복이 맞는 것일까요? 아브람의 눈에는 하나님이 약속하신 모든 복이 가시적으로 보이지 않았습니다. 이제는 생존을 위해서라도 약속의 땅을 떠나야만 했습니다. 이것이 아브람이 약속의 땅을 떠나 애굽으로 내려가 버린 이유들입니다.

이렇게 아브람은 믿음의 방황을 합니다. 그럼에도 오늘날 우리는 아브라함을 믿음의 조상이라고 부릅니다. 왜 그럴까요? 믿음은 이렇게 방황을 통하여 세워지기 때문입니다. 우리는 우리의 본성상 하나님의 목표에 도달하지 못하고 빗나가는 인생임을 고백해야 합니다. 하나님께 이 불신앙의 죄를 고백하면 하나님은 우리를 버리지 않으십니다. 오히려 우리의 삶을 변화시켜 주십니다. 궁사가 끊임없이 화살을 과녁에 쏘는 훈련을 함으로써 70미터 밖에 있는 13센티미터의 작은 과녁을 맞추듯, 우리는 신앙의 연단을 거쳐 하나님의 뜻에 부합하는 삶을 살게 되는 것입니다. 시편 78편 37절에는 이런 말씀이 나옵니다.

> 이는 하나님께 향하는 그들의 마음이 정함이 없으며 그의 언약에 성실하지 아니하였음이로다

시편 78편은 아삽의 교훈인데, 하나님께서 이스라엘 백성에게 행하신 일들을 살펴보는 역사적 사건들로 구성되어 있습니다. 특히 옛적에 조상들에게 광야에서 행하신 일들을 통하여 교훈을 주는 내

용들입니다. 6-8절을 보겠습니다.

> 이는 그들로 후대 곧 태어날 자손에게 이를 알게 하고 그들은 일어나 그들의 자손에게 일러서 그들로 그들의 소망을 하나님께 두며 하나님께서 행하신 일을 잊지 아니하고 오직 그의 계명을 지켜서 그들의 조상들 곧 완고하고 패역하여 그들의 마음이 정직하지 못하며 그 심령이 하나님께 충성하지 아니하는 세대와 같이 되지 아니하게 하려 하심이로다

하나님께서 조상들에게 행하신 일들이 무엇입니까? 정말 기이하고 놀라운 일들입니다. 홍해를 가르시고, 낮에는 구름으로 밤에는 불로 인도하시고, 반석에서 물을 내시고, 광야의 식탁을 베푸신 사건들입니다. 이스라엘 백성이 원하는 대로 다 채워 주셨음을 상기시킵니다. 그런데도 그들은 그 마음이 요동쳤다는 것입니다. 하나님은 하나님을 향하는 그들의 마음에 정함이 없다고 말씀하십니다. 그다음에 나오는 말씀을 읽어 보겠습니다. 시편 78편 56-57절입니다.

> 그러나 그들은 지존하신 하나님을 시험하고 반항하여 그의 명령을 지키지 아니하며 그들의 조상들같이 배반하고 거짓을 행하여 속이는 활 같이 빗나가서

'속이는 활같이 빗나갔다.' 이것이 마음에 정함이 없는 모습입니다. 그만큼 믿음을 세우는 것이 어렵습니다. 그런데 아브라함은 그 믿음을 세웠습니다. 계속된 실패와 실수 속에서 아브라함의 믿음의

실력이 늘어간 것은 하나님의 오래 참으심과 지도하심 때문입니다. 시편 78편의 마지막 부분은 이것을 이렇게 전합니다. 70-72절입니다.

> 또 그의 종 다윗을 택하시되 양의 우리에서 취하시며 젖 양을 지키는 중에서 그들을 이끌어 내사 그의 백성인 야곱, 그의 소유인 이스라엘을 기르게 하셨더니 이에 그가 그들을 자기 마음의 완전함으로 기르고 그의 손의 능숙함으로 그들을 지도하였도다

하나님이 우리의 믿음을 길러 내십니다. 그 손의 능숙함으로 지도하십니다. 그래서 우리도 아브라함처럼 믿음의 사람이 될 수 있습니다. 우리가 쏘는 화살은 자꾸만 하나님의 뜻에 빗나가지만, 하나님께서 우리를 지도하시고 길러내시기에 결국은 주의 뜻을 따르는 행실이 나타나는 것입니다.

사는 재미

[창 27:46]

리브가가 이삭에게 이르되 내가 헷 사람의 딸들로 말미암아 내 삶이 싫어졌거늘 야곱이 만일 이 땅의 딸들 곧 그들과 같은 헷 사람의 딸들 중에서 아내를 맞이하면 내 삶이 내게 무슨 재미가 있으리이까

[고전 10:1-4]

형제들아 나는 너희가 알지 못하기를 원하지 아니하노니 우리 조상들이 다 구름 아래에 있고 바다 가운데로 지나며 모세에게 속하여 다 구름과 바다에서 세례를 받고 다 같은 신령한 음식을 먹으며 다 같은 신령한 음료를 마셨으니 이는 그들을 따르는 신령한 반석으로부터 마셨으매 그 반석은 곧 그리스도시라

리브가는 이삭의 아내입니다. 아브라함에게 이삭은 100세에 얻은 천금 같은 아들입니다. 단순히 늦게 얻은 아들이 아닙니다. 오랜 세

월 하나님의 약속을 기다리며 얻은 믿음의 아들이었습니다. 아브라함이 이런 이삭을 위하여 중대한 일을 하는데, 바로 며느리를 찾는 것입니다. 이 일을 성경은 중하게 여겨 창세기 24장 전체를 할애하여 기록합니다(자그마치 67절이나 됩니다). 그중에 창세기 24장 1-9절을 살펴보겠습니다.

아브라함이 나이가 많아 늙었고 여호와께서 그에게 범사에 복을 주셨더라 아브라함이 자기 집 모든 소유를 맡은 늙은 종에게 이르되 청하건대 내 허벅지 밑에 네 손을 넣으라 내가 너에게 하늘의 하나님, 땅의 하나님이신 여호와를 가리켜 맹세하게 하노니 너는 내가 거주하는 이 지방 가나안 족속의 딸 중에서 내 아들을 위하여 아내를 택하지 말고 내 고향 내 족속에게로 가서 내 아들 이삭을 위하여 아내를 택하라 종이 이르되 여자가 나를 따라 이 땅으로 오려고 하지 아니하거든 내가 주인의 아들을 주인이 나오신 땅으로 인도하여 돌아가리이까 아브라함이 그에게 이르되 내 아들을 그리로 데리고 돌아가지 아니하도록 하라 하늘의 하나님 여호와께서 나를 내 아버지의 집과 내 고향 땅에서 떠나게 하시고 내게 말씀하시며 내게 맹세하여 이르시기를 이 땅을 네 씨에게 주리라 하셨으니 그가 그 사자를 너보다 앞서 보내실지라 네가 거기서 내 아들을 위하여 아내를 택할지니라 만일 여자가 너를 따라오려고 하지 아니하면 나의 이 맹세가 너와 상관이 없나니 오직 내 아들을 데리고 그리로 가지 말지니라 그 종이 이에 그의 주인 아브라함의 허벅지 아래에 손을 넣고 이 일에 대하여 그에게 맹세하였더라 허벅지 밑에 손을 넣고 하는 맹세는 당시에 매우 진중한 맹세입니다. 아브라함은 종에게 이런 진중한 맹세를 시키고 가나안 땅이 아닌 아주 먼 곳으로 보냈습니다. 그리고 이 일은 사람만의 행사가 아니라 하나님이 그의 사자를 먼저 보내셔서 이루실 일이라는 언질을 주었습니다. 이런 과정에서 아브라함의 며느리로 간택된 사람이 바로 리브가입니다. 성경은 리브가가 심히 아름다웠고 친절하며 결단력 있는 소녀라고 밝힙니다.

오늘 본문에서 이렇게 결혼하여 살던 리브가가 어느 날 남편 이삭에게 이런 말을 합니다. "내가 헷 사람의 딸들로 말미암아 내 삶이 싫어졌거늘 야곱이 만일 이 땅의 딸들 곧 그들과 같은 헷 사람의 딸들 중에서 아내를 맞이하면 내 삶이 내게 무슨 재미가 있으리이까." 리브가에게는 쌍둥이 두 아들이 있는데 에서와 야곱입니다. 두 아들이 장성하여 큰아들 에서가 헷 족속의 여인들과 결혼합니다. 여인들이라는 표현에서는 에서가 여러 여인들과 관계를 한 것으로 보입니다. 헷 족속은 가나안 사람들입니다. 리브가는 이 이방 며느리들 때문에 삶이 싫어졌다는 것입니다. 그리고 둘째 아들 야곱마저 가나안 족속의 여인과 결혼을 하면 사는 게 무슨 재미가 있겠느냐는 것입니다.

사람은 사는 재미가 있어야 합니다. 여러분은 무슨 재미로 살고 있습니까? 만약에 오늘 누군가 내게 "사는 게 재미있으세요?"라고 묻는다면 여러분은 뭐라고 대답하시겠습니까? 흔히 우리들에게 '사는 재미'라 함은 그저 돈 잘 벌고, 자식 잘 크고, 건강하고, 맛있는 음식에 하고 싶은 취미생활 마음껏 하는, 소위 남부럽잖다는 것 정도가 아닐까요? 그런데 본문에서 리브가가 남편에게 "나는 내 삶이 싫어졌다. 내 삶에 무슨 재미가 있나?"라고 묻는 것도 이런 뜻이었을까요?

본문 말씀에 '삶이 싫어졌다'는 말은 아주 강한 표현입니다. 히브리말로는 '쿠츠'라는 단어인데, 소름 끼칠 정도로 싫은 강한 혐오감을 담은 말입니다. 레위기 20장 23절을 보면, 하나님께서 가나안 땅 사람들의 우상 숭배 풍속을 말씀하면서 바로 이 단어를 쓰십니다. "내가 그들을 가증히 여기노라"의 '가증히'와 같은 단어입니다. 리브가는 며느리들이 가나안 땅의 풍속에 따라 우상을 숭배하며 사는 것을 보면서 이런 감정을 갖게 되었을 것입니다.

그런데 흥미로운 것은 그다음에 나오는 "내 삶이 내게 무슨 재미가 있으리이까"라는 말입니다. 리브가가 이렇게 묻습니다. "내 삶이 내게 무슨 재미가 있으리이까." 리브가는 '내 삶'이라는 단어를 이 짧은 문장에 두 번이나 쓰면서 '사는 게 재미가 없어졌다'는 것입니다. '무슨 재미가 있나?'라는 뜻의 히브리어 단어는 아주 짧습니다. '마'라는 단어입니다. 우리말로 옮긴 '무슨 재미가 있으리이까'라는 열 글자가 히브리어로는 단 한 글자 '마'입니다. 우스갯소리로 경상도 사투리는 긴 말을 짧게 쓴다고 합니다. "이 물건이 당신 것입니까?"의 열 자를 다섯 자로 줄이면, '이기 니 끼가?' 절반이면 됩니다. 충청도는 더 줄일 수 있다고 합니다. "이것 하시겠습니까?"가 경상도 말로는 "할래예?"인데, 충청도는 "할껴?" 두 자면 됩니다.

히브리말로 '마'라는 단어는 '무엇'이라는 뜻입니다. 그래서 이 말에는 '그 사람의 내면에 어떤 특징이나 속성이 있는가를 발견하고자 하는' 의미가 담겨 있습니다. 리브가는 지금 이런 말을 하고 있습니다. "내 삶은 뭐죠?" 지금 리브가가 며느리들로 인하여 사는 재미가 없어지고 삶이 싫어졌다고 하는 것은, 자기 인생의 정체성이 의심스러울 정도로 큰 침해를 받았다는 뜻입니다. 사람은 동물들 중에서 유일하게 자신의 정체성을 묻는 존재입니다. 여러분, 개가 심각하게 고민을 하면서 "난 뭐라는 존재냐?" 하는 것을 보았습니까? 개도 아플 수 있고 감정도 있습니다. 하지만 동물들이 평소에 자신을 성찰하거나 죽을 때 자신의 존재가 무엇인지를 묻지는 않습니다.

아주 충격적인 이야기를 들었습니다. 중국은 아직도 사형 제도를 시행하고 있는데, 사형 시간은 항상 오전 6시에 시행한답니다. 이것은 사람이 잠깨어 의식이 또렷하기 이전의 시간이라고 합니다. 제정신으로 죽는 것이 너무 끔찍하기 때문입니다. 사형수가 죽을 때는 아주 곱게 단장한 옷이나 교복 같은 옷을 입는데, 이것은 사형수가 원하는 대로 입혀 준다고 합니다. 화장도 아주 예쁘게, 원하는 대로 해준다고 합니다. 그 이유는, 사람은 죽을 때 가장 이상적인 자신의 모습을 남기고 싶기 때문이라는 것입니다. 흉악한 죄를 짓고 사형으로 삶을 마감하는 사람에게도 '나는 무엇인가?'라는 자신의 정체성을 묻고 가장 아름다운 모습으로 마감하려고 합니다. 이렇게 사람은 그 누구나 자신의 존재가 무엇인지를 묻습니다. 그런 의미에서 창세기 2장 19-20절을 보겠습니다.

> 여호와 하나님이 흙으로 각종 들짐승과 공중의 각종 새를 지으시고 아담이 무엇이라고 부르나 보시려고 그것들을 그에게로 이끌어 가시니 아담이 각 생물을 부르는 것이 곧 그 이름이 되었더라 아담이 모든

> 가축과 공중의 새와 들의 모든 짐승에게 이름을 주니라 아담이 돕는 배필이 없으므로

여기 '무엇이라고 부르냐'에서 히브리어 '마'라는 단어가 등장합니다. 아담이 각종 동물들을 살펴보아 속성을 파악하고 거기에 이름을 붙이면 그 동물의 이름이 됩니다. '사자', '기린', '코뿔소' 그야말로 생긴 대로 그리고 행동하는 속성대로 이름이 붙습니다. 하나님은 아담이 각 동물들의 특성을 잘 파악하고 있는지를 보고 계십니다. 그리고 그 동물들과 사람의 속성이 어떻게 다른지를 파악하게 하시고 "아담이 돕는 배필이 없으므로"라고 결론에 도달하게 됩니다. 이 세상의 그 어떤 동물도 아담의 배필, 아담과 같은 속성을 지닌 생명체가 없더라는 결론입니다. 그래서 하나님은 아담과 똑같은 존재인 여자를 창조합니다. 그리고 아담이 여자를 처음으로 보았을 때 이런 탄성을 지릅니다.

"이는 내 뼈 중의 뼈요 살 중의 살이라 이것을 남자에게서 취하였은즉 여자라 부르리라."

"뼈 중의 뼈요 살 중의 살"이라는 말은 나랑 똑같은 존재라는 뜻입니다. 남자와 여자는 그 본질에 있어서 같은 존재입니다. 이렇게 사람은 여느 동물들과는 다른 내면의 속성을 지닌 생명체로 창조되었습니다. 욥기 7장 16-19절을 읽어 보겠습니다.

> 내가 생명을 싫어하고 영원히 살기를 원하지 아니하오니 나를 놓으소서 내 날은 헛 것이니이다 사람이 무엇이기에 주께서 그를 크게 만드사 그에게 마음을 두시고 아침마다 권징하시며 순간마다 단련하시나

이까 주께서 내게서 눈을 돌이키지 아니하시며 내가 침을 삼킬 동안
도 나를 놓지 아니하시기를 어느 때까지 하시리이까

우리가 알다시피 욥은 한순간에 망해서 나락으로 떨어졌습니다. 잘나가던 인생이 폭삭 망했습니다. 사는 재미로 말할 것 같으면 이제 욥은 끝났습니다. 고통의 세월 속에 떨어져 죽음 같은 인생을 지내는 중입니다. 그래서 "내가 생명을 싫어하고"라고 말합니다. 그냥 죽고 싶다는 말입니다. 죽어 없어져 버리면 좋겠다는 뜻입니다.

그런데 욥은 그 상황에서 놀라운 발견을 합니다. 바로 사람이라는 게 큰 존재더라는 것입니다. 얼마나 크냐 하면 하나님께서 단 한순간도 눈을 떼지 않을 정도입니다. 하나님이 사람을 그렇게 크게 지었음을 지금 욥이 말하고 있습니다. 사람이 어떤 속성을 지닌 존재인지는 시편에도 나옵니다.

> 사람이 무엇이기에 주께서 그를 생각하시며 인자가 무엇이기에 주께서 그를 돌보시나이까 그를 하나님보다 조금 못하게 하시고 영화와 존귀로 관을 씌우셨나이다 **시 8:4-5**

> 여호와여 사람이 무엇이기에 주께서 그를 알아 주시며 인생이 무엇이기에 그를 생각하시나이까 **시 144:3**

사람의 속성, 가치, 그 존재의 무거움에 대한 말씀들입니다. 안타까운 것은, 사람이 이것을 주로 고통과 절망의 상황에서 보게 된다는 것입니다. 지금 리브가도 같은 상황입니다. 이방 며느리들이 들어

와 집안을 가나안 땅의 악한 풍속으로 물들이는 것을 보면서 리브가가 자신의 내면에 있는 하나님의 백성으로서의 정체성, 그 가치, 존재의 속성에 위험을 느끼며 '내 삶이 싫어졌다', '사는 재미가 없어졌다'라고 말하고 있습니다. 이 말을 역으로 하면, 리브가의 삶의 진정한 재미는 인생의 깊은 내면, 즉 하나님과의 올바른 관계에 있다는 말씀입니다.

여기에 진짜 인생의 재미 영역이 있습니다. 우리는 인생의 기쁨과 재미를 어디에서 찾고 있을까요? 아직도 세상 풍속을 따라 살면서 여전히 표면적으로 사는 재미를 얻고자 한다면 그것은 하나님의 백성으로서 진정한 삶의 재미를 놓치는 것입니다. 우리는 예수를 믿고 하나님을 만나서 사람이 무엇인지를 알게 되었습니다. 에베소서 2장을 보면 이런 말씀이 나옵니다.

> 그는 허물과 죄로 죽었던 너희를 살리셨도다 그때에 너희는 그 가운데서 행하여 이 세상 풍조를 따르고 공중의 권세 잡은 자를 따랐으니 곧 지금 불순종의 아들들 가운데서 역사하는 영이라 전에는 우리도 다 그 가운데서 우리 육체의 욕심을 따라 지내며 육체와 마음의 원하는 것을 하여 다른 이들과 같이 본질상 진노의 자녀이었더니 긍휼이 풍성하신 하나님이 우리를 사랑하신 그 큰 사랑을 인하여 허물로 죽은 우리를 그리스도와 함께 살리셨고 (너희는 은혜로 구원을 받은 것이라) 또 함께 일으키사 그리스도 예수 안에서 함께 하늘에 앉히시니 이는 그리스도 예수 안에서 우리에게 자비하심으로써 그 은혜의 지극히 풍성함을 오는 여러 세대에 나타내려 하심이라 **엡 2:1-7**

우리가 허물과 죄로 죽었던 때의 모습은 어떠했습니까? '세상 풍조를 따르고 공중 권세를 잡은 자 곧 마귀를 따르고 육체의 욕심을 따라 지내며 육체와 마음의 원하는 것을 하여 다른 이들과 같이 본질상 진노의 자녀였다.' 이게 사는 재미였습니다. 그런데 어떻게 거기에서 벗어났을까요? '하나님의 그 큰 사랑' 덕분이고 '허물로 죽은 우리를 그리스도와 함께 살리셨기' 때문입니다. 이것은 은혜입니다! 하나님이 살리신 것입니다. 우리 인생에서 썩어질 세상 재미가 아니라 하늘에 속한 신령한 재미를 알게 된 것은 전적으로 하나님이 예수님 안에서 우리를 살리신 은혜라는 말씀입니다.

사무엘하 9장을 보면 므비보셋이라는 인물이 나옵니다. 요나단의 아들입니다. 그는 두 다리를 저는 불구의 몸이고 망한 집안의 떨거지 인생입니다. 이런 므비보셋을 다윗이 찾아내고는 왕궁으로 불렀습니다. 다윗은 이렇게 말합니다. '내가 하나님의 은총을 베풀리라. 요나단으로 말미암아 은총을 베풀리라.' 이때 므비보셋이 한 말이 사무엘하 9장 8절에 이렇게 기록이 되었습니다.

> 그가 절하여 이르되 이 종이 무엇이기에 왕께서 죽은 개 같은 나를 돌아보시나이까 하니라

므비보셋은 죽은 개 같은 인생에서 왕자 같은 인생으로 바뀌었습니다. 이것은 비단 므비보셋의 이야기만이 아닙니다. 다윗이 요나단과 맺은 언약과 하나님의 은총으로 므비보셋을 왕궁으로 부른 것처럼, 하나님께서는 예수님의 십자가의 은혜로 우리를 하나님 나라

의 왕자로 부르셨습니다. 므비보셋의 사는 재미가 어떻게 달라졌을까요? 떨거지로 살았던 때와 왕궁에서 사는 재미는 차원이 달랐을 것입니다. 우리 역시 세상에서 누리는 재미와 하나님 나라에서 누리는 재미는 차원이 다릅니다. 우리 그리스도인은 이것을 맛본 사람들입니다. 바로 신령한 은사, 신령한 세계입니다. 이것은 하나님이 택한 백성에게 값없이 주시는 은혜입니다. 그렇다면 우리의 진정한 사는 재미인 신령한 은혜란 도대체 무엇입니까?

우리가 두 번째로 읽은 고린도전서 10장 1-4절 말씀을 보면 '신령한'이라는 말이 나옵니다.

> 형제들아 나는 너희가 알지 못하기를 원하지 아니하노니 우리 조상들이 다 구름 아래에 있고 바다 가운데로 지나며 모세에게 속하여 다 구름과 바다에서 세례를 받고 다 같은 신령한 음식을 먹으며 다 같은 신령한 음료를 마셨으니 이는 그들을 따르는 신령한 반석으로부터 마셨으매 그 반석은 곧 그리스도시라

"형제들아 나는 너희가 알지 못하기를 원하지 아니하노니"라고 했는데, 이것은 우리가 반드시 알아야 할 진리라는 말입니다. 몰라도 되는 것이 아닙니다. 그리고 "우리 조상들이"라고 했는데, 이것은 오래전 이스라엘 백성들이 출애굽 할 때를 뜻합니다. 이때에도 하나님은 택한 백성들에게 신령한 은혜를 주셨다는 것입니다. 이렇게 신령한 은혜는 시간과 장소를 초월하여 세상에 다가옵니다.

그런데 여기 '신령한 은혜'를 나타내는 다양한 표현들을 보십시오.

"신령한 음식", "신령한 음료", "신령한 반석"입니다. '신령한'이라는 말은 '영에 속하는, 영적인(spiritual)'이라는 뜻입니다. 이것은 하나님의 영, 즉 성령으로부터 나오는 초자연적인 것을 일컫는 말입니다. 이스라엘 백성들이 광야를 지나는 동안에 문제가 생겼습니다. 문제가 생겼다고 말했지만 어쩌면 이것은 당연한 일입니다. 수많은 사람이 광야로 나왔으니 당장에 두 가지 문제가 닥칩니다. 바로 먹을 양식과 마실 물입니다. 이스라엘 백성들이 아우성을 칩니다. '그들이 다투었다'라고 합니다. 지도자인 모세도 어찌할 바를 모르며 당황하는데, 이때 하나님께서 이렇게 말씀하십니다. 출애굽기 17장 5-6절입니다.

> 여호와께서 모세에게 이르시되 백성 앞을 지나서 이스라엘 장로들을 데리고 나일 강을 치던 네 지팡이를 손에 잡고 가라 내가 호렙 산에 있는 그 반석 위 거기서 네 앞에 서리니 너는 그 반석을 치라 그것에서 물이 나오리니 백성이 마시리라 모세가 이스라엘 장로들의 목전에서 그대로 행하니라

하나님이 말씀하신 대로 반석에서 물이 쏟아졌습니다. 이렇게 반석에서 물이 쏟아져 나온 일이 두 번 있었습니다. 이스라엘 백성들이 광야에서 아주 신비한 경험을 하였습니다. 그러나 이것은 어떤 마술도 아니고 눈속임도 아닙니다. 신기루나 우연도 아닙니다. 어떤 동화나 신화나 상징도 아닙니다. 실제로 반석에서 생수가 터져 나온 것입니다. 모든 물리적인 것의 원천이 되시는 하나님의 신령한 은혜가 나타난 것입니다. 비록 광야일지라도 거기에 하나님이 함께하시기 때문에 일어난 일입니다. '신령한'이라는 말은 이런 뜻입니다.

'하나님이 우리와 함께하신다!' 성경은 하나님을 생수의 근원(렘 2:13)이라고 말씀하십니다. 그래서 누구든지 목마른 자는 내게로 와서 마시라고 하십니다. 사도 바울은 생수가 터져 나오는 반석을 그리스도라고 밝혔습니다. 예수님은 우리의 생수의 근원이십니다. 요한복음 7장 37-39절을 보겠습니다.

> 명절 끝날 곧 큰 날에 예수께서 서서 외쳐 이르시되 누구든지 목마르거든 내게로 와서 마시라 나를 믿는 자는 성경에 이름과 같이 그 배에서 생수의 강이 흘러나오리라 하시니 이는 그를 믿는 자들이 받을 성령을 가리켜 말씀하신 것이라 (예수께서 아직 영광을 받지 않으셨으므로 성령이 아직 그들에게 계시지 아니하시더라)

저는 이 말씀을 보면서 배에서 생수의 강이 흘러나온다는 것을 잘 이해하지 못했습니다. 그래서 '사이다를 마시는 기분인가? 뭐지?'라는 생각도 들었습니다. 그런데 이 말씀의 "그 배에서"라는 표현이 인간의 가장 깊은 곳 '내면'을 뜻한다는 것을 알게 되었습니다. 유대인들은 모든 감각과 사상과 정서를 신체의 각 부위로 표현하는데, 심장과 배는 가장 내면적인 정서와 감각의 자리이자 전인격을 가리킵니다. 결국 이 말씀은 우리가 예수님께 가면 '우리의 사고와 감각과 정서와 가장 깊은 욕망의 원천이 하나님의 영으로부터 오는 신령한 것으로 말미암아 충만하게 된다'는 뜻입니다. 사람은 하나님의 영으로부터 오는 신령한 것으로야 만족하는 존재이기 때문입니다. 리브가도, 광야의 이스라엘 백성도, 그리고 지금 우리들도 다 마찬가지입니다.

목마른 인생의 갈증은 예수라는 반석에서 나오는 물로 해소가 됩니다. 하나님의 영이신 성령은 영적인 세계에서 물리적인 세계에 이르기까지 전부를 아울러 주관하십니다. 그리하여 사람의 영을 새롭게 하시고, 동시에 풍성한 곡식을 거두게도 하시며, 사람 사는 세상을 부드럽게 하셔서 화평하게도 만듭니다. 이것이 바로 '신령한 은혜'라는 말에 담긴 뜻입니다.

다시 질문해 봅시다. 우리는 무슨 재미로 살고 있습니까? 아니 무슨 재미로 살아야 하는 것입니까? 하나님은 우리를 신령한 은혜의 세계로 초대해 주셨습니다. 하나님께서는 리브가의 이야기를 통해 우리에게 묻습니다. "너는 어떤 존재냐?" 창세기 32장에서 이 질문을 받은 인물이 나옵니다. 바로 야곱입니다. 하나님은 야곱에게 물었습니다.

"네 이름이 무엇이냐?"

"야곱입니다."

"네 이름을 다시는 야곱이라 부를 것이 아니요 이스라엘이라 부르리라."

야곱과 이스라엘이라는 이름을 오늘 말씀에 비추어 보자면, 야곱은 목마른 인생을 말하는 것이고, 이스라엘은 하나님의 신령한 은혜를 맛본 인생을 나타낸다고 할 것입니다. 이제부터 야곱은 하나님의 신령한 은혜의 세계가 어떻게 자신의 인생에서 작동하는지를 알고 그것을 누리며 살게 되리라는 것입니다. 이것이 이스라엘이라는 새로운 이름의 의미입니다. 그래서 이스라엘이라는 말은 '하나님이 함께하시는 신령한'이라는 뜻을 품고 있습니다.

예수님이 이스라엘의 선생이라는 니고데모에게 '성령으로 난 사람'에 대한 말씀을 하실 때 니고데모는 이렇게 물었습니다.
"어찌 그런 일이 있을 수 있나이까?"
이때 예수님이 이렇게 말씀하십니다.

> 예수께서 그에게 대답하여 이르시되 너는 이스라엘의 선생으로서 이러한 것들을 알지 못하느냐 진실로 진실로 네게 이르노니 우리는 아는 것을 말하고 본 것을 증언하노라 그러나 너희가 우리의 증언을 받지 아니하는도다 내가 땅의 일을 말하여도 너희가 믿지 아니하거든 하물며 하늘의 일을 말하면 어떻게 믿겠느냐 요 3:10-12

니고데모는 이스라엘이라는 이름으로 평생을 살았던 사람임에도 불구하고 이 신령한 세계에 대하여 무지합니다. 이런 니고데모에게 예수님은 하늘의 일을 열어 보이셨습니다. 바로 신령한 세상을 열어 주신 것입니다. 우리도 예수님으로 인하여 신령한 세계가 열리고 신령한 음식, 신령한 음료를 마시게 된 사람들입니다. 그리고 이 음료가 우리의 가장 깊은 내면을 적실 때, 여기에 우리 인생의 살아갈 재미가 있는 것입니다.

Invite you to the Lord's table

풍성한 주님의 식탁으로 초대합니다

3부
탄식 없는 자의 탄식

사람이 듣지 못한다는 것은 말할 수 없는 불행이고

탄식할 수밖에 없는 상태입니다.

그런데 놀랍게도,

본문에 나오는 탄식하는 자는 이 장애인이 아닙니다.

그를 데려온 사람들도 아닙니다.

이들은 마땅히 탄식할 자들임에도 하지 못하고 있습니다.

여러분은 혹시 살면서 큰 불행을 만나 슬피 울어야 할 사람이

눈물조차 흘리지 못하는 것을 본 적이 있습니까?

도리어 그를 바라보는 사람들이 눈물을 흘립니다.

- 본문 중에서 -

하늘이 열리다

[왕하 2:19-25]

그 성읍 사람들이 엘리사에게 말하되 우리 주인께서 보시는 바와 같이 이 성읍의 위치는 좋으나 물이 나쁘므로 토산이 익지 못하고 떨어지나이다 엘리사가 이르되 새 그릇에 소금을 담아 내게로 가져오라 하매 곧 가져온지라 엘리사가 물 근원으로 나아가서 소금을 그 가운데에 던지며 이르되 여호와의 말씀이 내가 이 물을 고쳤으니 이로부터 다시는 죽음이나 열매 맺지 못함이 없을지니라 하셨느니라 하니 그 물이 엘리사가 한 말과 같이 고쳐져서 오늘에 이르렀더라 엘리사가 거기서 벧엘로 올라가더니 그가 길에서 올라갈 때에 작은 아이들이 성읍에서 나와 그를 조롱하여 이르되 대머리여 올라가라 대머리여 올라가라 하는지라 엘리사가 뒤로 돌이켜 그들을 보고 여호와의 이름으로 저주하매 곧 수풀에서 암곰 둘이 나와서 아이들 중의 사십이 명을 찢었더라 엘리사가 거기서부터 갈멜 산으로 가고 거기서 사마리아로 돌아왔더라 이것은 엘리사 선지자의 이야기입니다. 엘리사는 엘리야의 후계자입니다. 본문은 엘리야의 시대가 끝나고 엘리사의 사역이 시작되는 시점에서 벌어진 두 가지 특이한 사건 이야기입니다. 하나는 여리고의 나쁜 물이 고쳐져서 토산의 열매에 손상이 없게 한 일입니다. 또 하나는 벧엘에서 벌어진 일인데, 그곳 아이들 42명이 엘리사의 저주로 암곰들에게 찢기는 일이 벌어진 것입니다. 하나는 좋은 일처럼 보이고 다른 하나는 불행한 일로 보입니다. 이 두 사건은 하나같이 이해하기 어려운 면이 있는데, 오늘 우리는 이것을 살펴봄으로써 이 시대 우리들을 향한 하나님의 음성을 듣고자 합니다.

열왕기하 2장은 엘리야의 승천 기록입니다. 본문의 두 사건은 모두 엘리야의 승천 기록 상황에 이어서 나온 것들입니다. 이 문맥을 따라 보아야만 여리고의 물을 고쳐 토산의 열매를 보게 한 것과 암곰에 의해 찢긴 42명의 아이들의 이야기를 제대로 해석할 수 있습니다.

중요한 것은 엘리야의 승천입니다. 성경에 죽음을 보지 않고 하나님이 데려간 사람이 두 명 있는데, 에녹과 엘리야입니다. 인류 역사상 아주 예외적인 상황입니다. 왜 이 두 사람만이 죽음을 보지 않고 하나님이 데려가셨을까요? 이 사람들에게는 두어 가지 공통점이 있습니다. 하나는 그들이 살았던 때가 극도로 악한 불신앙의 시대였다는 것이고, 또 하나는 이들이 늘 하나님과 동행한 사람들이었다는 것입니다.

그렇다고 해서 이들의 선행이나 공로 때문에 죽음을 보지 않고 하나님이 데려가셨다거나 승천했다는 것은 아닙니다. 하나님은 당대에 이들을 통해서 눈에 보이는 세상이 전부인 줄 알고 땅만 바라보며 죄 짓는 사람들에게 진정한 하나님의 나라가 있다는 것을 보여주려고 하신 것입니다. 하나님은 에녹 시대에 에녹 한 사람으로 인하여, 엘리야 시대에 엘리야 한 사람으로 인하여 이 세상에 눈에 보이지 않는 하나님의 나라가 있음을 알게 하십니다. '하나님이 에녹을 데려가셨다'(창 5:24), '엘리야가 회오리바람으로 하늘로 올라갔다'(왕하 2:11) 하는 이 두 사건은, 각각 그들이 살았던 시대가 영적으로 얼마나 어두웠는지, 동시에 그 깊은 어둠 속에 한 줄기 빛처럼 강렬하게 하나님이 계신다는 것과, 우리 사는 이 물질적인 세상이 영적 세계와 얼마나 밀접한 관련이 있는지를 밝히 보여주었습니다.

엘리야의 승천 사건은 대단히 중요합니다. 이것은 신화가 아닙니다. 동화도 아닙니다. 상징적인 의미를 나타내기 위한 문학적 묘사가 아닙니다. 엘리야는 보이는 세상에서 보이지 않는 나라로 올라간 것입니다. 하늘이 열리고 하늘로 올라갔습니다. 사실 성경에는 하늘이 열렸다는 말씀이 자주 등장합니다. 야곱은 벧엘에서 하늘이 열리는 경험을 합니다. 창세기 28장 16-17절을 봅시다.

> 야곱이 잠이 깨어 이르되 여호와께서 과연 여기 계시거늘 내가 알지 못하였도다 이에 두려워하여 이르되 두렵도다 이곳이여 이것은 다름 아닌 하나님의 집이요 이는 하늘의 문이로다 하고

그런가 하면 예수께서 세례를 받으시고 물에서 나오실 때도 하늘이 열립니다. 스데반이 돌에 맞아 순교할 때 역시 '하늘이 열렸다'고 사도행전 7장 56절에 기록합니다. 예수님은 무화과나무 아래 있는 나다나엘에게 '네가 하늘이 열리는 것을 보리라'(요 1:51)고 말씀하셨

습니다. 그 외에도 에스겔이나 베드로 등을 통해 하늘이 열리는 사건을 볼 수 있습니다.

그렇다면 하늘이 열린다는 것은 무슨 말일까요? 물리적인 세상은 단독으로 존재하지 않는다는 뜻입니다. 물질적인 세상과 영적 세계는 연결되어 있습니다. 사람이 영과 육의 존재인 것처럼 이 세상은 보이는 것과 보이지 않는 것으로 되어 있습니다. 나뉘지 않습니다. 사람들이 눈이 어두워 못 볼지언정 부정할 수 없는 것은, 하나님이 계시는 하늘이 있다는 것입니다. 그래서 "하늘에 계신 우리 아버지"라고 기도합니다.

오늘날 사람들은 하늘을 잊어버렸습니다. 그저 물리적인 공간만 인식할 뿐입니다. 과학이 발전하여 우주의 그 먼 곳도 보게 되었지만 영적 세계인 하나님이 계신 하늘을 잊어버렸습니다. 하늘과 땅은 어떤 관계일까요? 이런 표현으로 이해할 수 있습니다. 바로 '영혼 없는 몸은 죽은 것'이라는 야고보서 2장 26절의 표현입니다. 몸(물질세계)은 영혼(영적 세계, 하나님의 나라, 하늘)에 의하여 생명이 유지됩니다.

이제 본문으로 돌아가 보겠습니다. 여리고 사람들이 엘리사에게 와서 이런 말을 합니다.

"보시는 바와 같이 이 성읍의 위치는 좋으나 물이 나쁘므로 토산이 익지 못하고 떨어지나이다."

여리고는 매우 오래된 도시입니다. 오래되었다는 것은 일찍이 사람들이 거주하기 시작했다는 뜻이니 그만큼 살기 좋았다는 뜻입니다. 환경이 기가 막히게 좋은 곳입니다. 종려나무가 우거지고 물이 흘러넘치며 햇볕이 좋아 과일의 당도가 높은 낙원 같은 곳입니다. 그런데 어느 날 갑자기 토산이 떨어졌습니다. 여기 토산이 익지 못하고 떨어진다는 것은 나무 열매만을 말하는 것이 아닙니다. 사람이나 동물이 잉태한 후 유산한다는 뜻도 복합적으로 들어 있습니다.

그래서 '엘리사가 물을 고쳤다'는 말씀이 22절에 나오는데, 이 '고쳐져서'라는 단어가 창세기 20장 17절에도 나옵니다. 아비멜렉 집안의 모든 태를 하나님이 닫으셨을 때 아브라함이 기도하매 하나님이 아비멜렉과 그의 아내와 여종을 '치료하사 출산하게 하셨다'는 바로 그 단어입니다. 엘리사는 이렇게 선포합니다.

> 엘리사가 물 근원으로 나아가서 소금을 그 가운데에 던지며 이르되 여호와의 말씀이 내가 이 물을 고쳤으니 이로부터 다시는 죽음이나 열매 맺지 못함이 없을지니라 하니 **21절**

죽음은 유산을 말하는 것이고, 열매는 나무의 열매를 말합니다. 그러므로 엘리사를 통하여 동식물은 물론이고 사람까지 고쳐졌습니다. 이것이 엘리사의 첫 번째 사역입니다. 엘리사가 엘리야의 승천 후에 첫 번째로 한 일은 땅의 물을 고치는 것이었습니다. 다시 말해서 엘리야의 승천에서 하늘이 열리고 하나님이 엘리야를 받으신 사건은, 저주받은 이 세상이 홀로 고립되어 있는 것이 아니라 하늘과 연결되어 있음을 나타냅니다. 마치 죽은 몸에 영혼이 돌아온 것과 같은 것입니다.

그런데 여리고의 물이 왜 나빠졌을까요? 수백 년 동안 별 탈 없던 여리고의 물이 왜 갑자기 나빠져서 사람들과 동물들이 유산하고 나무의 열매는 익지 못하게 되었을까요? 여러 가지 이유가 있었을 것입니다. 요즘 같아서는 환경오염이나 자연재해라고 하겠지요. 하지만 우리는 이 세상이 그저 물리적인 것으로만 되어 있는 것이 아니라는 것을 깊이 생각해 보아야 합니다.

근원적으로 살펴볼 때, 여리고의 저주는 그 시대 사람들이 만복의 근원이신 하나님을 떠났기 때문입니다. 악한 시대입니다. 북이스라엘은 벌써 오래전부터 하나님을 떠나 우상 숭배에 빠지고 하나님의 말씀을 떠났습니다. 아합 왕 때에 이스라엘 백성들의 불신앙은 극에 달했습니다. 바로 이때가 엘리야와 엘리사가 활동한 시기입니다. 가뭄과 전쟁이 일어나고 땅은 메마르고 황폐해졌습니다. 그 아름답고 풍성하다는 여리고마저 토산이 떨어지는 흉악한 곳이 되었습니다. 악한 시대에 하늘의 축복이 닫혀 버린 것입니다. 일찍이 하나님께서는 신명기를 통하여 경고하셨습니다. 신명기 28장에서 하나님은 이렇게 말씀하십니다. 1절과 8절, 그리고 11-12, 15, 23, 40절을 각각 보겠습니다.

> 네가 네 하나님 여호와의 말씀을 삼가 듣고 내가 오늘 네게 명령하는 그의 모든 명령을 지켜 행하면… **1절**

> 여호와께서 명령하사 네 창고와 네 손으로 하는 모든 일에 복을 내리시고 네 하나님 여호와께서 네게 주시는 땅에서 네게 복을 주실 것이며 **8절**

여호와께서 네게 주리라고 네 조상들에게 맹세하신 땅에서 네게 복을 주사 네 몸의 소생과 가축의 새끼와 토지의 소산을 많게 하시며 여호와께서 너를 위하여 하늘의 아름다운 보고를 여시사 네 땅에 때를 따라 비를 내리시고… **11-12절**

네가 만일 네 하나님 여호와의 말씀을 순종하지 아니하여 내가 오늘 네게 명령하는 그의 모든 명령과 규례를 지켜 행하지 아니하면 이 모든 저주가 네게 임하며 네게 이를 것이니 **15절**

네 머리 위의 하늘은 놋이 되고 네 아래의 땅은 철이 될 것이며 **23절**

네 모든 경내에 감람나무가 있을지라도 그 열매가 떨어지므로 그 기름을 네 몸에 바르지 못할 것이며 **40절**

눈에 보이는 세상이 전부가 아닙니다. 보이는 세상은 보이지 않는 세상에 전적으로 의존되어 있습니다. 우리가 이 세상에서 누리는 모든 아름다운 열매들은 그냥 스스로 나서 맺어지는 것이 아닙니다. 농부의 수고도 전부가 아닙니다. 하나님이 그 위에 복 주셔야 합니다. 그래서 창세기 1장에서 태초에 천지를 창조할 때 모든 생명체들을 지으시고 하나님이 그들에게 '복을 주셨다. 그래서 번성하는 것이다'라고 한 것입니다.

요즘에 인공수정 기술이 얼마나 발전했는지 모릅니다. 하지만 성공 확률이 얼마인지 아십니까? 단지 20퍼센트 정도라고 합니다. 아주 낮습니다. 첨단과학 기술로 정자와 난자를 결합시켜 수정관을 통해 그토록 정밀하게 유도를 해도 착상은 인위적으로는 불가능하다고 합니다. 그래서 의사들은 아이가 탄생하는 것은 하늘이 결정하는 것이라고 말한다고 합니다. 하나의 생명체가 자손을 만드는 것은 이렇게 신비로운 일입니다. 이것은 하나님이 복 주신 것 때문에 일어나는 생명적 사건입니다. 우리가 누리는 풍성한 과일과 채소는 생명의 기적이고 하나님의 세계가 우리 인간 세상에 연결되어 있다는 산 증거들입니다.

그러면 하늘이 언제 어떻게 열릴까요? 엘리야는 어떻게 하늘이 열려 올라갔을까요? 그 악한 아합 시대에 닫혔던 하늘이 어떻게 다시 열린 것일까요? 그 대답은 하나님이 하신 일이라는 것입니다. 하나님이 하늘을 여십니다. 인간의 행위가 악하고 더 이상 희망이 없는 것 같은 때에도 하나님은 세상을 버리지 않으시고 하늘을 여십니다. 계속하여 세상이 하늘과 연결되어야 함을 나타내시려는 것입니다. 인간이 하나님과의 약속을 깨뜨리고 저주 속으로 들어가 있을 때에도 하나님은 세상을 포기하지 않으시고 주의 종들을 통하여 하늘이 열려 있음을 세상에 알리십니다. 엘리야의 승천도 이것을 알리는 방법이었습니다. 열왕기하 2장 1절을 보면 이렇게 되어 있습니다.

여호와께서 회오리바람으로 엘리야를 하늘로 올리고자 하실 때에…

주어는 엘리야가 아닙니다. 하나님이십니다. 하나님이 이 일을 주도하십니다. 언제나 하늘을 여는 일은 하나님이 주도하십니다. 에녹도 마찬가지입니다. 하나님이 에녹을 데려가십니다. 야곱도 마찬가지입니다. 집을 떠나 벧엘에서 돌로 베개를 삼아 잠자던 야곱에게 하나님이 꿈에 하늘이 열려 있음을 보이십니다. 그저 야곱은 이 광경에 놀라 압도될 뿐입니다. 엘리야, 야곱, 모세, 에스겔, 스데반, 베드로, 요한 등등 거룩하고 대단한 선지자, 사도일지라도 인간은 하늘을 열 수 없습니다. 이들에게 하늘을 열어 주시는 분은 오직 하나님이십니다.

하나님을 믿고 순종하며 평생을 하나님과 동행한 에녹이나 엘리야 같은 사람에게만 하늘을 열어 주시는 것은 아닙니다. 때로는 의심하거나 무지하거나 불신앙에 사로잡혀 있는 사람에게도 열어 주십니다. 엘리야가 승천할 때 벧엘과 여리고에는 선지자의 제자들이 있었습니다. 요즘으로 치면 신학생들입니다. 여리고에는 50명의 신학생들이 '건장하게'(2:16, '용감한 사람'이라는 뜻) 있었습니다. 이들이 엘리사에게 뭐라고 했습니까?

> 벧엘에 있는 선지자의 제자들이 엘리사에게로 나아와 그에게 이르되 여호와께서 오늘 당신의 선생을 당신의 머리 위로 데려가실 줄을 아시나이까 하니 이르되 나도 또한 아노니 너희는 잠잠하라 하니라 **왕하 2:3**

이들은 엘리야가 승천할 것을 알고 있었습니다. 그리고 저 멀리서 엘리야의 승천을 목격합니다(왕하 2:15). 하지만 동시에 이들에게는 불신앙적인 것도 있었습니다. 이들이 엘리사에게 이렇게 말합니다.

> 그에게 이르되 당신의 종들에게 용감한 사람 오십 명이 있으니 청하건대 그들이 가서 당신의 주인을 찾게 하소서 염려하건대 여호와의 성령

이 그를 들고 가다가 어느 산에나 어느 골짜기에 던지셨을까 하나이다 하니라 엘리사가 이르되 보내지 말라 하나 무리가 그로 부끄러워하도록 강청하매 보내라 한지라… **왕하 2:16-17**

선지자의 제자들은 엘리야가 승천하기 전에 그 사실을 알았습니다. 멀리서 승천을 보았습니다. 그런데 시체를 찾아 장례를 지내겠다는 것입니다. 이것은 마치 도마가 예수님의 부활을 부정하며 "내 손으로 못 자국을 만져 보아야겠다"는 것과 같아 보입니다. 도마는 예수님의 열두 제자 중의 한 사람임에도 불구하고 믿지 못했습니다. 신학생들도 영적 세계에 무지할 수 있습니다. 소위 신학박사들도 하나님을 지적으로만 알고 거기에 안주할 수 있습니다. 예수님의 부활을 믿지 않습니다. 그러니 일반 사람들이 불신앙에 빠지는 것이 무엇이 이상할까요?

이제 장면이 바뀌어 벧엘이 나옵니다. 엘리야의 승천 후에 엘리사가 여리고를 거쳐 벧엘로 올라갔습니다. 벧엘이 어떤 곳입니까? 오래 전 야곱에게 하늘이 열렸던 곳입니다. 그래서 이름도 벧엘('하늘의 문'이라는 뜻)입니다. 그런데 엘리사 시대에 이르러는 벧엘이 가장 극심한 영적 무지와 불신앙에 빠져들었습니다. 북이스라엘 창건 후 벧엘은 우상 숭배의 본거지가 되더니, 오늘 본문에 보니 작은 아이들조차 엘리야의 승천을 비웃고 있습니다. 엘리사가 벧엘에 이르렀을 때 수십 명의 아이들이 떼지어 나와 "대머리여 올라가라" 하며 하나님의 선지자 엘리사를 조롱합니다. 대머리라고 하는 인격 모독도 모자라 "올라가라"고 했는데, 이는 '네 스승이 승천했다며? 너도 올라가

보시지'라는 뜻입니다. 이들은 얼마 전 있었던 엘리야의 승천을 전해 듣고는 그 사실을 전면적으로 부정하며 조롱합니다.

우리는 이후에 일어난 일을 본문에서 읽었습니다. 엘리사의 저주가 있었고 암곰 두 마리가 나타나 42명을 찢었다는 이야기입니다. 어떻게 이런 잔인한 일이 있나 말하기 전에 사안의 중요성을 보십시오! 하늘이 닫히고 생명이 죽어 떨어져 가는 이 세상에 하나님이 하늘을 다시 여셨습니다. 그런데 악한 자들이 이것을 정면으로 부정하며 달려듭니다. 만약에 여기서 엘리사가 하나님의 사람이라는 증거를 나타내지 않으면 이 세상에 더 이상 소망은 없는 것입니다. 그래서 엘리사가 저주했습니다. 그냥 저주가 아닙니다. 여호와의 이름으로 저주하였습니다.

하나님의 말씀에는 축복과 저주의 양면이 다 들어 있습니다. 모두 하나님의 말씀입니다. 마치 빛과 어둠이 있어야 사진을 찍을 수 있는 것처럼, 저주는 축복과 마찬가지로 이 세상에서 하나님이 계심과 하늘이 있음을 증거하는 중요한 측면입니다. 그래서 신명기에는 축복과 저주를 다 선포합니다. 그리고 부모는 마땅히 자녀에게 이것을 가르쳐야 한다고 명하십니다. 이것이 부모의 책임입니다. 여기 벧엘의 작은 아이들은 그 어떤 가르침도 부모에게 듣지 못한 것 같습니다. 악한 부모를 이은 악한 자녀들의 모습입니다.

요즘의 부모들은 자식들을 안락하게만 하려는 것처럼 보입니다. 자식이 원하는 것은 다 해줍니다. 그렇다고 해서 자식이 다 잘되는 것은 아닙니다. 자녀들이 잘되려면 이들에게 하늘이 열려야 합니다. 이것을 요한3서 2-4절은 이렇게 전합니다.

사랑하는 자여 네 영혼이 잘됨같이 네가 범사에 잘되고 강건하기를 내가 간구하노라 형제들이 와서 네게 있는 진리를 증언하되 네가 진리 안에서 행한다 하니 내가 심히 기뻐하노라 내가 내 자녀들이 진리 안에서 행한다 함을 듣는 것보다 더 기쁜 일이 없도다

벧엘의 아이들이 암곰에게 찢겼습니다. 암곰은 무섭습니다. 암곰이 달려드는 이유는 자기 새끼를 지키려는 본능입니다. 불행 중 다행인 것은 찢긴 것으로 끝났다는 것입니다. 아이들이 죽었다는 말이 아닙니다. 많은 사람들이 섣부르게 아이들이 죽은 것으로 설명하지만 본문을 잘 보십시오. 찢겼을 뿐입니다. 그리고 이 사건은 벧엘의 사람들에게 깊은 인상을 주었을 것입니다. 엘리야가 하늘에 올라간 것이나 엘리사가 하나님의 일을 하는 것이 조롱할 일이 아니라, 참으로 귀하고 놀라운 일이라는 것이 그들에게 깊이 각인되었을 것입니다. 바로 이것이 하나님이 의도하시는 일입니다.

이상하게도 악한 시대일수록 사람들은 자식들에게 집착합니다. 자식이 우상입니다. 떠받들고 삽니다. 그래서 자녀에게 불행한 일이 생기는 일은 악한 시대의 부모들에게 그 어떤 일보다도 큰 충격으로 각인됩니다. 벧엘의 사람들은 그들의 자녀들이 암곰에게 찢겼을 때 큰 충격을 받았을 것입니다.

〈딥 임팩트〉라는 영화가 있습니다. 임팩트는 타격이라는 뜻입니다. 지구 밖에서 커다란 운석이 지구에 떨어진다는 것이 영화의 줄거리입니다. 하나님은 이 세상의 딥 임팩트이십니다. 사람들이 하나님을 등지고, 심지어는 "하나님이 죽었다, 하나님이 계시면 내가 죽이겠

다, 하나님이 없어도 세상은 설명된다"라며 버스에까지 광고하는 이 세상에 하나님은 딥 임팩트로 다가오십니다. 하지만 지구로 떨어지는 운석과는 달리 하나님이 하늘을 열고 오시는 것은, 우리를 멸하시려는 것이 아니라 살리기 위해서입니다. 왜냐하면 이 세상은 처음부터 하늘 없이는 살 수 없게 되어 있기 때문입니다. 만약에 하나님이 세상을 멸하시려 하셨다면 하늘문을 닫아 걸었을 것입니다.

엘리야 시대에 하나님이 하늘을 여셨습니다. 그래서 여리고를 고치시고, 벧엘에 교훈하시고, 이스라엘에 하나님의 나라를 드러내십니다. 이제 이렇게 열린 하늘문은 어떻게 되었을까요? 그 대답을 복음서에서 듣습니다. 바로 예수님 이야기입니다. 예수님이 하늘문을 여십니다. 예수님은 땅에서 나신 분이 아니라고 요한복음이 증거합니다. 예수님은 위에서(하늘에서) 났으며 하나님께로부터 나오셨습니다. 예수님은 항상 하늘을 우러러 "아버지여"라고 기도하셨고, 우리에게도 "하늘에 계신 우리 아버지여"라고 기도하도록 가르치셨습니다. 예수님이 "아버지여 아버지의 이름을 영광스럽게 하옵소서"라고 기도하실 때 하늘에서 "내가 이미 영광스럽게 하였다"라는 소리가 났다고 요한복음은 증언합니다. 하늘에서 소리가 들리니 사람들은 "천둥이 울었다"라고도 하고 "천사가 말했다"라고도 하는데, 예수님은 이렇게 말씀하십니다.

> …이 소리가 난 것은 나를 위한 것이 아니요 너희를 위한 것이니라
> 요 12:30

하늘이 열리고 하늘에서 소리가 나는 것은 전부 우리를 위한 것이라는 말씀입니다. 이제 예수님 이후로 하나님은 항상 하늘의 문을 열어 놓으십니다. 그래서 우리는 예수님과 더불어 하늘과 맞닿아 살 수 있고, 그렇게 살아야 합니다. 그래서 예수님이 계신 곳을 하나님의 나라라고 부릅니다. 하나님의 나라는 지금 여기에 우리와 함께 있습니다. 때때로 세상이 악하여 엘리사 시대처럼 "대머리여 올라가라" 하면서 예수님의 부활과 승천과 하나님의 나라를 부정하고 조롱해도 여전히 하나님은 하늘문을 여시고 이 세상에 생명을 주십니다.

탄식 없는 자의 탄식

[막 7:31-37]

예수께서 다시 두로 지방에서 나와 시돈을 지나고 데가볼리 지방을 통과하여 갈릴리 호수에 이르시매 사람들이 귀 먹고 말 더듬는 자를 데리고 예수께 나아와 안수하여 주시기를 간구하거늘 예수께서 그 사람을 따로 데리고 무리를 떠나사 손가락을 그의 양 귀에 넣고 침을 뱉어 그의 혀에 손을 대시며 하늘을 우러러 탄식하시며 그에게 이르시되 에바다 하시니 이는 열리라는 뜻이라 그의 귀가 열리고 혀가 맺힌 것이 곧 풀려 말이 분명하여졌더라 예수께서 그들에게 경고하사 아무에게도 이르지 말라 하시되 경고하실수록 그들이 더욱 널리 전파하니 사람들이 심히 놀라 이르되 그가 모든 것을 잘하였도다 못 듣는 사람도 듣게 하고 말 못하는 사람도 말하게 한다 하니라

본문에 예수께서 "하늘을 우러러 탄식하시며"라는 말씀이 있습니다. 사람들이 청각장애에 언어장애가 있는 사람을 데리고 와서 안수

를 부탁했을 때 예수님은 탄식하셨습니다. 이 이야기는 오직 마가복음에만 있습니다. 여기에 예수님이 탄식하셨다는 희귀한 표현이 등장합니다. 우리는 예수께서 탄식하심이 무엇인지를 살펴보려고 합니다.

사실 탄식은 예수 앞에 온 장애인이나 그를 데려온 사람들이 해야 할 텐데 놀랍게도 예수께서 탄식하십니다. 사람이 사는 데 탄식은 보편적인 현상입니다. 탄식은 한숨 혹은 신음으로도 표현되는 상한 감정의 표출입니다. 상처 입은 동물이 내는 신음 소리를 말할 때도 이 단어가 쓰입니다. 로마서 8장 22절을 보면 "피조물이 다 이제까지 함께 탄식하며 함께 고통을 겪고 있는 것을 우리가 아느니라"면서 이 세상에 탄식은 사람뿐 아니라 모든 피조물이 함께 겪고 있는 아픔이라고 말씀하고 있습니다. 또한 탄식은 시편에도 자주 등장합니다. 시편 12편 5절에는 "가련한 자들의 눌림과 궁핍한 자들의 탄식"이라는 표현이 나오는데, 눌림과 궁핍에서 탄식이 비롯됨을 보여줍니다.

탄식은 '좁다'에서 유래되었는데 '매우 답답한 상태, 심리적인 압박감'을 일컫는 말입니다. 시편에 나오는 탄식을 좀 더 살펴보겠습니다.

> 내가 탄식함으로 피곤하여 밤마다 눈물로 내 침상을 띄우며 내 요를 적시나이다 **시 6:6**

> 저녁과 아침과 정오에 내가 근심하여 탄식하리니… **시 55:17**

> 내 일생을 슬픔으로 보내며 나의 연수를 탄식으로 보냄이여…
> **시 31:10**

사람은 하루에도 수없이 탄식과 한숨을 짓고 신음 소리를 내곤 합니다. 이 탄식은 하루 이틀을 넘어 몇 달, 몇 해가 지나도록 지속되기도 합니다. 몸이 아파도, 사업이 부진해도, 공부가 어려워도, 누군가 나를 짓밟거나 미워하는 것을 느낄 때도 탄식합니다. 이 세상의 불의를 볼 때, 인생의 허무함을 볼 때, 자연재해나 환란이 지속될 때도 탄식할 수밖에 없습니다. 우리 가요 중에 '한숨'이라는 노래가 있는데 그 가사의 내용이 이렇습니다.

누군가의 한숨 그 무거운 숨을
내가 어떻게 헤아릴 수가 있을까요
……
남들 눈엔 힘 빠지는 한숨으로 보일진 몰라도
나는 알고 있죠
작은 한숨 내뱉기도
어려운 하루를 보냈단 걸
이제 다른 생각은 마요
깊이 숨을 쉬어 봐요

"한숨 쉬지 마라. 복 달아난다." 어르신들은 이렇게 충고하기도 하지만, 오늘날 사람들은 그 한숨조차 크게 내쉬지도 못하고 눌려 사는 세태를 가수가 이렇게 담아 내었습니다. 탄식은 이내 불평과 원망으로 번지기도 합니다. 야고보서 5장 9절을 보면 "형제들아 서로 원망하지 말라"고 하는데, 원망이라는 단어가 '탄식'이라는 단어와 같습니다. 히브리서 13장 17절에는 이런 말씀도 있습니다.

너희를 인도하는 자들에게 순종하고 복종하라…그들로 하여금 즐
거움으로 이것을 하게 하고 근심으로 하게 하지 말라…

여기 "근심으로 하게"에도 '탄식'(스테나조)이라는 똑같은 단어가 쓰였습니다. 이렇게 탄식은 깊은 한숨과 신음, 슬픔을 넘어 형제를 원망하고 목회자를 근심하게 하는 것으로 확장됩니다. 탄식은 개인을 넘어 주변 공동체의 생명을 좀먹습니다.

본문에 '귀 먹고 말 더듬는 자'가 있습니다. 사람들이 예수께 데리고 온 사람입니다. 사람이 소리를 들을 수 없다는 것은 큰 불행입니다. 언제부터 이렇게 되었는지는 모르겠지만 말을 더듬는다는 것으로 보아 듣지 못한 상태가 오래된 것 같습니다. 사람이 오래 듣지 못하면 말하는 법도 잊어버립니다. 사람들이 모여서 환담을 해도 끼지 못하고, 모두들 웃어도 함께 웃을 수 없습니다. 도리어 저들이 웃으면 '이것들이 나를 비웃나?' 하면서 오해하여 소외감이 더 깊어지기도 합니다.

사람이 듣지 못한다는 것은 말할 수 없는 불행이고, 탄식할 수밖에 없는 상태입니다. 그런데 놀랍게도, 본문에 나오는 탄식하는 자는 이 장애인이 아닙니다. 그를 데려온 사람들도 아닙니다. 이들은 마땅히 탄식할 자들임에도 하지 못하고 있습니다.

여러분은 혹시 살면서 큰 불행을 만나 슬피 울어야 할 사람이 눈물조차 흘리지 못하는 것을 본 적이 있습니까? 도리어 그를 바라보는 사람들이 눈물을 흘립니다. 정작 본인은 눈물도 마르고 감정도 말라붙어 그저 덤덤할 뿐입니다. 불행에 동화되었고, 삼켜진 것입니다.

사람은 환경에 동화됩니다. 화장실에 냄새가 나면 코를 움켜쥐고 들어가지만 오래 앉아 있다 보면 냄새에 동화됩니다. 이처럼 어떤 사람은 질병에, 어떤 사람은 가난에, 어떤 사람은 불의나 폭력에 오래 눌려 있어 동화되고 맙니다. 이제는 탄식도 없고 한숨도 쉬지 않습니다. 그저 인생이 그러려니 하며 숙명으로 받아들입니다. 육신의 장애가 영혼의 장애로까지 진행됩니다. 자신이 불쌍한 존재인 줄도 모르고, 자신이 마땅히 누려야 할 권리가 무엇인지도 모릅니다. 무서운 이야기입니다.

로마서에 보면, 사람만이 아니라 세상의 모든 피조물이 함께 허무한 데 굴복하고 썩어짐에 종노릇을 하며 탄식과 고통을 겪고 있다는 말씀이 나옵니다. 이 말씀이 요즘처럼 마음에 와 닿는 때가 있었을까 하는 생각이 듭니다. 아마 여러분들은 북극의 곰이나 열대 우림의 오랑우탄이 거처를 잃고 헤매며 몸부림치는 영상을 한 번쯤 보았을 것입니다. 얼마 전 BBC에서 지구 환경에 대한 다큐를 방영한 적이 있습니다. 지금 지구 곳곳에 엄청난 산불이 자연발화하고 있다고 합니다. 심지어는 북극에도 불이 납니다. 그런가 하면 해수면이 높아지면서 기후난민이 발생합니다. 인공위성을 쏘아 올려 지구 전체를 내려다볼 수 있게 된 것이 불과 얼마 되지 않았는데, 지구의 삼림이 황폐되는 것을 실시간 영상으로 볼 수 있습니다.

엄청난 밀림의 나무를 베어낸 후 팜유 생산을 위해 팜 나무를 심는데, 이게 사람으로 치면 허파를 잘라내는 것과 같다고 합니다. 이미 3~40년 전부터 과학자들이 화석연료를 과하게 쓰는 것에 대한 경고를 해왔습니다. 그래서 각국의 지도자들이 한 테이블에 모여 대

책을 의논했습니다. 그런데 정유 회사, 팜유 회사가 조직적으로 방해를 하며 조치를 취하지 못하게 만들었습니다. 여기서 이 다큐가 깜짝 놀랄 비유를 합니다. 담배 회사가 로비를 통해 담배와 폐암의 상관관계를 무마시킨 것처럼, 화석연료 사용과 팜유를 위한 벌목이 지금의 기후 변화와 별 상관이 없다는 것으로 만들어 버렸다는 것입니다.

우리는 매년 독해지는 날씨를 맞고 있습니다. 태풍도 정상이 아닙니다. 더위도 정상이 아닙니다. 지구는 마치 담배를 오래 피운 사람에게 폐암이 찾아온 것처럼 심각한 상태로 접어들었습니다. 폐암이 통증을 느끼면 그때는 이미 말기로 접어들어 살 수가 없다고 합니다. 인간의 미련함과 탐욕, 그리고 고집이 이 지경을 만듭니다. 더 무서운 것은 이것을 받아들이려 하지도 않고 인정하려고 하지도 않는다는 것입니다. 지금 피조물은 마땅히 탄식해야 하는 시점에서 탄식조차 하지 못하는 상태로 접어든 형국입니다. 문제가 훤히 보이나 속수무책으로 손을 놓고 있다는 이야기입니다.

예수님 앞에 온 이 사람도 탄식할 줄 모릅니다. 그는 마땅히 탄식해야 할 사람입니다. 하지만 운명에 굴복한 자는 탄식을 잃어버렸습니다. 사실 탄식이 좋은 것은 아닙니다. 하지만 생명체가 그 존재의 가치를 상실할 때 적어도 내지를 수 있는 것이 탄식입니다. 더욱이 탄식이 하나님을 향한 기도로 전환될 때 놀라운 일이 일어난다는 것을 본문이 보여줍니다. 로마서 8장에 아주 귀한 말씀이 나옵니다. 26-27절을 보겠습니다.

이와 같이 성령도 우리의 연약함을 도우시나니 우리는 마땅히 기도할 바를 알지 못하나 오직 성령이 말할 수 없는 탄식으로 우리를 위하여 친히 간구하시느니라 마음을 살피시는 이가 성령의 생각을 아시나니 이는 성령이 하나님의 뜻대로 성도를 위하여 간구하심이니라

이 말씀을 토대로 다음과 같은 찬양이 나왔습니다.

허무한 시절 지날 때 깊은 한숨 내쉴 때
그런 풍경 보시며 탄식하는 분 있네
고아같이 너희를 버려두지 않으리
내가 너희와 영원히 함께하리라
성령이 오셨네 성령이 오셨네
내 주의 보내신 성령이 오셨네
우리 인생 가운데 친히 찾아오셔서
그 나라 꿈꾸게 하시네

성령님은 우리의 탄식을 기도로 바꾸시는 분입니다. 탄식은 탄식일 뿐입니다. 사람이 탄식조차 하지 못하는 상태는 분명 비극이지만, 그렇다고 해서 탄식이 해답은 아닙니다. 탄식이 해답이 되려면 탄식이 기도로 전환되어야 합니다. 예수님은 하늘을 우러러 탄식하셨습니다. 탄식이 기도로 바뀌는 장면입니다. 시편에 그 수많은 탄식이 기쁨으로 바뀌는 이유가 그것입니다. 우리가 탄식하며 하나님께 나아갈 때 우리를 고쳐 주십니다.

예수님이 하늘을 우러르셨는데, 이것이 하나님을 대하는 예수님의

모습입니다. 예수님이 하나님을 대하시는 모습은 언제나 '하늘을 우러르셨다'고 표현됩니다. 특히 기도할 때 "눈을 들어 하늘을 우러러 이르시며 아버지여"라고 하셨습니다. 우리에게 기도를 가르쳐주신 주기도문에도 "하늘에 계신 우리 아버지"라고 기도하게 하셨습니다.

사람이 기도하는 자세는 각양각색입니다. 루터는 '무릎 꿇는 자세나 양손을 맞잡고 하늘을 우러르는 자세'를 권했습니다. 우리나라 사람들은 기도하자면 눈 감고 고개부터 숙입니다. 아마도 하나님 앞에 겸손한 자세라고 여기기 때문일 것입니다. 그런데 고개를 숙이고 눈을 감는 것이 기도의 유일한 방식이고 정통 자세라는 생각은 사실 아무런 성경적 근거가 없습니다. 오히려 예수님은 하늘을 우러러 보시고(눈 감지 않고) 기도하십니다.

특히 '하늘에 계신'이라고 할 때 조심해야 합니다. 나도 모르게 '저 멀리, 하늘 저 멀리'라는 생각을 가질 수 있기 때문입니다. 그러나 예수님이 보이신 기도에 하늘에 계신 우리 아버지는 멀리 계신 분이 아닙니다. 하나님은 세미한 말씀으로 엘리야에게 말씀하셨습니다. 세미하다는 말은 '작고 낮은 목소리'입니다. 속삭임입니다. 한번 속삭여 보십시오! 얼마나 가까이 있어야 속삭임이 들릴까요! 하늘의 하나님은 우리가 속삭여도 들으십니다. 우리와 아주 가까이 계십니다. 예수님은 이렇게 가까운 하늘의 하나님을 우러러보며 탄식하십니다. 그리고 '에바다'라고 말씀하셨는데, 이는 '열리라'는 뜻입니다. "귀야 열려라! 입아 열려라!"라고 선포하십니다.

예수님이 병을 고치신 것은 병의 종류도 방법도 광범위합니다. 마태복음 15장 29-31절을 보겠습니다.

예수께서 거기서 떠나사 갈릴리 호숫가에 이르러 산에 올라가 거기 앉으시니 큰 무리가 다리 저는 사람과 장애인과 맹인과 말 못하는 사람과 기타 여럿을 데리고 와서 예수의 발 앞에 앉히매 고쳐 주시니 말 못하는 사람이 말하고 장애인이 온전하게 되고 다리 저는 사람이 걸으며 맹인이 보는 것을 무리가 보고 놀랍게 여겨 이스라엘의 하나님께 영광을 돌리니라

이렇게 두루 병자들을 고치시는 장면이 마태복음에 있는데, 마가복음에는 유독 듣지 못하는 사람을 고치시는 장면을 클로즈업합니다. 고치시는 장면도 구체적입니다. 무리를 떠나 병자를 따로 데리고 나가셨고, 손가락을 양 귀에 넣으신 후 침을 사용하셨습니다. 그리고 마가복음 8장에서는 보지 못하는 사람도 비슷하게 치유하셨습니다. 이렇게 마가복음에는 청각과 시각장애인을 고치는 모습을 따로 보여줍니다.

마가복음이 이렇게 하는 이유가 있을까요? 왜 마가복음에서는 치유 사건 중에 청각과 시각장애인 고친 것을 특별하게 다루는 것일까요? 사람에게 보는 것과 듣는 것은 영적인 차원과 매우 밀접하기 때문입니다. "낫 놓고 기역 자도 모른다"는 속담이 있습니다. '육신의 눈이 멀쩡해도 글자를 보고 알지 못하는 문맹이 있다'는 뜻입니다. 그런데 육신의 눈, 지식의 눈이 있어도 보지 못하고 듣지 못하는 또 다른 차원의 시각장애자, 청각장애자가 있으니 바로 영적인 장애자들입니다.

요한복음 9장에서 예수님이 시각장애인의 눈을 여셨습니다. 이게 논란거리가 되어 청문회가 열립니다. 당국자들이 "누가 너를 눈 뜨

게 했느냐?" "네가 시각장애인이었던 것이 사실이냐?" 등등을 물었습니다. 눈뜬 자가 예수님이 고치셨음을 증언하자 이들은 눈뜬 자를 향하여 대뜸 야단을 칩니다. 으름장을 놓고 내쫓습니다. 이때 예수님이 하신 말씀이 요한복음 9장 39-41절에 있습니다.

> 예수께서 이르시되 내가 심판하러 이 세상에 왔으니 보지 못하는 자들은 보게 하고 보는 자들은 맹인이 되게 하려 함이라 하시니 바리새인 중에 예수와 함께 있던 자들이 이 말씀을 듣고 이르되 우리도 맹인인가 예수께서 이르시되 너희가 맹인이 되었더라면 죄가 없으려니와 본다고 하니 너희 죄가 그대로 있느니라

예수님은 보지 못하는 자들을 보게 하시는 분입니다. 우리는 예수님 앞에서 영적 맹인임을 고백하며 우리의 눈을 열어 달라고 간구해야 합니다.

한번은 예수님이 제자들만 따로 데리고 가서 가르치셨습니다. 여기 '따로'라는 단어는 청각장애인을 고치실 때 사용된 단어입니다. 마가복음 7장 33절에 "그 사람을 따로 데리고 무리를 떠나사"로 되어 있고, 마가복음 8장 23절에 맹인을 고치실 때도 역시 "마을 밖으로 데리고 나가사"로 되어 있습니다. 그런데 이런 예수님의 모습은 열두 제자를 대하실 때에도 반복됩니다. 예수님이 많은 무리 앞에서 하나님의 나라를 선포하시고 나서 '따로' 열두 제자들과 더불어 조목조목 하나님 나라의 비밀을 열어 주십니다. 그야말로 제자들의 영적인 눈과 귀를 열어 주셨습니다. 이것이 마가복음 4장 10-13절에 이렇게 기록됩니다.

예수께서 홀로 계실 때에 함께한 사람들이 열두 제자와 더불어 그 비유들에 대하여 물으니 이르시되 하나님 나라의 비밀을 너희에게는 주었으나 외인에게는 모든 것을 비유로 하나니 이는 그들로 보기는 보아도 알지 못하며 듣기는 들어도 깨닫지 못하게 하여 돌이켜 죄 사함을 얻지 못하게 하려 함이라 하시고 또 이르시되 너희가 이 비유를 알지 못할진대 어떻게 모든 비유를 알겠느냐

오래전 이사야 선자자의 외침이 있었습니다. 이사야 42장 18절에서 43장 8절을 봅시다.

너희 못 듣는 자들아 들으라 너희 맹인들아 밝히 보라 맹인이 누구냐 내 종이 아니냐 누가 내가 보내는 내 사자같이 못 듣는 자겠느냐 누가 내게 충성된 자같이 맹인이겠느냐 누가 여호와의 종같이 맹인이겠느냐 네가 많은 것을 볼지라도 유의하지 아니하며 귀가 열려 있을지라도 듣지 아니하는도다 여호와께서 그의 의로 말미암아 기쁨으로 교훈을 크게 하며 존귀하게 하려 하셨으나 이 백성이 도둑 맞으며 탈취를 당하며 다 굴 속에 잡히며 옥에 갇히도다 노략을 당하되 구할 자가 없고 탈취를 당하되 되돌려 주라 말할 자가 없도다 너희 중에 누가 이 일에 귀를 기울이겠느냐 누가 뒤에 올 일을 삼가 듣겠느냐 … 야곱아 너를 창조하신 여호와께서 지금 말씀하시느니라 이스라엘아 너를 지으신 이가 말씀하시느니라 너는 두려워하지 말라 내가 너를 구속하였고 내가 너를 지명하여 불렀나니 너는 내 것이라…두려워하지 말라 내가 너와 함께하여 네 자손을 동쪽에서부터 오게 하며 서쪽에서부터 너를 모을 것이며 내가 북쪽에게 이르기를 내놓으라 남쪽에

게 이르기를 가두어 두지 말라 내 아들들을 먼 곳에서 이끌며 내 딸들을 땅끝에서 오게 하며 내 이름으로 불려지는 모든 자 곧 내가 내 영광을 위하여 창조한 자를 오게 하라 그를 내가 지었고 그를 내가 만들었느니라 눈이 있어도 보지 못하고 귀가 있어도 듣지 못하는 백성을 이끌어 내라

한번 물어 보겠습니다. 육신의 눈과 귀가 먼 장애자들과 영적인 눈과 귀가 먼 장애자들 중에 누가 더 불쌍합니까? 이렇게 물으면 보통은 육신의 눈과 귀가 먼 장애자들이 더 불쌍하다 여깁니다. 그러나 육신의 눈과 귀보다 더 중요한 것은 영적 귀와 눈입니다.

크로스비(Fanny Jane Crosby)라는 여인은 태어난 지 6개월 만에 시각장애자가 되어 95세까지 살았습니다. 일평생을 장애인으로 산 불행한 여인입니다. 그런데 하나도 불행해하지 않았습니다. 육신의 눈을 뜬 사람을 부러워하지 않았습니다. 왜냐하면 그녀의 영적인 눈과 귀가 아주 환하게 작동하고 있었기 때문입니다. 크로스비는 평생에 2천 곡의 찬송시를 썼습니다. 우리 찬송가에만 22곡이 수록되었습니다. 그 내용을 들어보십시오.

'찬양하라 복되신 구세주 예수 백성들아 사랑을 전하세'
'찬송으로 보답할 수 없는 그 사랑 주님의 영광 할렐루야'
'예수 나를 위하여 십자가를 질 때'
'주가 맡긴 모든 역사 힘을 다해 마치고 밝고 밝은 그 아침을 맞을 때 요단강을 건너가서 주의 손을 붙잡고 기쁨으로 주의 얼굴 뵈오리 나의 주를 나의 주를 내가 그의 곁에 서서 뵈오며

나의 주를 나의 주를 손의 못 자국을 보아 알겠네'

이 얼마나 밝고 힘이 있습니까? 그녀는 이 외에도, '인애하신 구세주여', '예수를 나의 구주 삼고', '기도하는 이 시간 거기 기쁨 있네', '나의 생명 되신 주', '나의 갈 길 다가도록', '오 놀라운 구세주 예수 내 주', '나의 영원하신 기업', '주의 음성을 내가 들으니' 등등 주옥같은 찬송시를 쏟아냈습니다. 크로스비의 찬송 가사가 말해 주는 것이 무엇입니까? 예수님은 탄식이 변하여 찬송이 되게 하시는 분이라는 것입니다.

이제 말씀을 마치겠습니다. 예수님이 우리의 눈과 귀를 열어 주십니다. 그리하여 탄식이 변하여 기쁨이 되게 하십니다. 조금 길지만 이사야 35장의 말씀을 낭독하고 싶습니다. 1절에서 10절까지입니다.

광야와 메마른 땅이 기뻐하며 사막이 백합화같이 피어 즐거워하며 무성하게 피어 기쁜 노래로 즐거워하며 레바논의 영광과 갈멜과 사론의 아름다움을 얻을 것이라 그것들이 여호와의 영광 곧 우리 하나님의 아름다움을 보리로다 너희는 약한 손을 강하게 하며 떨리는 무릎을 굳게 하며 겁내는 자들에게 이르기를 굳세어라, 두려워하지 말라, 보라 너희 하나님이 오사 보복하시며 갚아 주실 것이라 하나님이 오사 너희를 구하시리라 하라 그때에 맹인의 눈이 밝을 것이며 못 듣는 사람의 귀가 열릴 것이며 그때에 저는 자는 사슴같이 뛸 것이며 말 못하는 자의 혀는 노래하리니 이는 광야에서 물이 솟겠고 사막에서 시내가 흐를 것임이라 뜨거운 사막이 변하여 못이 될 것이며 메마른 땅이 변하여 원천이 될 것이며 승냥이의 눕던 곳에 풀과 갈대와 부들이 날 것이며 거기에 대로가 있어 그 길을 거룩한 길이라 일컫는 바 되리니 깨끗하지 못한 자는 지나가지 못하겠고 오직 구속함을 입은 자들을 위하여 있게 될 것이라 우매한 행인은 그 길로 다니지 못할 것이며 거기에는 사자가 없고 사나운 짐승이 그리로 올라가지 아니하므로 그것을 만나지 못하겠고 오직 구속함을 받은 자만 그리로 행할 것이며 여호와의 속량함을 받은 자들이 돌아오되 노래하며 시온에 이르러 그들의 머리 위에 영영한 희락을 띠고 기쁨과 즐거움을 얻으리니 슬픔과 탄식이 사라지리로다

좋은 집

[잠 17:1]

마른 떡 한 조각만 있고도 화목하는 것이 제육이 집에 가득하고도 다투는 것보다 나으니라

본문 말씀에는 '집'이라는 단어가 나옵니다. 이 단어는 구약 성경에만 2,050번이나 나옵니다. 그야말로 성경은 집에 대한 이야기라고 할 수 있습니다. 인간은 본질적으로 집의 존재입니다. 사람은 자궁이라는 아기집에서 시작하여 무덤이라는 안식처로 갑니다. 1,000명에게 물었습니다. '당신에게 집의 의미는 무엇입니까?' 가장 많은 사람들이 대답한 것은, '쉼이 있는 곳'입니다. 그다음은 '추억의 장소'로 이는 가족과의 관계를 중시한 대답이었습니다. 이렇게 우리들에게 집이란 사랑받고 보호받는 곳입니다.

그런데 우리나라가 1970년대에 산업화와 도시화를 지나면서 집이 '재산의 증식'이라는 개념으로 바뀝니다. 옛 사람에게는 선비정신이 있었는데, 선비정신은 집을 매매하면서 재물을 남기는 것을 불의한 일, 곧 악덕으로 여겼다고 합니다. 그런데 현대에 들어오면서 이 정신이 다 사라졌습니다. 이제는 이것을 악한 것으로 인식하지 못할 정도로 집은 '돈이나 재물, 투자가치'의 중심으로 여깁니다.

하지만 집의 참된 의미는 무엇입니까? 성경에서 2천 번이 넘게 언급되는 집은 건물이나 가정, 가족 같은 다양한 의미를 담고 있습니다. 한집에 사는 사람들을 지칭할 때도 집이라고 합니다. 자손이나 왕궁을 일컬을 때도 집이라고 합니다. 영토와 국가를 나타낼 때도 집이라 부릅니다. 예배 장소인 성소, 예루살렘 성전도 다 집이라고 부릅니다. 그래서 "내 집은 만민이 기도하는 집이라"는 표현을 쓰는 것입니다. 아주 더 크게는 '우주적 표현'도 있습니다. 그래서 히브리서 3장 4절에는 "집마다 지은 이가 있으니 만물을 지으신 이는 하나님이시라"고 하십니다. 온 우주를 하나의 집처럼 묘사합니다.

예수님은 인생을 집 짓는 존재라고 표현하십니다. 마태복음 7장 24-26절입니다.

> 그러므로 누구든지 나의 이 말을 듣고 행하는 자는 그 집을 반석 위에 지은 지혜로운 사람 같으리니 … 나의 이 말을 듣고 행하지 아니하는 자는 그 집을 모래 위에 지은 어리석은 사람 같으리니

이것은 보편적인 은유입니다. 그래서 사람들은 '예술가, 건축가, 사업가, 정치가'라며 집 '가' 자를 즐겨 붙입니다. 이런 말씀도 있습니다. 고린도후서 5장 1절입니다.

만일 땅에 있는 우리의 장막 집이 무너지면 하나님께서 지으신 집 곧 손으로 지은 것이 아니요 하늘에 있는 영원한 집이 우리에게 있는 줄 아느니라

이 말씀이 천국에 대한 은유일지라도 그것이 '집'이라는 개념으로 묘사되고 있음을 주목할 필요가 있습니다. 우리는 너나없이 집 없이는 살 수 없습니다. 어떤 집입니까? 내가 살고 있는 지금의 내 인생의 집은 어떤 집인가요? 지금 예배를 마치고 돌아가 쉬게 되는 여러분의 가정은 어떤 집인가요? 아니, 지금 이 자리, 하나님을 예배하는 이 거룩한 처소는 어떤 집입니까? 어떤 집이어야 할까요? 이것이 오늘 우리가 생각할 하나님의 말씀입니다. 잠언 17장 1절의 말씀을 통하여 집의 진정한 모습을 찾아보고자 합니다.

첫째는 '나으니라'는 말씀이 나옵니다.
주님은 우리가 거하여야 할 집, 우리가 추구할 집은 '나은' 집이어야 한다고 말씀하십니다. 낫다는 단어는 비교하는 데 쓰는 단어입니다. 이 단어는 히브리어로 '토브'입니다. 토브는 '선하다', '좋다', '즐겁다', '예쁘다' 혹은 '선'이나 '이익', '복지'나 '번영' 등으로 다양하게 번역되는 단어입니다. 그런데 이 단어가 어디에서 쓰였냐 하면 바로 창세기 1장입니다. 1절에서 4절을 보겠습니다.

태초에 하나님이 천지를 창조하시니라 땅이 혼돈하고 공허하며 흑암이 깊음 위에 있고 하나님의 영은 수면 위에 운행하시니라 하나님이 이르시되 빛이 있으라 하시니 빛이 있었고 빛이 하나님이 보시기에 좋았더라…

여기 '좋았더라'가 바로 '토브'입니다. 하나님이 천지를 창조하십니다. 혼돈과 공허와 흑암, 여기에 빛이 비치었습니다. 이 장면이 바로 토브(좋았다)입니다. 하나님은 이어서 물을 나누어 하늘을 펴십니다. 땅이 물 가운데 드러났습니다. "하나님이 뭍을 땅이라 부르시고 모인 물을 바다라 부르시니 하나님이 보시기에 좋았더라." 그 땅에 온갖 식물이 자라 씨와 열매를 냅니다. 이것 역시 하나님이 보시기에 좋았습니다. 그 후에 하늘의 해와 달과 별들이 빛나고, 공중에 새들이 날며 노래를 부르고, 바다에는 진귀한 어류들이 헤엄치며, 땅에 온갖 짐승들이 가득한 풍경, 이 역시 '하나님이 보시기에 좋았다'(토브)고 하십니다. 그리고 마지막으로 사람을 지으시고 나서 하나님은 이렇게 말씀하십니다. 창세기 1장 31절입니다.

> 하나님이 지으신 그 모든 것을 보시니 보시기에 심히 좋았더라…

이것이 성경에 처음으로 등장하는 토브의 이야기입니다. 이제 하나님께서는 우리 인생을 향하여 이렇게 말씀하십니다. "너희의 집은 이 토브(좋은 집)이어야 한다." 그런데 왜 잠언에서는 이 토브라는 단어를 '좋았더라'고 번역하지 않고 '나으니라'고 하였을까요? 좋아야 할 집에 다른 것이 들어 앉아 있기 때문입니다. 빈 집이 아니라는 말씀입니다.

예수님이 하신 이야기 중에 빈 집 이야기가 있습니다. 마태복음 12장 43-45절에 이렇게 나와 있습니다.

> 더러운 귀신이 사람에게서 나갔을 때에 물 없는 곳으로 다니며 쉬기

를 구하되 쉴 곳을 얻지 못하고 이에 이르되 내가 나온 내 집으로 돌아가리라 하고 와 보니 그 집이 비고 청소되고 수리되었거늘 이에 가서 저보다 더 악한 귀신 일곱을 데리고 들어가서 거하니 그 사람의 나중 형편이 전보다 더욱 심하게 되느니라 이 악한 세대가 또한 이렇게 되리라

여기서 집은 사람의 마음을 의미합니다. 이 이야기처럼 사람의 마음의 집은 빈 집이 아닙니다. '귀신이 들어가 살든지' 혹은 '하나님이 계시든지'입니다. 이와 같이 사람의 마음은 하나의 집입니다. 그것도 그냥 아무도 살지 않는 텅 빈 집이 아닙니다. 사람의 마음에는 뭔가가 들어 있습니다. 어떤 사상이든지 어떤 가치든지 어떤 믿음이든지 어떤 인격이나 인품이든지 들어 차 있습니다. 사람의 마음뿐이 아닙니다. 우리가 사는 집, 가정, 교회, 나라, 민족도 다 그 안에는 뭔가가 들어 차 있습니다. 빈 집은 없습니다.

그런데 좋은 것보다는 더러운 것, 흉측한 것이 많습니다. 하나님께서는 우리가 좋은 집의 인생을 살기 원하십니다. 그래서 본문은 이렇게 말씀하시는 것입니다. "지금 네 안에 있는 악하고 좋지 않은 것을 내어버리고 선하고 아름답고 좋은 집을 짓고 살라!" 그래서 이 '좋으니라'는 단어가 '나으니라'고 쓰인 것입니다. 잠언에는 이 '나으니라'가 자주 등장합니다. 한 번 살펴보겠습니다.

가산이 적어도 여호와를 경외하는 것이 크게 부하고 번뇌하는 것보다 나으니라 채소를 먹으며 서로 사랑하는 것이 살진 소를 먹으며 서로 미워하는 것보다 나으니라 **잠 15:16-17**

적은 소득이 공의를 겸하면 많은 소득이 불의를 겸한 것보다 나으니라 잠 16:8

겸손한 자와 함께하여 마음을 낮추는 것이 교만한 자와 함께하여 탈취물을 나누는 것보다 나으니라 잠 16:19

노하기를 더디하는 자는 용사보다 낫고 자기의 마음을 다스리는 자는 성을 빼앗는 자보다 나으니라 잠 16:32

사람은 자기의 인자함으로 남에게 사모함을 받느니라 가난한 자는 거짓말하는 자보다 나으니라 잠 19:22

다투는 여인과 함께 큰 집에서 사는 것보다 움막에서 사는 것이 나으니라 잠 21:9

다투며 성내는 여인과 함께 사는 것보다 광야에서 사는 것이 나으니라 잠 21:19

번뇌, 미움, 불의, 교만, 노함, 거짓말, 다투는 여인, 이런 것들이 우리 인생의 집에 들어 앉아 있습니다. 이런 것들이 왜 그 집을 차지하게 되었을까요? 부와 소득, 탈취물, 성을 다스리는 높은 자리, 큰 집, 이런 것들을 얻고자 하여 이것들을 끌어들여 짝을 이루었기 때문입니다. 일찍이 야고보서는 이것을 간파합니다. 야고보서 4장 1절입니다.

너희 중에 싸움이 어디로부터 다툼이 어디로부터 나느냐 너희 지체
중에서 싸우는 정욕으로부터 나는 것이 아니냐

야고보는 지혜자입니다. 잠언의 지혜로 가득한 사람입니다. 그가 모든 인생의 집에 다툼과 미움과 번뇌가 가득한 이유가 무엇인가 하고 지혜로운 눈으로 보니 정욕이더라는 것입니다. '싸우는 정욕'입니다. 정욕은 쾌락을 추구하는 것을 말하는데, 육체의 욕망을 풀어놓아 마음껏 탐욕을 부리는 것을 나타내는 단어입니다. 사람이 여기에 빠지면 그 인생의 집에 다투며 성내는 여인을 끌어들여 함께 사는 꼴이 됩니다. 이렇게 되면 아무리 큰 집, 풍성한 식탁, 넘치는 재산이 있을지라도 그것은 '좋은 것'(토브)이 되지 못합니다. 우리 인생의 집은 이러한 것들을 내어 버려야 합니다. 야고보서 1장 20-21절입니다.

사람이 성내는 것이 하나님의 의를 이루지 못함이라 그러므로 모든
더러운 것과 넘치는 악을 내버리고 너희 영혼을 능히 구원할 바 마음
에 심어진 말씀을 온유함으로 받으라

그다음으로는 '제육이 가득한 집'이 등장합니다. 오늘 본문 말씀입니다.

마른 떡 한 조각만 있고도 화목하는 것이 제육이 집에 가득하고도
다투는 것보다 나으니라

제육은 고기를 말합니다. 집의 식탁에 차려진 음식이 고기반찬입니다. 동서고금을 막론하고 풍성한 식탁을 말할 때는 언제나 고기가 등장합니다. 육식을 지양하고 채식만 하시는 분도 있겠지만 일반적으로 제육이란 풍성한 식탁을 나타낼 때 쓰는 말입니다. 그런데 히브리 원어에서는 이 단어를 '제바흐'라고 하는데 희생제물을 나타냅니다. 번제물이나 화목제물을 나타내는 단어입니다. 아마도 성경 시대의 사람들이 먼저 제사를 드리고 나서 나머지 고기를 식사로 나누어 먹었기 때문에 이 단어가 고기반찬을 나타내는 단어가 되었을 것입니다. 구약의 성도들은 화목제를 드렸습니다. 일종의 감사제인데 제물의 일부는 하나님께 드리고 일부는 자신들이 가족들과 함께 나누어 먹었습니다. 그러므로 본문의 '제육'은 단순한 고기가 아니라, 하나님께 예배를 드리고 난 후 가족과 이웃과 나누어 먹는, 그야말로 화목제물의 고기입니다.

이 고기가 집에 가득하다고 하였는데, 얼마나 많은 화목제사를 드렸으면 이렇게 고기가 넘치겠습니까! 오늘날의 표현으로 하자면 '예배 충만'입니다. 그런데 본문이 밝히는 것이 무엇입니까? 제사(예배) 후에 고기를 먹으면서도 '다투더라'는 것입니다. 방금 전에 하나님 앞에서 드렸던 예배는 온데간데없이 사라지고, 인간의 탐욕과 정욕으로 말미암은 성질이 충만해서 다투는 것입니다.

본문의 말씀이 세상 사람에 대한 말씀이 아니라 믿는 가정, 예배를 드리는 가정, 그것도 감사의 예배, 화목제사를 드린 사람의 이야기라는 것을 명심하십시오. 가인은 예배를 드린 후에 동생을 미워하여 죽였습니다. 차라리 예배와 상관이 없다면 덜 모순일 텐데 이 무슨 아이러니란 말입니까?

이에 반하여 '마른 떡 한 조각만 있는 집'이 있습니다. 마른 떡도 하나님께 드리는 제사와 관련이 있습니다. 물론 일차적으로는 '형편없는 빵 부스러기'라는 뜻입니다. 맛도 없는 데다가 요기도 되지 않는 양입니다. 그도 그럴 것이 부스러기 빵은 기름이 들어가지 않은 빵이기 때문입니다. '마른 떡'이란 '기름을 두르지 않은 것'이라는 뜻입니다. 레위기에 여러 가지 제사법이 나오는데, 그중에는 곡식으로 드리는 제사가 있습니다. 바로 '소제'입니다. 소제를 드릴 때는 밀가루를 곱게 빻아서 기름을 섞어 굽습니다. 그런데 그중에 이런 말씀이 있습니다. 레위기 7장 10절입니다.

> 소제물은 기름 섞은 것이나 마른 것이나 모두 아론의 모든 자손이 균등하게 분배할 것이니라

소제물 중에는 기름 섞은 것도 있고 마른 것도 있습니다. 이것을 제사장들이 제사 후에 골고루 나누라는 말씀입니다. 마른 것은 별로 인기가 없었을 것입니다. 맛도 덜합니다. 분명히 가난한 자의 헌물일 것입니다. 이 말씀은 마른 떡으로도 하나님께 예배드릴 수 있음을 알 수 있는 대목입니다.

사람이 하나님께 예배를 드릴 때는 살진 짐승을 잡아 드릴 수도 있고, 마른 떡을 드릴 수도 있습니다. 그러나 예배자의 삶은 별개입니다. 거창한 화목제물을 드린다고 해서 반드시 화목한 삶이 있는 것은 아닙니다. 보잘것없는 제물을 드린다고 화목이 없는 것도 아닙니다. 화목은 예배자의 정신입니다. 내 비록 보잘것없는 제물로 예배하는 가난한 자일지라도, 화목하는 것이 하나님이 보시기에 좋은 삶이라는

인식으로 그 사람의 인생의 집을 세운다면, 살진 짐승을 잡아 드리면서 미워하고 다투는 사람이 짓는 인생의 집보다 더 나은 것입니다.

여기서 우리가 '다툼'이라는 단어를 다시 한번 살펴보겠습니다. 잠언에는 다툼에 대한 말씀들이 자주 나옵니다. 당연히 그 말씀을 통해 다툼의 원인도 살펴볼 수 있습니다. 그중에 잠언 15장 18절에서는 이렇게 말합니다.

> 분을 쉽게 내는 자는 다툼을 일으켜도 노하기를 더디하는 자는 시비를 그치게 하느니라

다툼의 원인이 '분노'라 하십니다. 분노는 상처에서 나옵니다. 사람이 상처를 입으면 그 상처에서 분노가 쏟아져 나옵니다. 분노가 다스려지지 않을 때 다툼으로 번집니다. 그래서 에베소서에는 이런 말씀이 나옵니다.

> 분을 내어도 죄를 짓지 말며 해가 지도록 분을 품지 말고 마귀에게 틈을 주지 말라 **4:26-27**

무릇 더러운 말은 너희 입 밖에도 내지 말고 오직 덕을 세우는 데 소용되는 대로 선한 말을 하여 듣는 자들에게 은혜를 끼치게 하라 하나님의 성령을 근심하게 하지 말라 그 안에서 너희가 구원의 날까지 인치심을 받았느니라 너희는 모든 악독과 노함과 분냄과 떠드는 것과 비방하는 것을 모든 악의와 함께 버리고 서로 친절하게 하며 불쌍히 여기며 서로 용서하기를 하나님이 그리스도 안에서 너희를 용서하심

3부 탄식 없는 자의 탄식

과 같이 하라 **4:29-32**

사람에게 분노가 없을 수는 없습니다. 그러나 분노가 지속되고 고착되면 이내 싸움으로 번집니다. 그렇게 되면 그 삶의 자리에 마귀를 불러들입니다. 처음에는 내가 분노하지만 나중에는 마귀가 나를 다스리게 됩니다. 따라서 분노를 다스리는 최선의 방책은 분노를 제때 '내버리는 것'입니다. 잠언은 이렇게 권고합니다.

> 노를 품는 자와 사귀지 말며 울분한 자와 동행하지 말지니 그의 행위를 본받아 네 영혼을 올무에 빠뜨릴까 두려움이니라 **22:24-25**

> 미움은 다툼을 일으켜도 사랑은 모든 허물을 가리느니라 **10:12**

> 다툼을 멀리 하는 것이 사람에게 영광이거늘 미련한 자마다 다툼을 일으키느니라 **20:3**

다툼의 원인이 미움과 미련함에 있음을 보여줍니다. 우리가 흔히 겉으로는 정의를 내세우고 다투지만 사실은 미워하고 미련하기 때문입니다. 또한 잠언에는 흥미로운 표현들이 많이 나오는데, 그중에 인상 깊은 말씀을 하나 보겠습니다. 미련함을 다툼의 한 원인으로 볼 때 미련함이 이렇게 묘사되어 있습니다.

> 길로 지나가다가 자기와 상관 없는 다툼을 간섭하는 자는 개의 귀를 잡는 자와 같으니라 **26:17**

여러분 혹시 개의 귀를 잡아 본 적이 있습니까? 그것도 집에서 기르는 반려견이 아니라 들개의 귀를 잡으면 어떤 일이 일어날까요? 개는 귀가 약점이라서 귀 잡히는 것을 아주 싫어합니다. 그래서 본능적으로 물어 버립니다. 잠언의 말씀은 어리석은 자의 행동을 여기에 빗대어 표현합니다. 뭐든지 성질을 알아야지 제 마음대로 판단해서 개 귀를 덥석 잡듯이 간섭하면 이내 꼴사납게 되는 것입니다. 이렇게 분노나 미움이나 미련함은 전부 다툼의 불쏘시개들입니다. 이것들이 모이면 지옥불이 붙습니다. 그래서 집이든 왕궁이든 교회든 나라든 민족이든 간에 다 타버립니다. 인생의 집에 불이 나는 것입니다.

우리는 기억해야 합니다. 이런 일이 화목제를 드리고 남은 고기를 나누어 먹는 자리에서도 일어날 수 있음을! 그러나 가난한 자의 예배와 식탁일지라도 거기에 화목이 있다면 '하나님이 보시기에 좋았더라'는 창조의 역사가 일어날 수 있음을 말입니다.

화목은 평안이라는 뜻입니다. 그러면 화목은 어디에서 옵니까? 시편 122편 1-9절을 봅시다.

> 사람이 내게 말하기를 여호와의 집에 올라가자 할 때에 내가 기뻐하였도다 예루살렘아 우리 발이 네 성문 안에 섰도다 예루살렘아 너는 잘 짜여진 성읍과 같이 건설되었도다 지파들 곧 여호와의 지파들이 여호와의 이름에 감사하려고 이스라엘의 전례대로 그리로 올라가는도다 거기에 심판의 보좌를 두셨으니 곧 다윗의 집의 보좌로다 예루살렘을 위하여 평안을 구하라 예루살렘을 사랑하는 자는 형통하리로다 네 성 안에는 평안이 있고 네 궁중에는 형통함이 있을지어다 내가 내 형제

와 친구를 위하여 이제 말하리니 네 가운데에 평안이 있을지어다 여호
와 우리 하나님의 집을 위하여 내가 너를 위하여 복을 구하리로다

이 시는 다윗의 시입니다. 다윗은 지금 예루살렘에 있는 여호와의 집인 성전에 올라가려 합니다. 앞에서도 보았지만 사람이 제사(예배)를 드린다고 다 화목한 것은 아닙니다. 화목제물을 먹으면서 다툴 수도 있습니다. 다윗은 이를 잘 알고 있는 듯합니다. 그래서 다윗은 평안을 구합니다. 또한 평안을 선포합니다. 평안을 구하고 선포한 것입니다. 그리고 그 중심에 하나님을 모십니다. 다시 5절을 봅시다.

거기에 심판의 보좌를 두셨으니 곧 다윗의 집의 보좌로다

다윗은 예루살렘 성전 예배의 중심에 하나님의 보좌가 있음을 드러냅니다. 이 예배의 중심은 인간이 아닙니다. 제물을 가져온 사람이나 예배를 집전하는 제사장들이 중심이 아닙니다. 예배의 중심은 하나님이십니다. 다윗은 지금 그분의 심판의 보좌가 엄히 살아 있음을 드러내고 있습니다. 다윗은 이것을 일컬어 '집의 보좌'라고 부릅니다. 이 집의 보좌에 하나님이 계시매 거기에 평안이 있습니다. 나의 집의 보좌에는 누가 앉아 있습니까? 하나님이 보좌에 앉아 계십니까, 아니면 내가 그 보좌에 앉아 있습니까? 여기에서 다툼과 화목으로 갈라집니다. 사람이 자신의 집을 제대로 지으려면, 내 인생의 집이 더 좋은 집이 되려면, 그 중심에 평화의 왕이신 하나님이 좌정하셔야 합니다.

새로운 식사

[눅 24:28-35]

그들이 가는 마을에 가까이 가매 예수는 더 가려 하는 것같이 하시니 그들이 강권하여 이르되 우리와 함께 유하사이다 때가 저물어가고 날이 이미 기울었나이다 하니 이에 그들과 함께 유하러 들어가시니라 그들과 함께 음식 잡수실 때에 떡을 가지사 축사하시고 떼어 그들에게 주시니 그들의 눈이 밝아져 그인 줄 알아 보더니 예수는 그들에게 보이지 아니하시는지라 그들이 서로 말하되 길에서 우리에게 말씀하시고 우리에게 성경을 풀어 주실 때에 우리 속에서 마음이 뜨겁지 아니하더냐 하고 곧 그때로 일어나 예루살렘에 돌아가 보니 열한 제자 및 그들과 함께 한 자들이 모여 있어 말하기를 주께서 과연 살아나시고 시몬에게 보이셨다 하는지라 두 사람도 길에서 된 일과 예수께서 떡을 떼심으로 자기들에게 알려지신 것을 말하더라

모든 생명체가 먹음으로써 생존을 유지하지만 사람에게 식사는 단순히 생존의 차원에 머무르는 것은 아닙니다. 먹는다는 것은 일상

의 삶을 넘어서는 더 큰 의미가 있습니다. 옛날 그리스-로마 문화권에서 식사는 대단히 중요했는데 누구와 먹는지, 무엇을 먹는지, 그리고 언제 먹는지로 그 사람의 사회적 신분과 계층을 드러냈습니다. 그래서 이런 말이 있습니다. "무엇을 먹는지가 그 사람의 존재를 말한다." 요즘 식사는 주로 건강과 다이어트 쪽에 많은 의미를 두면서 식사의 의미가 좁아졌습니다.

성경은 온통 먹는 이야기로 가득합니다. 유명한 시편 23편에 하나님은 우리의 목자가 되시는데 친히 내게 상을 차려 주신다고 되어 있습니다. 예전에 저는 이 부분을 읽을 때 이 상을 금상이나 은상 같은 상들인가 여긴 적이 있는데 그냥 밥상입니다. 하나님이 우리에게 밥상을 차려 주신다는 말씀입니다. 하나님은 심지어 광야에서도 음식을 주십니다. 시편 78편에는 이를 '광야의 식탁'이라고 표현했습니다.

예수님 이야기에도 식사가 자주 등장합니다. 그야말로 먹고 마시는 이야기로 가득합니다. 예수님의 공생애 시작에 첫 기적을 베푼 것이 가나의 혼인잔치입니다. 당시는 식탁의 금기가 대단했는데, 유대인들은 부정하다는 뜻에서 이방인과 결코 식사를 같이하지 않았고, 같은 유대인이라도 죄인이나 부정한 사람과는 한 식탁에 자리하지 않았습니다. 그런데 예수님은 아무 거리낌 없이 로마 백부장과 어울리고 세리와도 식사를 하셨습니다. 바리새인들은 이것을 도저히 용납할 수 없었습니다. 그래서 예수님을 욕했습니다.

(예수는) 먹기를 탐하고 포도주를 즐기는 사람이요 세리와 죄인의 친구로다 **눅 7:34**

한번은 요한의 제자들이 예수님을 찾아와 이런 질문을 던집니다.

우리와 바리새인들은 금식하는데 어찌하여 당신의 제자들은 금식하지 아니하나이까 **마 9:14**

예수님이 대답하십니다.

혼인 집 손님들이 신랑과 함께 있을 동안에 슬퍼할 수 있느냐 **마 9:15**

예수님은 자신이 선포하는 하나님의 나라를 금식하고 슬퍼하는 이미지가 아니라 신랑과 함께하는 잔칫집으로 그려 주십니다.

하나님의 나라를 비유로 설명하실 때도 식사 이야기가 등장합니다. 하나님의 나라는 큰 잔치라는 것입니다. 누구나 이 잔치에 초대되어 하나님이 차려 놓으신 식탁을 즐길 수 있다는 것입니다. 여기에는 차별이 없고 금기도 없습니다. 다만 참여하지 못하는 이유가 있다면 이 초대를 거절한 것뿐입니다.

한편 예수님은 다양한 식사 자리에 초대를 받으셨습니다. 예수님을 식탁에 초대한 사람들 중에는 세리장 삭개오도 있고, 바리새인의 지도자 시몬도 있습니다. 예수님은 교제의 중심인 식탁을 제한하지 않으십니다. 가난하고 소외된 자뿐 아니라 부자도 죄인도, 외식하는 당대의 바리새인의 식탁에도 함께하십니다. 그리고 예수님은 친히 식탁을 차려 떡을 떼어 주기도 하십니다. 최후의 만찬에서도 그랬고, 부활하신 후 갈릴리 해변에서도 친히 떡과 생선을 구워 제자들에게 주셨습니다.

오늘 본문도 예수님과 함께 식사하는 이야기가 나옵니다. 예수님이 십자가에서 죽으신 이후에 부활하신 주님을 만났다는 소문이 돌기 시작했는데, 그 중심에는 여자들이 있었습니다. 막달라 마리아, 요안나, 야고보의 모친 마리아 등입니다. 예수님이 다시 살아나셨다는 이 당혹스런 이야기가 나오는 본문의 서두가 이렇습니다.

> 그날에 그들 중 둘이 예루살렘에서 이십오 리 되는 엠마오라 하는 마을로 가면서 이 모든 된 일을 서로 이야기하더라 **눅 24:13-14**

두 사람 중 한 사람이 18절에 나옵니다. 글로바입니다. 또 한 사람의 이름은 나오지 않는데 그의 아내이기 때문으로 보입니다. 요한복음 19장 25절에 따르면 글로바의 아내 이름은 마리아입니다. 마리아는 흔한 이름입니다. 예수님의 어머니도 마리아고, 막달라 마리아도 있고, 여기 글로바의 아내 이름도 마리아입니다. 이 여인들이 예수님이 십자가에서 죽으실 때 곁에 있었습니다. 그리고 예수님의 부활도 이 여인들이 먼저 목격합니다. 그러니까 글로바와 그의 아내 이 두 사람이 "이 모든 된 일을 서로 이야기하더라"는 것은, 예수님의 십자가와 부활을 목격한 마리아가 남편과 이런 이야기를 서로 주고받았다는 이야기인 것입니다.

남편 글로바는 아직 확신이 없습니다. 그저 아내의 증언을 듣고 놀랍고 이상하게 여길 뿐입니다. 24절에서 "나는 여인들처럼 부활하신 예수를 보지 못했다"라고 말합니다. 이런 경우가 많습니다. 아내는 주님을 확신하는데 남편은 아직 믿음이 불확실합니다.

리 스트로벨이라는 사람이 있습니다. 예일대 법대를 나온 수재입니다. 시카고 트리뷴 지 편집자로 잘나가던 사람입니다. 이 부부도 글로바 부부처럼 아내는 예수를 믿지만 그는 한갓 여인들의 종교적 환상에 불과하다고 여겼습니다. 그냥 '종교 문제다'라는 겁니다. 그런데 이 종교 문제 때문에 부부관계가 파탄 나게 생겼습니다. 그래서 그는 신문기자답게 예수 사건을 파헤쳐 취재하기 시작했습니다. 직업정신이 발동한 겁니다.

처음에는 예수라는 존재가 홍길동같이 허황된 이야기에 불과하다는 것을 밝혀 아내의 환상을 깨고 다시 부부관계를 회복하려는 의도였습니다. 그런데 예수 사건을 취재하면 할수록 진짜여서, 그는 유명한 책을 냅니다. 책 제목이 《특종! 믿음 사건》, 《예수 사건》입니다.

이런 이야기도 있습니다. 오래전 우리나라 어느 마을에 예수 믿는 부인이 있었습니다. 남편은 그게 못마땅했는데 마침 아내가 다니는 교회에 부흥회가 열렸습니다. 평소에 아내의 신앙생활을 비판하고 핍박하던 이 사람이 화가 나서 아내를 찾아 나섰습니다. 예배당에 가보니 사람들이 가득 모였는데 뒤에서 보니 자기 아내가 저만치 앉아 있는 겁니다. 다가가서 냅다 머리채를 쥐고 끌어냈는데, 아뿔싸! 다른 여인인 것입니다! 뽀글뽀글 파마를 하면 뒤에서는 다들 비슷해 보입니다. 이 사람이 제 딴에는 마누라라 여겼는데 다른 여인의 머리채를 잡고 끌어낸 것입니다. 일설에는 그게 경찰서장의 아내였다는 말도 있습니다. 이 남편이 백배사죄를 했는데 용서의 조건은 부흥회 참석이었습니다. 남편은 그 부흥회에서 예수님을 만나고 성령을 체험하고 변화되었다고 합니다.

예수님이 두 사람과 동행하며 대화하십니다. 당시 예루살렘에서 엠마오까지는 25리 길로 11킬로미터 정도인데, 이야기하며 천천히 걷자면 세 시간쯤 걸린다고 합니다. 이 세 시간의 대화로 두 사람의 가슴이 뜨거워집니다. 이 사람들이 집에 도착하고 예수님을 초대하여 식탁을 차렸습니다. 이들의 집에 예수님이 손님 되어 식탁에 앉으셨는데, 정작 음식을 주시는 분이 예수님입니다. 30-31절을 보겠습니다.

> 그들과 함께 음식 잡수실 때에 떡을 가지사 축사하시고 떼어 그들에게 주시니 그들의 눈이 밝아져 그인 줄 알아 보더니 예수는 그들에게 보이지 아니하시는지라

주님은 우리를 먹이시는 분입니다. 예수님이 떡을 떼어 우리에게 주십니다. 이렇게 하심으로 두 사람의 눈이 밝아졌습니다. 눈이 밝아졌다는 것은 주님이 곁에 계셔도 알아보지 못하던 상태에서 이제 눈이 열려 예수님이 곁에 계심을 알게 되었다는 뜻입니다. 그래서 두 사람은 다시 예루살렘으로 돌아갑니다. 지체 없이 바로 일어나 갔다고 했습니다. 가슴이 뜨거워졌기 때문입니다.

영국 성공회 신학자인 톰 라이트는 이 부분에서 흥미로운 사실을 보여줍니다. 두 가지 그림을 그려 주는데, 하나는 누가복음이 초반과 끝부분에서 수미상관을 보인다는 것입니다. 누가복음 2장에도 24장의 글로바 부부처럼 한 부부가 예루살렘으로 황급히 돌아갔습니다. 예수님이 열두 살 때 있었던 이야기로 예수님의 부모 요셉과 마리아의 이야기입니다. 아이를 잃어버린 줄 알고 가보니 예수님이 성전에서 선생들과 함께 있습니다. 부모가 묻습니다.

> 아이야 어찌하여 우리에게 이렇게 하였느냐 보라 네 아버지와 내가 근

> 심하여 너를 찾았노라 **눅 2:48**

이 질문은 글로바의 질문과 맥을 같이합니다.

> 나사렛 예수의 일이니…우리는 이 사람이 이스라엘을 속량할 자라고 바랐노라 **19, 21절**

그런데 속절없이 십자가에 죽으셨고, 부활하셨다는 소문은 들었으나 "예수는 보지 못하였느니라"(24절)고 대답합니다. 둘 다 잃어버린 예수, 자신들의 바람에 어긋나는 예수를 말하고 있습니다. 그런데 예수님의 부모도 그렇고 글로바 부부도 그렇고, 예수님이 이들에게 대답하시는 것은 '하나님이 하시는 일을 어찌 모르느냐'는 것입니다. 어린 예수님이 부모를 따르지 않고 성전에 하나님 아버지와 함께 있는 것, 그리고 십자가에 죽으시고 부활하여 세상을 구원하려는 것, 이 모든 것이 바로 하나님께서 이루시려는 필연적인 일임을 깨우쳐 주셨습니다.

톰 라이트가 발견한 또 하나의 그림은 식탁입니다. 성경에 나오는 최초의 식사는 에덴동산에서 아담과 하와가 뱀의 미혹을 받아 금단의 과실을 먹은 것입니다. 이 식사 후에 아담과 하와의 눈이 밝아지는데, 이것은 결코 바람직한 것이 아니었습니다. 자신들이 벗은 것을 알게 되었습니다. 수치를 발견한 것입니다. 이제 다른 한 쌍, 글로바와 그의 부인으로 추측되는 사람이 예수님과 함께 식사합니다. 참으로 누구와 함께 음식을 먹느냐가 이렇게 큰 차이를 가져옵니다. 미혹자인 뱀이 있는 자리에서 하는 식사는 수치를 가져왔습니다. 예수님이 떡을 떼어 주실 때 이들의 눈이 밝아졌는데, 그것은 우리의 수치를 드러내는 눈이 아니라 오히려 우리의 죄와 허물을 가려 주시는 예수님을 발견하게 하는 빛입니다. "떡을 가지사 축사하시고 떼어 그들에게 주시니 그들의 눈이 밝아져 그인 줄 알아보더니"라는 말씀입니다. 예수님께서 떡을 떼심으로 자신을 이들에게 알리신 것입니다.

예수님이 글로바와 함께한 식사가 누가복음에 있는 8번째 식사 자리라는 것도 흥미롭습니다. 요한도 숫자에 의미를 부여하지만 누가도 이 복음서에 예수님의 식사 자리를 여덟 번 언급하며 의미를 부여한다는 것입니다. 그 여덟 번은 다음과 같습니다. 누가복음 5장 29절, 7장 36절, 9장 16절, 10장 39절, 11장 37절, 14장 1절, 22장 14절 그리고 24장 30절입니다. 그리고 13절에 '그날에'라고 하는데, 그날은 바로 제8일인 주일입니다. 주일은 한 주가 지나고 새 주간이 시작되는 날입니다. 그러므로 이 8일, 그리고 8번째 식사 자리의 의미는 아담과 하와의 식사로 인한 저주가 마침내 끝나고 새 창조가 시작되었다는 암시가 담겨 있다는 것입니다. 이것이 부활하신 예수님이 나타나셔서 그의 제자들에게 떡을 떼어 주시는 예수님의 식탁의 의미라고 톰 라이트는 말하는 것입니다.

사도행전 2장에는 '떡을 뗀다'는 말이 두 번 나옵니다. 사도행전 2장 42절과 46절에 나오는 초대교회 교인들의 모습입니다. "그들이 사도의 가르침을 받아 서로 교제하고 떡을 떼며 오로지 기도하기를 힘쓰니라", "날마다 마음을 같이하여 성전에 모이기를 힘쓰고 집에서 떡을 떼며 기쁨과 순전한 마음으로 음식을 먹고"라고 했습니다. 이것은 그저 단순한 식사를 했다고 말하려는 것이 아닙니다. 떡을 떼는 이 자리에 살아 계신 주님이 함께 계심으로 기쁨과 영적 충만을 드러내려는 것입니다.

그런데 세월이 흘러 교회가 변질되었습니다. 라오디게아 지역에 교회가 있는데 부유했던 것으로 보입니다. 그러니 이들이 모일 때마다 얼마나 잘 먹었을까요? 아마도 풍성한 식탁을 차리며 주일을 보냈을 것입니다. 그런데 이 교회에 주님이 찾아오셔서 이렇게 말씀하십니다.

> 내가 네 행위를 아노니 네가 차지도 아니하고 뜨겁지도 아니하도다 네가 차든지 뜨겁든지 하기를 원하노라 네가 이같이 미지근하여 뜨겁지도 아니하고 차지도 아니하니 내 입에서 너를 토하여 버리리라 네가 말하기를 나는 부자라 부요하여 부족한 것이 없다 하나 네 곤고한 것과 가련한 것과 가난한 것과 눈먼 것과 벌거벗은 것을 알지 못하는도다 **계 3:15-17**

라오디게아 교회는 눈먼 교회입니다. 자신이 벌거벗은 것도 알지 못하거니와 그 수치를 가려 줄 주님도 보지 못합니다. 이러한 라오디게아 교회의 처방은 주님을 그들의 식탁으로 초대하는 것뿐입니다. 그래서 이렇게 말씀하십니다.

> 볼지어다 내가 문 밖에 서서 두드리노니 누구든지 내 음성을 듣고 문을 열면 내가 그에게로 들어가 그와 더불어 먹고 그는 나와 더불어 먹으리라 **계 3:20**

글로바가 예수님을 자신의 집으로 모시고 식탁을 차림같이 눈먼 교회는 주님을 향하여 문을 열고 함께 식탁에 마주해야 합니다. 그러면 우리 주님은 아무 거리낌 없이 그 어떠한 제한도 두지 않고 다가와 함께 먹고 마시며 우리의 눈을 열어 주실 것입니다.

우리에게는 세상이 알지 못하는 식사 자리가 있습니다. 그곳에서 예수님은 우리에게 떡을 떼어 주십니다. 오늘도 우리는 "주여, 우리에게 일용할 양식을 주시옵소서"라고 기도하며 주님의 식탁을 사모해야 합니다.

약한 자로 강하게

[슥 12:1-8]

이스라엘에 관한 여호와의 경고의 말씀이라 여호와 곧 하늘을 펴시며 땅의 터를 세우시며 사람 안에 심령을 지으신 이가 이르시되 보라 내가 예루살렘으로 그 사면 모든 민족에게 취하게 하는 잔이 되게 할 것이라 예루살렘이 에워싸일 때에 유다에까지 이르리라 그날에는 내가 예루살렘을 모든 민족에게 무거운 돌이 되게 하리니 그것을 드는 모든 자는 크게 상할 것이라 천하 만국이 그것을 치려고 모이리라 여호와가 말하노라 그날에 내가 모든 말을 쳐서 놀라게 하며 그 탄 자를 쳐서 미치게 하되 유다 족속은 내가 돌보고 모든 민족의 말을 쳐서 눈이 멀게 하리니 유다의 우두머리들이 마음속에 이르기를 예루살렘 주민이 그들의 하나님 만군의 여호와로 말미암아 힘을 얻었다 할지라 그날에 내가 유다 지도자들을 나무 가운데에 화로 같게 하며 곡식단 사이에 횃불 같게 하리니 그들이 그 좌우에 에워싼 모든 민족들을 불사를 것이요 예루살렘 사람들은 다시 그 본 곳 예루살렘에 살게 되리라 여호와가 먼저 유다 장막을 구원하리니 이는 다윗의 집의 영광과 예루살렘 주민의 영광이 유다보다 더하지 못하게 하려 함이니라 그날에 여호와가 예루살렘 주민을 보호하리니 그중에 약한 자가 그날에는 다윗 같겠고 다윗의 족속은 하나님 같고 무리 앞에 있는 여호와의 사자 같을 것이라

예일대 로스쿨 교수 다니엘 마코비치가 쓴 《엘리트 세습》(The Meritocracy Trap)이라는 책이 있습니다. 그는 오늘날 사람들이 흔히 생각하고 당연히 여기는 '능력만큼 신분을 보장받는다는 것이 과연 행복한가?'에 대한 이야기를 하고 있습니다. 옛날에는 부자들이 자녀들에게 땅이나 공장 같은 유산을 물려주었습니다. 그래서 부잣집 자식들은 능력이 모자라도 물려받은 유산 때문에 부자로 살았습니다. 그 유산으로 자기가 기업체의 사장이 되지만 그 밑에 유능한 부하 직원들을 두어서 경영을 하고, 자기는 자기 좋은 대로 이상을 따라 여기저기 놀러 다니거나 취미활동을 했다는 것입니다.

그런데 오늘날은 사람들이 이런 식의 물리적 자본만 물려주지 않습니다. 소위 인적 자본을 물려줍니다. 어려서부터 고강도의 스킬을 물려주기 위하여 자식에게 엄청난 자본을 쏟아붓습니다. 명문대 학벌이나 특별 과외나 첨단 기술 같은 것들입니다. 그래서 어려서부터 성인이 되어 취직할 때까지 거의 천만 달러를 들인다고 합니다. 이렇게 해야 엘리트 CEO 한 사람이 탄생합니다.

그런데 문제는 여기서부터입니다. 옛날에는 땅이나 공장을 물려받았기에 땅을 파먹으며 부를 창출했습니다. 하지만 지금은 인적 자본, 즉 자식 자체에 쏟아붓는 것이 유산입니다. 그래서 원금을 찾으려면 그 자식은 자기 자신을 파먹으며 착취해야 합니다. 마코비치는 이렇게 말합니다. "인간 자본은 사람을 속박시킨다." 아주 불행한 엘리트가 된다는 것입니다. 이게 불행할 수밖에 없는 것은 자기에게 투자된 원금을 찾기 위하여 부와 명성에 몰두하는 동안에 자기가 태어나 존재하는 이상을 희생시키는 것도 포함되어 있기 때문입니다. 자기가 자기를 노예화시킵니다. 자기 능력만큼 돈을 벌고 신분을 보장받는지는 몰라도 결코 행복할 수는 없다는 결론입니다. 이것이 능력 위주 사회의 함정이라는 분석입니다. 참으로 현대사회에 대한 명민한 분석이 아닐 수 없습니다.

여러분, 그렇다면 사람이 어떻게 해야 능력도 있고 행복할 수도 있는 것일까요? 자기 자신을 파먹지 않으면서 어떻게 살아갈 수 있을까요? 자기에게 천만 달러를 쏟아부을 능력을 가진 부모를 만나지 못해도 능력 있고 행복한 삶을 살 수 있는 비결은 없는 것일까요? 가난한 사람, 변두리 인생, 지능이 부족한 사람일지라도 능력 있는 삶, 행복한 삶을 살 수는 없는 것일까요? 오늘 우리가 읽은 스가랴의 말씀은 바로 이것을 알려 주는 하나님의 말씀입니다.

"이스라엘에 관한 여호와의 경고의 말씀이라"고 시작하는 이 말씀은 8절에 '약한 자가 다윗 같겠다'라고 말씀합니다. 우리가 잘 알다시피 다윗은 소년 시절에 골리앗이라는 거인 블레셋 전사를 물맷돌로 거꾸러뜨린 사람입니다. 이 사건은 아주 유명해져서 지금은 '다윗과 골리앗의 싸움' 하면 '약한 자와 매우 강하고 능력 있는 자의 싸움, 승산이 없어 보이는 싸움'을 뜻하는 것을 다 알 정도입니다. 골리앗은 아주 능력 있는 전사였습니다.

> 블레셋 진영에서 키가 거의 3미터나 되는 거인 하나가 넓게 트인 곳으로 걸어 나왔다. 그는 가드 사람 골리앗이었다. 머리에 청동투구를 쓰고 갑옷을 입었는데, 갑옷의 무게만 57킬로그램이나 되었다! 그는 또 청동각반을 차고 청동 칼을 들고 있었다. 그의 창은 울타리의 가로장만큼 굵었고 창날의 무게만 해도 7킬로그램에 달했다. 그의 앞에서는

방패를 드는 자가 걸어 나왔다 **삼상 17:4-7 메시지성경**

반면에 다윗은 아직 성인도 되지 않은 청소년이었고, 사울 왕이 갑옷을 내주었지만 너무 커서 몸에 걸치지도 못하고 골리앗과 마주하게 됩니다. 골리앗이 적장이 나왔다 하여 나가 보니 어처구니 없게도 작고 약한 자가 나온 것입니다. 그는 다윗을 업신여겼고, 그 큰 입으로 무시무시한 저주와 독설을 내뱉었습니다. 이때 다윗이 얼마나 두려워했겠습니까? 하지만 골리앗은 다윗이 던진 물맷돌 하나에 무너집니다. 성경은 다윗의 용기와 능력이 어디에서 비롯되었는지를 잘 밝히고 있습니다. 이 부분을 사무엘상 17장 45-47절에서 읽어 보겠습니다. 중요한 말씀입니다.

> 다윗이 블레셋 사람에게 이르되 너는 칼과 창과 단창으로 내게 나아오거니와 나는 만군의 여호와의 이름 곧 네가 모욕하는 이스라엘 군대의 하나님의 이름으로 네게 나아가노라 오늘 여호와께서 너를 내 손에 넘기시리니 내가 너를 쳐서 네 목을 베고 블레셋 군대의 시체를 오늘 공중의 새와 땅의 들짐승에게 주어 온 땅으로 이스라엘에 하나님이 계신 줄 알게 하겠고 또 여호와의 구원하심이 칼과 창에 있지 아니함을 이 무리에게 알게 하리라 전쟁은 여호와께 속한 것인즉 그가 너희를 우리 손에 넘기시리라

오늘 스가랴는, 옛적에 일어난 다윗의 사건이 지나간 역사로 끝나는 것이 아니라 하나님의 백성들에게 여전히 일어난다는 것을 말씀하고 있습니다. 다시 한번 스가랴 12장 8절을 읽어 보겠습니다.

> 그날에 여호와가 예루살렘 주민을 보호하리니 그중에 약한 자가 그
> 날에는 다윗 같겠고 다윗의 족속은 하나님 같고 무리 앞에 있는 여호
> 와의 사자 같을 것이라

'약한 자'란 예루살렘 주민들입니다. 스가랴 당시 예루살렘에 거주하던 사람들은 바벨론 포로에서 돌아온 사람들입니다. 한때는 부강했으나 지금은 나라가 망하고 예루살렘 성도 무너지고 이스라엘 백성들이 자랑스러워하던 성전도 다 불타 버렸습니다. 세월이 지나 기적적으로 바벨론 포로에서 귀환하였지만 매우 미약합니다. 사람 수도 적었고, 주변에는 대적들이 많았습니다. 예루살렘 성전을 재건하겠다는 비전이 있었지만 그들에게는 그저 하루하루 견디어 내는 것만으로도 벅찼습니다. 이런 약한 자들에게 하나님의 말씀이 선포됩니다.

> 이스라엘에 관한 여호와의 경고의 말씀이라 **1절**

이 '경고'는 '하나님이 주시는 말씀'이라는 뜻입니다. 주의 깊게 들어야 할 말씀입니다. 그래서 '경고'라고 번역했습니다. 그러므로 가볍게 들어서는 안 됩니다. 주의 깊고 신중하게 들어야 할 하나님의 메시지입니다.

우리가 이 말씀을 신중하게 들어야 할 이유는 무엇일까요? 말씀을 하신 분이 하나님이기 때문입니다. 세상에서도 높은 자리에 있는 사람이 공적으로 하는 말은 공신력이 있습니다. 이를테면 대통령이

대변인을 통해 공식적으로 브리핑을 한다면 모든 국민들이 경청할 것입니다. 무지렁이의 말과는 다릅니다. 대통령은 한 국가의 최고 위치에 있기 때문입니다. 말 하나하나에 공신력이 있습니다. 그런데 오늘 우리가 읽은 성경은 이렇게 말씀합니다.

> 이스라엘에 관한 여호와의 경고의 말씀이라 여호와 곧 하늘을 펴시며 땅의 터를 세우시며 사람 안에 심령을 지으신 이가 이르시되 **1절**

하늘을 펴시고 땅의 터를 세우시고 사람 안에 심령을 지으신 분의 메시지입니다. 하늘과 땅, 그리고 사람의 심령, 이 세 가지가 하나님의 명령으로 존재하게 되었습니다. 그야말로 천지만물을 지으신 분이 하나님입니다. 신약성경에는 '만물이 하나님께로부터 나오고 하나님으로 말미암고 하나님께로 돌아간다'(롬 11:36)고 했고, '만물이 창조되되 하늘과 땅에서 보이는 것들과 보이지 않는 것들과 혹은 왕권들이나 주권들이나 통치자들이나 권세들이나 만물이 다 그로 말미암고 그를 위하여 창조되었다'(골 1:16)고 했습니다.

여기에 우리가 주목할 것은 하나님이 지으신 만물의 영역, 곧 '보이는 것들과 보이지 않는 것들'입니다. 현대인들은 보이는 세계에 집착합니다. 눈에 보여야 하고 손에 잡혀야 실체라고 여깁니다. 물론 그것도 하나님이 지으신 것들입니다. 보이는 것들은 중요합니다. 우리는 이런 것들을 결코 무시하지 않습니다. 그러나 그것이 다는 아닙니다. 보이지 않는 것들이 있습니다. 오히려 보이는 것들보다 보이지 않는 영역이 더 중요합니다. 그중에 사람의 '심령'이 있습니다. 스가랴서는 이것을 '사람 안에 심령을 지으신 이가 말씀하셨다'고 선포합니다.

여러분, 왜 오늘 본문에서 하나님이 사람의 심령을 지었다고 말씀하실까요? 성경의 다른 부분에서는 하나님의 창조를 이야기할 때에 '하늘과 땅'만을 말씀합니다. 그런데 오늘 본문은 하늘과 땅과 더불어 '사람 안에 심령을 지었다'고 하십니다. 이렇게 말씀하시는 이유가 무엇일까요?

두 가지로 나누어 생각해 보겠습니다.

첫째는, 사람의 심령이 천지의 창조에 버금가는 놀라운 영역이기 때문입니다. 여러분, 하나님이 지으신 우주만물을 보십시오! 얼마나 광대하고 놀라운 세상입니까? 인류는 이제 지구 탐험을 겨우 마친 것으로 보입니다. 아니, 바다는 너무나 광대해서 여전히 미지의 세계라고 합니다. 눈에 보이는 물리적인 영역도 이렇게 넓고 크고 신비합니다. 그렇다면 우주는 어떻습니까? 태양계만 해도 어마어마합니다. 우주의 끝이 어디인지 아무도 모릅니다. 이것이 물리적인 세계입니다. 그런데 이에 버금가는 또 하나의 창조 영역이 있습니다. 바로 보이지 않는 세계, 사람 안의 심령이라는 창조의 영역입니다. 시편 139편에서는 이렇게 묘사합니다. 13-14절입니다.

> 주께서 내 내장을 지으시며 나의 모태에서 나를 만드셨나이다 내가 주께 감사하옴은 나를 지으심이 심히 기묘하심이라 주께서 하시는 일이 기이함을 내 영혼이 잘 아나이다

'내장'이라는 말은 히브리말에서 인간 내면을 물리적으로 표현할 때 씁니다. 히브리말은 사람의 내장과 감정을 이렇게 연계하여 표현

합니다. 사실 우리나라 말도 "간장이 녹는다"처럼 사람 내면의 내적 존재를 장기에 담아 표현하곤 합니다. 그런데 하나님이 이런 인간의 내면인 심령을 지으신 것이 얼마나 기가 막힌 창조인지 "심히 기묘하심이라"고 탄성을 내지른 것입니다. 성경 어디에도 천지만물을 보고 이런 탄성을 내지른 적이 없습니다. 이렇듯 사람의 심령은 하나님의 놀라운 창조의 영역입니다. 이 보이지 않는 사람의 심령이 얼마나 대단한지 보라는 것입니다.

둘째는, 심령에 의하여 이루어지는 것이 수도 없이 많기 때문입니다. 다윗이 골리앗을 마주했을 때 바로 이 심령이 발동합니다. 삼손에게 기이한 힘이 생긴 것도 바로 이 심령의 영역 안입니다. 사람의 힘은 심령에 기인합니다. 그래서 하나님께서는 하나님의 백성들이 미약해할 때마다 심령의 중요성을 들고 나오십니다. 특히 이사야서에 이런 장면이 많이 나옵니다. 이사야 41장에 "버러지 같은 너 야곱아"(14절)라는 말씀이 나오는데, 아마도 이스라엘 백성들의 자화상을 말씀하시는 것 같습니다. 이스라엘 백성은 자신들이 얼마나 미약한지 자신을 '버러지 같다'고 여겼습니다. 이전 번역은 '지렁이 같다'고 했습니다.

이스라엘 백성들이 광야에 있을 때 가나안 땅을 정탐한 적이 있습니다. 그때도 이런 자화상을 그렸습니다. '우리는 스스로 보기에도 메뚜기 같다'(민 13:33)고 스스로를 악평합니다. 사람은 자신을 잃어버리고 이렇게 낙담할 수 있습니다. 주변의 환경이 열악하면 더욱더 이런 함정에 빠질 수 있습니다. 시험에 떨어졌을 때, 사업이 부진할 때, 몸에 병이 들거나 노쇠해졌을 때나 가난할 때, 혹은 누군가에게 업신여김을 당할 때, 특히 거절 감정 때문에 이런 위축이 일어납니다. 한없이 작아집니다. 끝없이 비참해집니다. 그래서 자신을 작고 징그러운 벌레처럼 여기는 것입니다. 사람의 심령은 이렇게 될 수 있습니다.

그런데 이런 이스라엘 백성에게 하나님은 뭐라고 하십니까? '두려워하지 마라. 내가 너와 함께한다. 내가 너를 이가 날카로운 새 타작기로 삼으리니 네가 산들을 쳐서 부스러기를 만들 것이다'(사 41:15). 한때 이스라엘 백성들은 스스로 자괴감에 빠져 이렇게 넋두리를 한 적이 있습니다. '난 안 돼! 내 억울한 형편을 하나님도 들어주지 않으시네.' 그런데 이렇게 힘을 다 잃어버린 이스라엘 백성에게 하나님은 힘의 원천이 무엇인지 다음과 같이 말씀하십니다. 이사야 40장 27-31절을 읽어 보겠습니다.

> 야곱아 어찌하여 네가 말하며 이스라엘아 네가 이르기를 내 길은 여호와께 숨겨졌으며 내 송사는 내 하나님에게서 벗어난다 하느냐 너는 알지 못하였느냐 듣지 못하였느냐 영원하신 하나님 여호와, 땅끝까지 창조하신 이는 피곤하지 않으시며 곤비하지 않으시며 명철이 한이 없으시며 피곤한 자에게는 능력을 주시며 무능한 자에게는 힘을 더하시나니 소년이라도 피곤하며 곤비하며 장정이라도 넘어지며 쓰러지되 오직 여호와를 앙망하는 자는 새 힘을 얻으리니 독수리가 날개치며 올라감 같을 것이요 달음박질하여도 곤비하지 아니하겠고 걸어가도 피곤하지 아니하리로다

사람의 힘의 원천은 환경이 아닙니다. 자기 자신 안에서 생기는

것도 아닙니다. 새 힘은 '오직 여호와를 앙모하는 자'의 것입니다. 왜냐하면 하나님만이 천지를 창조하신 분, 영원하고 피곤하지 않고 곤비하지 않으시기 때문입니다. 더군다나 이 하나님이 나의 하나님이십니다. 하나님이 그의 백성을 버리지 않으십니다. 무능한 자일지라도 버리지 않으시고 긍휼을 베푸십니다.

본문 4절에 "유다 족속은 내가 돌보고"라고 하셨는데, 여기 '돌본다'는 말씀은 하나님이 '눈을 들어 보신다'는 뜻입니다. 단순히 보신다는 뜻이 아닙니다. 긍휼의 눈을 가지고 주의 깊고 자세하게 보며 도와주신다는 뜻입니다. 이분이 우리 하나님이십니다. 하나님은 긍휼의 하나님이십니다. 긍휼이라는 말에는 이미 대상이 불쌍한 상태라는 의미가 들어 있습니다. 처지가 좋다면 긍휼이 있을 수 없습니다. 형편없는 처지에 처한 사람에게 베풀어지는 것이 긍휼입니다.

7절에는 "여호와가 먼저 유다 장막을 구원하리니 이는 다윗의 집의 영광과 예루살렘 주민의 영광이 유다보다 더하지 못하게 하려 함이니라"고 했습니다. 여기에서 '유다 장막'과 '예루살렘 주민'이 대조적입니다. 옛날에는 성곽을 중심으로 빈부가 나뉘었습니다. 성 안에는 부자나 귀족이 삽니다. 이들은 전쟁이 나도 상대적으로 안전합니다. 성 안에 거하기 때문입니다. 본문의 '예루살렘 주민'이 이들입니다. 하지만 가난하거나 권력이 없는 사람들은 성 밖의 변두리로 밀려났습니다. 이들은 성 밖에서 텐트를 치고 삽니다. 그래서 '유다 장막'입니다. 그런데 하나님은 이들 성 밖의 사람들을 먼저 구원하신다는 것입니다. 이들의 형편을 긍휼히 여기시는 것입니다. 이것이 하나님의 지혜요 능력입니다.

고린도서에 십자가는 하나님의 지혜와 능력이라고 말씀합니다. 여기 나오는 십자가는 예수님이라고 말해도 됩니다. 예수님은 예루살렘 성 안의 권력자가 아니라 나사렛 사람으로 자라셨습니다. 갈릴리 어부들을 제자로 부르셨습니다. 당시 예루살렘 성 안의 엘리트들은 다 예수님을 배척하였습니다. 예수님의 제자들 중 한 명도 들어 있지 않습니다. 참 이상하지요? 그런데 이것이 하나님의 지혜와 능력이라는 것입니다.

이 설교를 시작하면서 《엘리트 세습》이라는 다니엘 마코비치 교수의 분석을 말씀드렸는데, 이 시대의 엘리트들이 빠지는 함정을 보십시오! 사람이 하나님을 떠나 스스로의 덫에 걸려 버립니다. 하나님은 '스스로 지혜롭다'는 자들을 어리석게 만듭니다. 하지만 하나님을 의지하는 자들은 긍휼히 여기십니다. 우리가 하나님을 앙모하면 하나님은 우리 마음에 새 힘을 부어 주십니다. 사람의 심령은 하나님이 창조하신 것입니다. 그러므로 사람의 마음은 다른 어떤 것으로도 채울 수 없습니다. 오직 내 영을 새롭게 하시는 분은 하나님이십니다.

가나안 땅을 정탐한 후에 '우리는 메뚜기 같다'며 낙담하는 사람들과 달리 여호수아와 갈렙은 이렇게 말했습니다. 민수기 14장 8-9절입니다.

> 여호와께서 우리를 기뻐하시면 우리를 그 땅으로 인도하여 들이시고 그 땅을 우리에게 주시리라 이는 과연 젖과 꿀이 흐르는 땅이니라 다만 여호와를 거역하지는 말라 또 그 땅 백성을 두려워하지 말라 그들

은 우리의 먹이라 그들의 보호자는 그들에게서 떠났고 여호와는 우
리와 함께하시느니라 그들을 두려워하지 말라 하나

마음에서 말이 나옵니다. 부정적인 사람들과 달리 이 두 사람은 어떻게 상황을 전혀 다르게 보았을까요? 하나님께서 이들의 심령에 힘이 되셨기 때문입니다. 중요한 것은 사람의 마음입니다. 사람의 마음 상태가 모든 것을 결정합니다. 부정적인 마음에서 부정적인 말이 나옵니다. 긍정적인 마음에서 긍정적인 말이 나옵니다. 말이 그 사람을 결정합니다. 하나님은 "너희 말이 내 귀에 들린 대로 내가 너희에게 행하리니"(민 14:28)라고 하셨습니다. 죽겠다고 한 사람은 죽여 주신다는 말씀입니다. 그래서 원망하고 부정적인 말을 쏟아 낸 사람들은 다 광야에서 죽었습니다. 하지만 여호수아와 갈렙은 그들이 한 말처럼 가나안 땅에 들어갔습니다. 이렇게 사람에게 심령의 상태는 중요합니다.

사람의 심령은 능력이 있습니다. 잠언에 이런 말씀이 나옵니다. 18장 14절입니다.

사람의 심령은 그의 병을 능히 이기려니와 심령이 상하면 그것을 누가
일으키겠느냐

심령은 '영'이라는 뜻입니다. 하나님은 사람에게 성령을 선물로 주셨습니다. 사람에게서 성령이 떠나시면 그저 동물에 지나지 않습니다. 다윗은 범죄를 한 후에 이것을 깊이 깨닫고 회개하며 하나님을 붙잡습니다. 그리고 이렇게 간구합니다. 시편 51편 10-11절을 보겠습니다.

하나님이여 내 속에 정한 마음을 창조하시고 내 안에 정직한 영을 새롭게 하소서 나를 주 앞에서 쫓아내지 마시며 주의 성령을 내게서 거두지 마소서

우리가 하나님 앞에 구할 것이 바로 이것입니다. 우리의 영을 새롭게 하는 성령을 구하는 것입니다. 예수님은 구하는 자에게 성령을 주시지 않겠느냐고 약속하셨습니다. 이것이 약한 자의 살 길입니다. 약한 자로 강하게 하는 비결입니다.

가시와 엉겅퀴

[창 3:17-19]

아담에게 이르시되 네가 네 아내의 말을 듣고 내가 네게 먹지 말라 한 나무의 열매를 먹었은즉 땅은 너로 말미암아 저주를 받고 너는 네 평생에 수고하여야 그 소산을 먹으리라 땅이 네게 가시덤불과 엉겅퀴를 낼 것이라 네가 먹을 것은 밭의 채소인즉 네가 흙으로 돌아갈 때까지 얼굴에 땀을 흘려야 먹을 것을 먹으리니 네가 그것에서 취함을 입었음이라 너는 흙이니 흙으로 돌아갈 것이니라 하시니라

[요 8:31-36]

그러므로 예수께서 자기를 믿은 유대인들에게 이르시되 너희가 내 말에 거하면 참으로 내 제자가 되고 진리를 알지니 진리가 너희를 자유롭게 하리라 그들이 대답하되 우리가 아브라함의 자손이라 남의 종이 된 적이 없거늘 어찌하여 우리가 자유롭게 되리라 하느냐 예수께서 대답하시되 진실로 진실로 너희에게 이르노니 죄를 범하는 자마다 죄의 종이라 종은 영원히 집에 거하지 못하되 아들은 영원히 거하나니 그러므로 아들이 너희를 자유롭게 하면 너희가 참으로 자유로우리라

탈북자 이야기를 주로 다루는 〈이제 만나러 갑니다〉라는 TV 프로그램이 있습니다. 여기서 그동안 우리가 잘 알지 못했던 이야기를 전해 주었습니다. 월북 미군들의 이야기입니다. 탈북자도 있지만 월북자들도 있습니다. 1965년에 찰스 로버트 젠키스라는 미군 병사가 DMZ를 넘어 북한으로 들어갑니다. 그는 자신이 최초로 월북한 미군이라고 생각했지만, 막상 가보니 거기에는 자기보다 먼저 월북한 미군들이 몇 명 더 있었습니다. 그들은 젠키스에게 이런 말을 해줍니다. "네가 무슨 일로 월북을 했는지는 모르겠으나, 월북하기 전 상황이 뜨거운 불에 한 발 들여놓은 것이었다면 이곳은 너의 온몸이 불구덩이에 들어 있는 것과 같을 것이다."

그 후 젠키스는 하루 10시간 이상의 끔찍한 사상 개조 교육을 받고 북한의 선전 선동의 도구가 됩니다. 말도 안 되는 통제와 억압, 그리고 강제 결혼이 북한에서의 삶이었습니다. 그는 납치된 일본 여성 소가 히토미와 결혼하였는데, 너무도 이상한 조합인 그들이었지만 동병상련으로 정을 느끼며 두 딸을 낳았습니다. 그러던 중, 2002년 북일 정상회담으로 고이즈미가 일본인 납북 문제를 다루면서 소가 히토미는 일본으로 되돌아갔습니다. 이것이 그녀에게는 잃었던 자유를 되찾는 기회였지만 남편 젠키스와 두 딸과 강제로 이별하는 시간이기도 했습니다. 하지만 오랜 기다림 끝에 제3국에서 가족이 상봉하였고, 젠키스는 북한의 강압을 뿌리치고 일본으로 가면서 거의 40년간의 북한 생활을 청산합니다. 이후 젠키스는 미국으로 가서 가족과 상봉했는데, 늙은 어머니가 그를 부여안고 우는 장면이 방송을 타고 온 세상에 전해졌습니다.

젠키스는 이런 질문을 받습니다. "만약에 당신이 40년 전으로 돌아간다면, 그리고 월북한 40년의 세월이 그런 끔찍한 삶이라는 것을 알았더라면, 그래도 월북을 하시겠습니까?" 방송을 시청하고 있던 저는 당연히, 그리고 질문을 받자마자 "아니오!"라는 대답이 나올 것이라고 생각했습니다. 하지만 젠키스는 가만히 생각에 잠기더니 이런 대답을 내놓습니다. "북한에서의 자유를 잃은 삶은 매우 끔찍했지만, 나는 거기에서 사랑하는 아내와 두 딸을 만나고 얻었습니다. 이것은 나에게 너무나 소중한 일입니다."

자유와 사랑, 참으로 소중합니다. 자유도 소중하지만 사랑은 더 소중합니다. 이것은 젠키스라는 미군 병사가 일평생에 걸쳐 발견한 것이지만, 또한 성경에 나오는 이스라엘 백성들의 이야기이기도 합니다. 출애굽기는 위대한 해방의 이야기입니다. 애굽의 노예로 자그마치 400년을 살던 이스라엘 백성들이 바로의 막강한 권세를 벗어나 자유를 얻었습니다. 이때의 기쁨이 얼마나 강렬했겠습니까? 그리고 출애굽 이야기는 이스라엘 백성들의 역사 전반에 걸쳐 수시로 등장하며, 구원의 모티프가 됩니다. 이스라엘 역사의 중심 사상입니다.

하지만 출애굽 이야기는 과거에 머물러 있는 이야기가 아닙니다. 애굽과 이스라엘의 대결 구도가 전부가 아닙니다. 처음에는 민족과 민족의 이야기로 시작하였습니다. 억압하는 애굽과 노예가 된 이스라엘 민족의 모습입니다. 이 대결 구도는 그림으로 치자면 바탕색에 불과합니다. 이제 화가가 그 위에 그림을 그려 넣듯이 억압과 자유는 민족의 구도를 넘어 선악의 구도로 바뀝니다. 이스라엘 백성들 가운데에도 의인이 있고 악인이 있습니다. 애굽 사람들 중에도 마찬가지입니다. 누가 억압하고 누가 자유를 잃은 것은 민족의 개념에만 해당하지 않습니다. 이 세상 사람은 그 누구라도 타인을 억압할 수 있습니다. 언제든지 피해자가 가해자로 바뀔 수 있습니다.

여러분, 저기 나쁜 놈이 있다고 생각하지 마십시오. 정치판에서 남을 비판하던 사람들이 얼마 후에 자신도 똑같은 짓을 하는 것을 날마다 보고 있지 않습니까? 그들이 무슨 바보입니까? 공부를 덜했습니까? 아닙니다. 너무도 훌륭하고 공부도 많이 했을 것입니다. 하지만 그들이 알지 못하는 것이 하나 있을 뿐입니다. 나쁜 자들이 저 밖에만 있는 것이 아니라 자신도 다를 바가 없다는 것입니다.

그러므로 억압과 자유는 민족 개념 같은 평면에 머무를 수 없습니다. 가장 중요한 것은 인간 내면에 들어 있는 죄악입니다. 그래서 성경은 이렇게 선언합니다. "의인은 없나니 하나도 없으며"(롬 3:10), "유대인이나 헬라인이나 다 죄 아래에 있다"(롬 3:9)라고 합니다. 이것은 토론이나 의논이 아닙니다. 선언입니다. 마치 과학의 오랜 실험을 통해 정설이 만들어지듯이, 오랜 인간의 역사를 통하여 증명한 것을 선언한 것입니다. 사람은 다 죄 아래에 있습니다.

사도 바울은 이 주제를 로마서 6장에서 더 다룹니다. 로마서 6장 16절을 읽어 보겠습니다.

> 너희 자신을 종으로 내주어 누구에게 순종하든지 그 순종함을 받는 자의 종이 되는 줄을 너희가 알지 못하느냐 혹은 죄의 종으로 사망에 이르고 혹은 순종의 종으로 의에 이르느니라

죄 아래에 있다는 것은 '죄의 종'이라는 것입니다. 죄의 삯은 사망입니다. 여러분, 이런 지경이라면 우리가 무슨 생각을 해야 하겠습니

까? '저 나쁜 놈만 사라지면 세상에 평화가 올 텐데!'라고 생각합니까? 그러면 또 다른 악당이 등장할 것입니다. 죄송한 말씀이지만 새로 등장하는 그 악당이 나일 수도 있습니다.

조금 다른 측면이지만, 개미 이야기를 사례로 들어 보겠습니다. 개미 중에는 열심히 일하는 개미와 놀고먹는 개미가 있다고 합니다. 관찰해 보았더니 개미 중에 20%만 열심히 일하는 것입니다. 그래서 어떤 사람이 열심히 일하는 20%의 개미만 모아서 하나의 집단을 만들어 주었습니다. 그러면 이제 100퍼센트가 열심히 일하는 개미의 집단이 되어야 하지 않겠습니까? 그런데 놀랍게도 또다시 그중에서 20퍼센트만 일하는 집단이 된다고 합니다. 열심히 일하던 개미들이 이렇게 게을러지는 것은 정말 아이러니 아닙니까?

착해 보이는 사람들만 모아 놓으면 천국이 됩니까? 그렇지 않습니다. 의인 노아의 여덟 식구만 살아남은 세상이 어떻게 되었습니까? 바벨탑을 쌓는 악한 세상이 되지 않았습니까? 미국은 어떻습니까? 신앙의 자유를 찾아 아메리카 대륙으로 건너간 신실한 신앙의 사람들이 미국을 건설합니다. 하지만 오늘날의 미국은 온갖 악의 온상이기도 합니다.

출애굽 한 이스라엘 백성들 중 불신앙의 사람들은 모두 광야에서 죽고 신세대만 가나안 땅에 들어갔습니다. 하지만 사사기를 보십시오. 한 세대가 지나가기 전에 타락해 버립니다. 이것이 죄 아래에 처한 우리들의 모습입니다. 그러므로 우리는 '저 악당이 없어져야 해'라고 말할 것이 아니라 '나 같은 죄인이 어떻게 치유되고 회복되고 구원을 얻을 것인가? 구원의 길은 어디에 있는가?'를 하나님 앞에 겸손히 물어야 합니다. 여기에 참 자유와 기쁨이 있습니다. 성경은 이것을 가르쳐 줍니다. 우리가 하나님의 말씀에 귀를 기울이면 거기에 해답이 있습니다. 성경의 어느 곳도 이 대답이 없는 곳이 없겠지만 가장 선명한 대답이 바로 오늘 우리가 읽은 요한복음 8장입니다.

요한복음 8장은 주목할 만한 사건으로 시작합니다. 간음하다가 현장에서 잡힌 한 여인의 이야기입니다. 사람들이 이 여인을 예수님께로 끌고 왔습니다. 사람이 짐승처럼 끌려옵니다. 정말 죄는 사람을 비참하게 만듭니다. 분노한 사람들은 율법대로 이 여인을 돌로 쳐 죽이겠다고 하며 예수님께 묻습니다.

"선생이여 이 여자가 간음하다가 현장에서 잡혔나이다. 모세는 율법에 이러한 여자를 돌로 치라 명하였거니와 선생은 어떻게 말하겠나이까?"

이제 죄 아래 처한 이 여인의 목숨은 경각에 달렸습니다. 장소는 바로 성전입니다. 성전, 율법, 죄인, 그리고 예수. 본문에 이 네 가지 말이 기록되며 한 여인이 죽음을 마주합니다. 여러분, 좀 이상하지 않습니까? 하나님이 성전을 주신 이유가 사람을 죽이려 하심이었습니까? 하나님이 율법을 주신 이유가 사람에게 죽음을 선고하기 위함이었습니까? 율법에는 죄를 짓지 말라는 것도 있지만 죄 지은 사람이 어떻게 살 수 있는지에 대한 말씀이 없습니까? 율법에는 십계명 같은 도덕법도 있지만 성전에서 제물을 통해 죄를 대속하는 제사법이 있지 않습니까? 과연 성전과 율법을 주신 하나님은 사람이 죽기를 바라는 신입니까? 살기를 바라는 신입니까?

이에 대하여 하나님은 에스겔 선지자를 통하여 명확하게 말씀하셨습니다. 에스겔 33장 11절입니다.

너는 그들에게 말하라 주 여호와의 말씀이니라 나의 삶을 두고 맹세
하노니 나는 악인이 죽는 것을 기뻐하지 아니하고 악인이 그의 길에서
돌이켜 떠나 사는 것을 기뻐하노라 이스라엘 족속아 돌이키고 돌이키
라 너희 악한 길에서 떠나라 어찌 죽고자 하느냐 하셨다 하라

 율법도 성전도 하나님이 만드셨습니다. 그러므로 만든 분의 의도가 중요합니다. 하나님이 성전을 만드신 것은 사람들이 성전을 통하여 살기를 원하시기 때문입니다. 하나님이 율법을 주신 이유는 정죄하거나 죽음으로 내몰려는 것이 아닙니다. 율법의 중심에는 하나님 사랑, 이웃 사랑이 있습니다. 하나님은 사랑이심을 나타내는 것이 율법의 정신입니다. 그런데 사람들은 하나님의 본뜻은 외면한 채 간음한 여인을 끌고 와서는 성전과 율법을 빌미로 죽이겠다는 것입니다.

 참으로 다행스럽게도 거기에 예수님이 계셨습니다. 사람들이 여인을 끌고 예수님 앞에 온 것이 좋은 의도는 아니었습니다. 예수님까지 곤경에 몰아넣으려는 흑심을 품고 온 것이기 때문입니다. 하지만 어쨌든 거기에 예수님이 계셨습니다. 성전에 계신 예수님은 성전 자체이십니다. 율법에 기록한 것을 집행해야 한다고 율법을 들먹이는 자들 앞에 계신 예수님은 말씀 자체이십니다. 예수님이 오리지널입니다. 성전과 율법의 진정한 의도를 예수님보다 더 명확히 아는 자가 어디 있을까요? 예수님은 율법을 완성하러 오신 분입니다.

 예수님이 사람들의 흥분을 가라앉힙니다. 손가락으로 땅에 뭐라 쓰셨다고 하는데, 이는 사람들의 격한 감정을 가라앉히는 효과가 있었을 것입니다. 어떤 분은 이렇게 하심으로 비참한 여인의 수치를 보지 않으시려 했다는 해석도 합니다. 그리고 천둥과 같은 말씀을

하십니다. 요한복음 8장 7-11절입니다.

> 그들이 묻기를 마지 아니하는지라 이에 일어나 이르시되 너희 중에 죄 없는 자가 먼저 돌로 치라 하시고 다시 몸을 굽혀 손가락으로 땅에 쓰시니 그들이 이 말씀을 듣고 양심에 가책을 느껴 어른으로 시작하여 젊은이까지 하나씩 하나씩 나가고 오직 예수와 그 가운데 섰는 여자만 남았더라 예수께서 일어나사 여자 외에 아무도 없는 것을 보시고 이르시되 여자여 너를 고발하던 그들이 어디 있느냐 너를 정죄한 자가 없느냐 대답하되 주여 없나이다 예수께서 이르시되 나도 너를 정죄하지 아니하노니 가서 다시는 죄를 범하지 말라 하시니라

저는 요한복음 8장 31절 이하를 본문으로 삼았습니다. 이 사건 이후에 예수님이 이렇게 말씀하십니다.

> 너희가 내 말에 거하면 참으로 내 제자가 되고 진리를 알지니 진리가 너희를 자유롭게 하리라 **31-32절**

이 말씀을 듣는 사람들은 예수님을 믿는 사람들입니다. 이 말씀은 아무나 받을 수 있는 말씀이 아니라는 뜻입니다. 예수님을 믿어야 들리는 말씀입니다. 그럼에도 불구하고 이들은 '자유'라는 단어에 이의를 제기합니다. '우리가 무슨 노예란 말인가? 우리는 남의 종이 된 적이 없는데 무슨 자유란 말인가?'고 생각합니다. 예수님은 "죄를 범하는 자마다 죄의 종이라"고 말씀하시고는 다시 한번 자유의 비결을 이렇게 선언합니다.

> 그러므로 아들이 너희를 자유롭게 하면 너희가 참으로 자유로우리
> 라 **요 8:36**

사랑하는 성도 여러분, 사람이 죄에서 자유를 얻는 비결은 이것입니다. 첫째는, 예수님의 말씀을 듣는 것입니다. 둘째는, 예수님을 따르는 것입니다. 셋째는, 진리를 아는 것입니다. 그리고 넷째는 그 진리가 바로 예수님이라는 것을 아는 것입니다. 한마디로, 자유는 예수님이 주신다는 말씀입니다. 예수님 안에 자유가 있습니다. 이것이 복음입니다. 하나님은 이 복음을 예수님을 통하여 이루셨습니다.

그렇다면 하나님은 왜 죄인들이 죽는 것을 기뻐하지 않으시고 돌이켜 사는 것을 기뻐하실까요? 사실 이것은 매우 힘든 일입니다. 로마서는 이렇게 말씀하십니다.

> 의인을 위하여 죽는 자가 쉽지 않고 선인을 위하여 용감히 죽는 자가
> 혹 있거니와 우리가 아직 죄인 되었을 때에 그리스도께서 우리를 위
> 하여 죽으심으로 하나님께서 우리에 대한 자기의 사랑을 확증하셨느
> 니라 **롬 5:7-8**

의인을 위하여 희생을 하는 것도 쉽지 않습니다. 누군가 착한 사람을 위하여 자신의 목숨을 내놓는다는 것도 자주 있는 일은 아닙니다. 더군다나 죄인을 위하여 죽는다는 이야기를 우리가 어디서 들을 수 있겠습니까? 그런데 예수님이 우리에게 구원을 주시고 자유를 주려고 십자가에 죽으신 것은 바로 하나님의 사랑을 확증한 것입니다.

확증이라는 말은 대단히 소중합니다. 말한 바에 따른 약속을 지킨다는 뜻입니다. 그러면 하나님은 죄인을 위하여 자신을 희생하신다는 약속을 언제 하셨을까요? 창세기 3장에서 찾아보려고 합니다. 가시와 엉겅퀴 이야기입니다. 아담과 하와가 범죄하여 죽음이 들어왔습니다. 창세기 3장은 두 번이나 이것을 '저주'라고 했습니다. 사람이 죄를 지어 땅이 저주 받습니다. 그래서 사람은 평생 수고와 고생을 하고 결국은 흙으로 돌아가는 처지가 됩니다. 이것이 창세기 3장의 이야기입니다. 사람이 죄 아래에 있게 된 이유를 설명하고 있습니다.

그런데 성경은 죄 아래에 처한 사람에게 저주를 선고하는 것으로 마침표를 찍지 않습니다. 창세기 3장에는 구원에 대한 복음의 씨앗이 떨어지는 이야기도 있습니다. 즉 세 가지 구원의 예표가 있습니다.

첫째는, '여인의 후손이 뱀의 머리를 상하게 하리라'는 말씀입니다. 여기 나오는 여인의 후손은 하나님의 백성을 예표합니다. 그리고 무엇보다도 이 세상에 육신을 입고 오실 메시아 예수님을 예표합니다.

둘째는, '가죽옷'입니다. 하나님은 죄를 짓고 벗은 몸의 수치를 가죽옷으로 가려 주십니다. 하나님이 직접 지은 가죽옷입니다. 가죽은 동물이 죽어야 만들 수 있습니다. 아담과 하와의 죄의 수치를 가려 주기 위하여 동물이 희생되었음을 알 수 있습니다. 이것은 예수님이 십자가에서 피 흘려 죽으심으로 우리의 죄를 덮어 주시는 예표입니다. 그래서 예수님을 어린 양으로 표현합니다. 예수님은 성전에서 사람들의 죄를 가려 주기 위해 피 흘려 죽는 제물인 어린 양과 같은 분입니다.

그리고 셋째는, '가시와 엉겅퀴'입니다. 가시와 엉겅퀴는 땅이 저주를 받아 생겨나기 시작한 것들입니다. 저주의 상징입니다. 특히 가시는 저주와 황폐의 상징입니다. 죄로 말미암은 찌르는 고통이 바로 가시입니다. 그런데 예수님은 인간이 선고받은 이 저주의 가시를 자신이 받으십니다. 예수님은 머리에 가시관을 쓰고 영광의 광채인 얼굴에는 피가 흘러내립니다. 예수님이 저주를 받으셨다는 뜻입니다. 더 놀라운 것은 엉겅퀴입니다. 가시와 엉겅퀴가 함께 나오기 때문에 가시도 엉겅퀴도 다 저주를 나타내지만, 엉겅퀴의 이면에는 놀라운 것이 담겨 있습니다. 여러분이 엉겅퀴를 검색해 보십시오. 하나같이 약초라고 나옵니다. 스코틀랜드 왕실의 문장이 엉겅퀴입니다. 엉겅퀴라는 단어는 성경에 단 두 번만 언급되는 희귀한 단어입니다. 엉겅퀴에는 치유와 회복이 담겨 있습니다. 엉겅퀴는 참으로 놀라운 식물입니다. 하나님께서는 사람이 죄를 짓고 저주를 받는 상황에서 가시와 더불어 엉겅퀴를 언급하셨습니다. 그리고 마침내 성경은 이렇게 말씀하십니다. 이사야 53장 5절의 말씀입니다.

> 그가 찔림은 우리의 허물 때문이요 그가 상함은 우리의 죄악 때문이라 그가 징계를 받으므로 우리는 평화를 누리고 그가 채찍에 맞으므로 우리는 나음을 받았도다

찔림과 치유가 동시에 담겼습니다. 가시와 엉겅퀴에 대한 하나님의 사랑의 확증입니다. 이렇게 처음부터 하나님은 죄인을 회복하겠다는 약속을 성경에 담아 놓으셨습니다. 학자들은 이것을 원시 복음이라 부릅니다. 갈라디아서에 나오는 말씀을 읽음으로 말씀을 마

치겠습니다.

때가 차매 하나님이 그 아들을 보내사 여자에게서 나게 하시고 율법 아래에 나게 하신 것은 율법 아래에 있는 자들을 속량하시고 우리로 아들의 명분을 얻게 하려 하심이라 **갈 4:4-5**

그리스도께서 우리를 위하여 저주를 받은 바 되사 율법의 저주에서 우리를 속량하셨으니 기록된바 나무에 달린 자마다 저주 아래에 있는 자라 하였음이라 **갈 3:13**

그리스도께서 우리를 자유롭게 하려고 자유를 주셨으니 그러므로 굳건하게 서서 다시는 종의 멍에를 메지 말라 **갈 5:1**

Invite you to the Lord's table

풍성한 주님의 식탁으로 초대합니다

4부
이웃이 보이다

그런데 보아스가 주변을 살핍니다.

그의 눈에 들어온 첫 번째 사람은 일꾼들입니다.

그다음에는 이삭 줍는 여인들입니다.

바로 룻이 그의 밭에 들어와 있었던 것입니다.

이쯤에서 저는 잠깐 성경에 나오는 다른 이야기를 하고 싶습니다.

예수님이 들려주셨던 부자와 나사로 이야기입니다.

여러분, 부자가 죽어 음부에 떨어지는데

왜 그 고통스런 뜨거운 곳에 가게 되었을까요?

그가 날마다 잔치를 베풀고 살았기 때문일까요?

그가 부자였기 때문일까요?

기록은 없습니다. 하지만 암시는 있습니다.

거지 나사로가 그의 집 앞에 있었다는 것입니다.

− 본문 중에서−

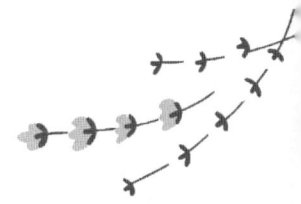

네가 후에는 따라오리라

[요 13:36-38]

시몬 베드로가 이르되 주여 어디로 가시나이까 예수께서 대답하시되 내가 가는 곳에 네가 지금은 따라올 수 없으나 후에는 따라오리라 베드로가 이르되 주여 내가 지금은 어찌하여 따라갈 수 없나이까 주를 위하여 내 목숨을 버리겠나이다 예수께서 대답하시되 네가 나를 위하여 네 목숨을 버리겠느냐 내가 진실로 진실로 네게 이르노니 닭 울기 전에 네가 세 번 나를 부인하리라

[요 21:17-22]

세 번째 이르시되 요한의 아들 시몬아 네가 나를 사랑하느냐 하시니 주께서 세 번째 네가 나를 사랑하느냐 하시므로 베드로가 근심하여 이르되 주님 모든 것을 아시오매 내가 주님을 사랑하는 줄을 주님께서 아시나이다 예수께서 이르시되 내 양을 먹이라 내가 진실로 진실로 네게 이르노니 네가 젊어서는 스스로 띠 띠고 원하는 곳으로 다녔거니와 늙어서는 네 팔을 벌리리니 남이 네게 띠 띠우고 원하지 아니하는 곳으로 데려가리라 이 말씀을 하심은 베드로가 어떠한 죽음으로 하나님께 영광을 돌릴 것을 가리키심이러라 이 말씀을 하시고 베드로에게 이르시되 나를 따르라 하시니 베드로가 돌이켜 예수

께서 사랑하시는 그 제자가 따르는 것을 보니 그는 만찬석에서 예수의 품에 의지하여 주님 주님을 파는 자가 누구오니이까 묻던 자더라 이에 베드로가 그를 보고 예수께 여짜오되 주님 이 사람은 어떻게 되겠사옵나이까 예수께서 이르시되 내가 올 때까지 그를 머물게 하고자 할지라도 네게 무슨 상관이냐 너는 나를 따르라 하시더라

얼마 전에 여러분 중의 한 분이 제게 이런 부탁을 하신 적이 있습니다. "목사님, 우리 교인들에게 구원의 확신에 대하여 말씀해 주시면 좋겠습니다." 그러면서 요즘에 교회 다니시는 분들 중에서 '지금 죽어도 천국에 갈 수 있느냐?'는 질문에 상당수가 대답을 하지 못한다는 언질도 주셨습니다. 여기 계신 우리 교인들에게도 이런 질문을 한다면 만족할 만한 결과가 나올지 의심스럽다는 것입니다.

구원의 확신! 참으로 쉽지 않은 문제입니다. 잘못하면 구원파 같은 이단으로 갈 수도 있고, 혹은 "열심히 해봐야죠" 하면서 '노력해야 한다'는 행위구원으로 빠질 수도 있습니다. 하지만 우리가 성경으로 돌아가서 하나님이 주시는 구원의 메시지를 살펴본다면 어려울 것 하나 없습니다.

한번은 부자가 예수님을 찾아 우리가 묻는 이 질문을 했는데, 결국 이 부자는 근심만 잔뜩 가지고 예수님을 떠났습니다. 예수님은 그가 떠난 후 이런 말씀을 남기십니다.

예수께서 그를 보시고 이르시되 재물이 있는 자는 하나님의 나라에 들어가기가 얼마나 어려운지 낙타가 바늘귀로 들어가는 것이 부자가

하나님의 나라에 들어가는 것보다 쉬우니라 하시니 **눅 18:24-25**

이 말씀을 듣는 사람들이 적이 놀랐던 것 같습니다. 그래서 이렇게 반문합니다. "그러면 누가 구원을 얻을 수 있나요?" 이때 예수님은 아주 귀한 대답을 남기셨습니다. "무릇 사람이 할 수 없는 것을 하나님은 하실 수 있느니라"(눅 18:27). 누가복음 18장 18절에서 30절에 나오는 이야기입니다. 사람이 하려고 하면 한없이 어렵고 하나님이 하시면 넉넉히 되는 것이 구원입니다. 성경은 이렇게 선포합니다. 요한복음 3장 16절입니다.

> 하나님이 세상을 이처럼 사랑하사 독생자를 주셨으니 이는 그를 믿는 자마다 멸망하지 않고 영생을 얻게 하려 하심이라

제가 잘 알려진 이 성구를 인용한 것은, 구원의 핵심이 예수님께 있음을 이 구절이 잘 선포하고 있기 때문입니다. 하나님은 우리를 구원하시기 위하여 예수님을 우리에게 보내셨습니다. 그러므로 누구든지 예수님을 따르면 구원이 있습니다. 예수님을 찾았던 부자가 영생을 얻지 못한 이유는 단 한 가지입니다. 근심하면서 예수님을 떠나갔기 때문입니다. 그래서 베드로가 바로 이런 말을 예수님께 드립니다. 누가복음 18장 28-30절입니다.

> 베드로가 여짜오되 보옵소서 우리가 우리의 것을 다 버리고 주를 따랐나이다 이르시되 내가 진실로 너희에게 이르노니 하나님의 나라를 위하여 집이나 아내나 형제나 부모나 자녀를 버린 자는 현세에 여러

배를 받고 내세에 영생을 받지 못할 자가 없느니라 하시니라

예수 따라가는 것, 여기에 구원이 있습니다. 예수 따르는 길, 여기에 교회의 방향이 있습니다. 성경은 이것을 복음이라고 부릅니다. 사도 바울은 '복음이 예수를 믿는 모든 자에게 구원을 주시는 하나님의 능력'이라고 로마서 1장에 썼습니다. 고린도전서에서는 십자가에 못 박힌 그리스도를 십자가의 도라고 하면서 십자가의 도가 바로 우리를 구원하시는 하나님의 지혜와 능력이라고 선포합니다.

그러면 다시 질문해 보겠습니다. "당신은 구원의 확신이 있습니까? 지금 죽으면 천국에 갈 수 있습니까?" 이렇게 묻지 말고 "당신은 지금 예수님을 따라가고 있습니까?"라고 물어 보는 것입니다. 나는 무엇이라고 대답할지 생각해 보세요. 예수님이 지금 우리를 부르고 계십니다. "나를 따르라." 이 부르심에 "예!" 하고 따라 나선 사람에게 하나님은 구원이라는 선물을 주십니다.

무척 간단하죠? 너무 쉽습니다! 하지만 그래서 어렵습니다. 중세 천주교처럼 면죄부를 사라면 돈 가지고 올 텐데, 금식기도 하고 고행을 하라면 할 수도 있을 텐데, 그런 것이 아니라 예수님을 따라가는 것이 전부이기 때문에, 인간은 오히려 아리송해하며 구원을 복잡하게 만들어 버립니다.

한 번은 어떤 사람이 예수님께 "주여 구원을 받는 자가 적으니이까?"라고 물었습니다. 이에 대한 예수님의 대답은 "좁은 문으로 들어가기를 힘쓰라!"입니다. 이어서 "우리가 주 앞에서 먹고 마셨으며 주님이 우리를 가르치셨습니다. 구원의 문을 열어 주소서" 하는 자들

에게 "나는 너희를 알지 못한다. 행악하는 자들아 나를 떠나가라" 고 말씀하십니다. 이것이 누가복음 13장 22절 이하에 나옵니다. 마 태복음 7장과 평행으로 같은 내용입니다. 마태복음 7장 13절에는 "좁은 문으로 들어가라" 하셨고, 마태복음 7장 21-23절에는 "나더러 주여 주여 하는 자마다 다 천국에 들어갈 것이 아니요 다만 하늘 에 계신 내 아버지의 뜻대로 행하는 자라야 들어가리라 그날에 많 은 사람이 나더러 이르되 주여 주여 우리가 주의 이름으로 선지자 노릇 하며 주의 이름으로 귀신을 쫓아 내며 주의 이름으로 많은 권 능을 행하지 아니하였나이까 하리니 그때에 내가 그들에게 밝히 말 하되 내가 너희를 도무지 알지 못하니 불법을 행하는 자들아 내게 서 떠나가라"고 말씀하십니다. 같은 내용이죠? "주여 구원을 받는 자 가 적으니이까?" 물었을 때 하신 말씀과 동일합니다. 그러므로 여기 서 말하는 좁은 문으로 들어가라는 것은 예수님 따라가는 길을 말 한다는 것을 알 수 있습니다.

그런데 너무나 많은 사람들이 자기의 길을 가면서 "주여 주여" 합 니다. 중요한 것은 입으로 "주여"를 부르는 것이 아니라 예수님을 따 라가는 것입니다. 교회는 바로 예수님을 따라가는 사람들의 모임입 니다. 예수님을 따라가지 않으면 더 이상 교회가 아닙니다. 구원은 예수님을 따르는 자에게 있습니다. 그러므로 구원의 확신은 감정도 아니고 그저 교리에 불과한 것도 아닙니다. 구원은 예수님을 따라가 는 것입니다. 그래서 우리는 계속 물어야 합니다. "나는 지금 누구를 따라가고 있지? 혹시 엉뚱한 자를 따라가지 않나?" 죄송한 표현이지 만 예수님을 따라가는 교회에 공자님이 계실 수도 있습니다. 바로 장유유서, 서열을 중시하는 것입니다. 그러나 예수님은 큰 자는 섬기는 자라고 하십니다.

　사실 예수님 말고 다른 이를 따라가는 것보다 더 위험하고 흔한 것은 바로 내가 예수님 앞에 서는 것입니다. 예수님을 향해 '이리로 저리로' 하며 내 뜻대로 가자는 것입니다. 베드로가 이런 모습을 보였습니다. 그것이 마태복음 16장 이야기입니다. 베드로는 예수님이 누구신지 정확한 고백을 합니다. '예수는 그리스도, 하나님의 아들' 이것을 아는 것은 매우 중요합니다. 이 고백 위에 교회가 세워지기 때문입니다. 마태복음은 '이때로부터 예수 그리스도께서 자기가 고난을 받고 죽임을 당하고 제삼일에 살아나야 할 것을 비로소 나타내셨다'고 전합니다. '이때로부터, 비로소'라는 단어가 나오는 것을 볼 때, 아무나 예수님을 따라가는 것이 아님을 알 수 있습니다. 사람은 영적 눈이 열려 예수를 '구세주요, 하나님의 아들'로 알아야만 비로소 예수님이 가신 길을 볼 수 있습니다.

　베드로가 이 고백을 하고 예수님의 십자가의 길을 들었습니다. 그런데 이때 베드로는 "안 됩니다!"라며 예수님께 '항변'합니다. 항변이란 매우 강경한 표현의 단어입니다. 비난하고 꾸짖는다는 뜻입니다. 베드로가 예수님이 보이신 길에 대하여 비난하고 꾸짖습니다. 이때 예수님이 하신 말씀이 무엇입니까? 마태복음 16장 23-24절을 봅시다.

예수께서 돌이키시며 베드로에게 이르시되 사탄아 내 뒤로 물러 가라 너는 나를 넘어지게 하는 자로다 네가 하나님의 일을 생각하지 아니하고 도리어 사람의 일을 생각하는도다 하시고 이에 예수께서 제자들에게 이르시되 누구든지 나를 따라오려거든 자기를 부인하고 자기 십자

가를 지고 나를 따를 것이니라

지금 베드로는 예수님을 따라가는 것이 아니라 예수님 앞에 나섰습니다. 이게 제일 어렵습니다. 우리가 예수님을 따르는 길에서 가장 어려운 장애물은 바로 자기 자신입니다. 예수님을 따라가지 않고 내 생각대로 길을 가려고 합니다. 그러나 그 끝에는 구원이 없습니다. 왜 그럴까요? 두 가지로 나누어 생각해 봅시다.

첫째, 능력 부족입니다. 본문 요한복음 13장을 보겠습니다. 예수님이 자신이 가시는 길에 대한 말씀을 하셨습니다. 바로 아버지께로 가신다는 말씀입니다. 베드로는 "주여 어디로 가시나이까?"라고 묻는데 예수님은 아주 묘한 대답을 하십니다. "내가 가는 곳에 네가 지금은 따라올 수 없으나 후에는 따라오리라"(36절). 예수님을 따라간다는 것에 대하여는 베드로가 어느 정도 자신한 것 같습니다.

베드로는 배와 그물을 다 버리고 예수님을 따라나섰습니다. 때로는 험한 꼴을 보면서도 늘 예수님 곁을 지켰던 베드로입니다. 그런데 지금은 따라올 수 없다는 말씀을 듣습니다. 그래서 베드로는 이렇게 당돌하게 말합니다. "주여, 내가 지금은 어찌하여 따라갈 수 없나이까? 주를 위하여 내 목숨을 버리겠나이다." 예수님은 이렇게 대답하십니다. "네가 나를 위하여 네 목숨을 버리겠느냐? 내가 진실로 진실로 네게 이르노니 닭 울기 전에 네가 세 번 나를 부인하리라."

우리는 그 후로 베드로가 얼마나 허망하고 무능하게 무너졌는지 잘 알고 있습니다. 닭 울기 전, 그 무섭고 추운 날, 어둠과 악이 깊은 때, 베드로는 한갓 계집 종 앞에서 예수님을 세 번이나 부인하고 저주까지 합니다. 일찍이 주님은 인생의 연약함을 잘 알고 계셨습니다. 사람은 그 스스로의 힘으로 예수님을 따라갈 수 없습니다. 그가 진실하지 못하기 때문도 아니고 믿음이 없기 때문도 아닙니다. 약하기 때문입니다. 그래서 예수님은 이렇게 말씀하십니다. "마음은 원이로되 육신이 약하도다!" 사탄이 밀 까부르듯 한 날에 베드로의 결심은 여지없이 무너져 내렸습니다. 이것이 예수님이 말씀하시는 "지금은 네가 나를 따라올 수 없으나"입니다.

그러면 "후에는 나를 따라오리라"는 말씀은 무슨 뜻일까요? 예수님의 부활과 이후에 오신 성령님의 권능을 받은 후라는 뜻입니다. 베드로가 부활의 주님을 만납니다. 예수님의 부활은 베드로의 인생을 뒤집어 놓았습니다. 모든 것이 죽음으로 끝이라는 생각이 지배하는 인생에서 부활은 그냥 삶을 뒤집어 놓습니다. "나를 믿는 자는 죽어도 살겠고!"라는 말씀이 현실이 되면 더 이상 죽을까 봐 벌벌 떠는 인생에서 벗어날 수 있습니다. 부활하신 예수님은 베드로를 찾아오시며 "나를 따르라" 명하십니다. 그리고 성령을 부어 주십니다. 이후로 베드로는 능히 예수님을 따라가게 되었습니다.

사도행전을 보십시오. 대제사장이 베드로를 옥에 가두고 죽이려 합니다. 서슬이 시퍼런 공회 앞에 세웁니다. 하지만 베드로를 비롯한 교회는 성령이 충만하여 담대히 하나님의 말씀을 전합니다. 오늘날의 교회는 담대합니까, 아니면 비굴합니까? 그것은 교회가 능력을 어디에 두고 있느냐에 달렸습니다. 사도 바울은 고린도후서 1장 8-9절에서 이런 간증을 합니다.

> 형제들아 우리가 아시아에서 당한 환난을 너희가 모르기를 원하지 아니하노니 힘에 겹도록 심한 고난을 당하여 살 소망까지 끊어지고 우리는 우리 자신이 사형 선고를 받은 줄 알았으니 이는 우리로 자기를 의지하지 말고 오직 죽은 자를 다시 살리시는 하나님만 의지하게 하심이라

우리가 우리 자신을 의지하면 결국은 비굴해집니다. 베드로처럼 무너질 수밖에 없습니다. 하지만 부활의 주님, 성령의 능력을 의지하면 교회는 담대해집니다! 교회가 부활의 주님을 모르면 결코 예수님을 따라갈 수 없습니다. 하지만 부활의 주님, 성령의 권능을 알고부터는 능히 예수님을 따라갈 수 있습니다.

둘째, 왜 사람의 생각으로는 예수님을 따를 수 없는 것일까요? 십자가의 사랑을 알지 못하기 때문입니다. 예수님의 십자가는 하나님의 사랑의 능력입니다. 예수님이 고난을 받고 십자가를 지고 죽으실 것을 말하자 베드로가 항변합니다. 인간적으로 그것은 패배를 뜻하는 것으로 보였기 때문입니다. 그러나 예수님은 십자가는 패배가 아니라 승리라고 하십니다. 사실 우리도 십자가를 원하지 않습니다. 십자가를 지고 가시는 예수님을 따르는 일에 본능적으로 주저합니다.

하지만 고린도전서 1장 18절을 보면 "십자가의 도가 멸망하는 자들에게는 미련한 것이요 구원을 받는 우리에게는 하나님의 능력이라"고 합니다. 십자가 앞에서 사람들은 둘로 딱 나뉩니다. 하나는 십자가라는 방법을 택하신 하나님의 일을 '미련하다'고 보는 자들입니다. 인간의 생각과 하나님의 방법이 충돌하는 것입니다.

또 하나는 '십자가가 하나님의 능력이구나!' 하는 사람입니다. 그가 구원받는 사람입니다. 십자가는 언뜻 보기에는 고통 속에 패배하는 것 같지만, 그 안에는 무궁한 하나님의 사랑이 들어 있습니다. 하나님이 사랑하셔서 된 십자가입니다. 만약에 사랑하지 않으신다면 불같은 진노만이 이 세상에 쏟아질 것입니다. 그런데 하나님은 죄인을 사랑하셨습니다. 그리고 은혜로 우리를 구원하셨습니다. 오직 십자가의 사랑만이 이 세상을 악에서 구합니다.

이 세상에는 악이 있습니다. 악을 이기는 유일한 방법은 선입니다. 악으로 악을 갚으면 악은 더 커지기만 합니다. 악을 이기는 방법, 지옥을 천국으로 만드는 방법, 죄인을 의인으로 바꾸는 비결은 바로 선으로 악을 대하는 것입니다. 선은 하나님의 마음입니다. 공의와 더불어 선하신 하나님은 예수님의 십자가로 공의와 사랑을 다 이루셨습니다. 이로써 마귀는 패하고, 죄악은 사함 받고, 지옥의 문은 닫혔습니다. 하나님이 십자가의 사랑으로 승리하신 것입니다.

앞에서 야곱의 열두 아들 이야기를 나눴습니다. 형들이 요셉을 미워하고 시기하여 끔찍한 악을 저질렀습니다. 르우벤은 요셉이 없어진 것을 알고 "나는 어디로 갈까?" 탄식합니다. 아버지가 보낸 요셉을 잃은 상태로는 아버지의 집으로 나아갈 수 없음을 말하는 것입니다. 이렇게 야곱의 집이 지옥과 같이 변합니다. 깊은 슬픔과 무거운 침묵이 오랜 세월 야곱의 집을 덮었습니다. 그러는 사이 애굽에 종으로 팔려간 요셉은 고난의 세월을 보냈습니다. 요셉은 낮아지고 또 낮아져서 심연의 밑바닥에 떨어졌습니다. 그리고 그 후에 요셉은 세상의 구원자가 되어 형들을 비롯한 식구들을 만납니다.

여기서 우리는 사랑이 어떻게 증오를 물리쳤는지를 보게 되지 않습니까? 요셉은 원한을 품거나 원수 갚는 것을 생각지 않습니다. 이 모든 일이 하나님이 하신 일이라고 말합니다. 자신은 하나님의 뜻을 따랐을 뿐이라고 고백합니다. 요셉이라고 왜 보복하고 싶지 않았겠습니까? 지렁이도 밟히면 꿈틀거린다고 하지 않습니까? 그러나 요셉은 형들이 자기를 노예로 판 것은 '하나님이 나를 애굽에 먼저 보내신 것'이라고 말합니다. 그리고 모든 형제들, 열두 명의 아들이 아버지 야곱에게로 나아갑니다. 요셉이 데리고 나아간 것입니다.

이 이야기는 요셉의 이야기이며 바로 예수님의 이야기입니다. 예수님은 십자가에서 하나님의 뜻을 따라 하나님의 사랑을 이루셨습니다. 예수님은 그야말로 요셉처럼 인생의 심연까지 내려가는 '낮춤'을 십자가에서 경험하셨습니다. 빌립보서와 골로새서를 연결해 읽으면 이런 말씀이 됩니다.

'예수님은 하나님의 본체이시지만 오히려 자기를 비워 종의 형체를 가져 사람의 모양으로 나타나사 자기를 낮추시고 죽기까지 복종하셨으니 곧 십자가에 죽으심이라. 이로써 통치자들과 권세들을 무력화하여 드러내어 구경거리로 삼으시고 십자가로 그들을 이기셨느니라.'

이것이 예수님의 십자가입니다. 그리고 예수님은 미움과 다툼과 시기와 질투로 범벅이 된 우리들을 모아 하나님의 사랑으로 하나 되게 하시고 아버지 하나님께로 우리를 데려가십니다. 교회는 예수님 이야기입니다. 그것이 교회입니다. 교회는 건물도 아니고 조직도 아닙니다. 그리고 세상에서 주류도 아닙니다. 주류가 되고자 하면 그때부터 다툼과 투쟁이 시작됩니다. 그래서 교회는 주류가 되고자 할 수 없습니다.

그럼에도 교회는 세상을 구원하는 곳입니다. 왜냐하면 여기에 하나님의 사랑이 있기 때문입니다. 교회는 십자가에서 죽으신 예수님을 따르는 사람들의 모임이며 삶입니다. 여기에 구원이 있고, 여기에서 사람들은 영생을 누립니다. 우리는 흔히 구원이나 영생을 같은 의미로 이해합니다. 그런데 영생은 이런 것입니다. 영생은 사람이 죽지 않고 계속 산다는 데 초점이 있는 것이 아니라, 하나님의 사랑 안에서 누리는 형제애가 지속됨에서 그 의미를 나타냅니다. 그래서 시편 133편 1절과 3절은 영생을 이렇게 노래합니다.

> 보라 형제가 연합하여 동거함이 어찌 그리 선하고 아름다운고 …거기서 여호와께서 복을 명령하셨나니 곧 영생이로다

요즘에 교회에 대한 이런 이야기를 들었습니다. 교회가 변해야 되는데 다음과 같이 개념을 바꿔야 한다는 것입니다. 세 가지입니다. '첫째, 성을 쌓는 교회에서 길을 닦는 교회로, 둘째, 종교 생활의 예배에서 삶으로의 예배로, 셋째, 죽어서 천당 가는 신앙에서 이 땅에서 하나님 나라를 살아가는 교회'로 바뀌어야 한다는 것입니다. 한번 깊이 생각해 보아야 할 개념들입니다.

우리 한국 기독교인들은 이상하게도 구원을 죽어서 천당 가는 것으로 좁혀 말해 왔습니다. 그래서 '죽어서 천당 가는 신앙에서 이 땅에서 하나님 나라를 살아가는 교회로'라고 말하면 낯설어 합니다. 실은 둘 다 천국입니다. 그래서 '내 주 예수 모신 곳이 그 어디나 하

늘나라'라고 하지 않습니까? 지금 여기서, 예수님을 모시고 따라가는 그곳에 하나님의 나라가 있고 구원이 있습니다.

그런데 예수 따라가는 길은 십자가의 길입니다. 왜냐하면 그것은 사랑하는 길이기 때문입니다. 죄 많은 이 세상에서 사랑의 길을 가려고 할 때는 반드시 십자가의 고통이 따르기 마련입니다. 사랑하기에 참아야 하고, 사랑하기에 말도 곱게 해야 하고, 사랑 때문에 무례함을 버려야 합니다. 그냥 바보 되는 것입니다.

> 사랑은 오래 참고 사랑은 온유하며 시기하지 아니하며 사랑은 자랑하지 아니하며 교만하지 아니하며 무례히 행하지 아니하며 자기의 유익을 구하지 아니하며 성내지 아니하며 악한 것을 생각하지 아니하며 불의를 기뻐하지 아니하며 진리와 함께 기뻐하고 모든 것을 참으며 모든 것을 믿으며 모든 것을 바라며 모든 것을 견디느니라 **고전 13:4-7**

이웃이 보이다

[룻 2:1-13]

나오미의 남편 엘리멜렉의 친족으로 유력한 자가 있으니 그의 이름은 보아스더라 모압 여인 룻이 나오미에게 이르되 원하건대 내가 밭으로 가서 내가 누구에게 은혜를 입으면 그를 따라서 이삭을 줍겠나이다 하니 나오미가 그에게 이르되 내 딸아 갈지어다 하매 룻이 가서 베는 자를 따라 밭에서 이삭을 줍는데 우연히 엘리멜렉의 친족 보아스에게 속한 밭에 이르렀더라 마침 보아스가 베들레헴에서부터 와서 베는 자들에게 이르되 여호와께서 너희와 함께하시기를 원하노라 하니 그들이 대답하되 여호와께서 당신에게 복 주시기를 원하나이다 하니라 보아스가 베는 자들을 거느린 사환에게 이르되 이는 누구의 소녀냐 하니 베는 자를 거느린 사환이 대답하여 이르되 이는 나오미와 함께 모압 지방에서 돌아온 모압 소녀인데 그의 말이 나로 베는 자를 따라 단 사이에서 이삭을 줍게 하소서 하였고 아침부터 와서는 잠시 집에서 쉰 외에 지금까지 계속하는 중이니이다 보아스가 룻에게 이르되 내 딸아 들으라 이삭을 주우러 다른 밭으로 가지 말며 여기서 떠나지 말고 나의 소녀들과 함께 있으라 그들이 베는 밭을 보고 그들을 따르라 내가 그 소년들에게 명령하여 너를 건드리지 말라 하였느니라 목이 마르거든 그릇에 가서 소년들이 길어 온 것을 마실지니라 하는지라 룻이 엎드려 얼굴을 땅에 대고 절하며 그에게 이르되 나는 이방 여인이거늘 당신이 어찌하여 내게 은혜를 베푸시며 나를 돌보시나이까 하니 보아스가 그에게 대답하여 이르되 네 남편이 죽은 후로 네가 시어머니에게 행한 모든 것과 네 부모와 고국을 떠나 전에 알지 못하던 백성에게로 온 일이 내게 분명히 알려졌느니라 여호와께서 네가 행한 일에 보답하시기를 원하며 이스라엘의 하나님 여호와께서 그의 날개 아래에 보호를 받으러 온 네게 온전한 상 주시기를 원하노라 하는지라 룻이 이르되 내 주여 내가 당신께 은혜 입기를 원하나이다 나는 당신의 하녀 중의 하나와도 같지 못하오나 당신이 이 하녀를 위로하시고 마음을 기쁘게 하는 말씀을 하셨나이다 하니라

전통적으로 유대인들은 맥추절에 룻기를 읽어왔습니다. 왜 하나님의 백성들이 맥추절이라는 절기에 룻기를 읽는 것일까요? 과연 이들은 하나님께서 룻기를 통하여 하나님의 백성들에게 주시려는 어떠한 메시지를 발견하려는 것일까요?

룻기는 모압 여인 룻의 이야기입니다. 우리는 흔히 이방 여인 룻이 시어머니 나오미를 따라 여호와 하나님을 믿게 되는 이야기로 룻기를 대했습니다. 룻이 하나님을 믿게 되는 과정은 참으로 귀하고 소중합니다. 하지만 이것이 맥추절에 룻기를 읽는 이유는 아닙니다. 또한 룻기에는 룻과 보아스가 만나 결혼하는 이야기가 드라마틱하게 전개됩니다. 하지만 이 두 사람의 로맨스도 맥추절에 룻기를 읽는 이유는 아닙니다. 아니, 룻기에는 아예 로맨틱한 로맨스가 없습니

다. 그러면 도대체 룻기가 맥추절에 읽히는 이유는 무엇일까요? 그것은 바로 이웃에 대한 이야기이기 때문입니다. 하나님의 백성들이 이웃을 어떻게 대하고 살아야 하는지를 보여주는 책이 바로 룻기입니다. 그 배경은 이렇습니다.

맥추절은 유월절 후 49일이 되는 때의 절기입니다. 그래서 다른 표현으로 칠칠절이라고 합니다. 한 주간의 칠일을 일곱 번하면 49일이 되기 때문에 칠칠절이라 명명한 것입니다. 정리해 보면, 맥추절은 칠칠절이라고도 부르는데 모두 같은 절기에 대한 다른 이름입니다. 여기서 중요한 것은, 이 49일이 유월절이 기준이라는 것입니다. 맥추절의 시작점이 유월절입니다. 그러므로 유월절에 대한 개념이 없이는 맥추절에 대한 바른 이해를 할 수가 없습니다.

여러분! 유월절이 무엇입니까? 이스라엘 백성이 애굽의 노예에서 해방된 날입니다. 이스라엘 백성은 400년이 넘게 애굽의 노예로 있었습니다. 이 비참한 상태에서 저들이 구원을 받은 것은 자력이 아닙니다. 전적으로 하나님의 은혜였습니다. 이 은혜를 받은 하나님의 백성이 출애굽 하여 광야로 나왔습니다. 이제 이스라엘 백성은 더이상 노예가 아닙니다. 하나님께서 이들을 하나님의 소유, 제사장 나라, 거룩한 백성으로 삼으셨기 때문입니다.

사람이 노예로 산다는 것과 하나님의 소유, 제사장 나라, 거룩한 백성으로 산다는 것은 차원이 다릅니다. 하루하루 마지못해, 죽지 못해 사는 것과 세상의 축복의 통로로 사는 것이 어떻게 같을 수 있겠습니까? 하나님께서는 이스라엘 백성에게 이것을 가르쳐 주시는 것입니다. 그래서 유월절, 즉 출애굽 한 날로부터 49일이 되는 날에 대단히 중요한 것을 이들에게 내려 주십니다. 시내 산에서 모세에게 율법을 주셨습니다. 이스라엘 백성이 하나님께로부터 율법을 받은 날이 바로 칠칠절입니다. 율법을 받은 이스라엘 백성이 젖과 꿀이 흐르는 가나안 땅에 들어와 정착하였습니다.

이들이 매년 이 칠칠절을 기억합니다. 그런데 마침 이때가 가나안 땅에서는 밀과 보리를 추수하는 때입니다. 맥추는 밀과 보리라는 뜻입니다. 밀과 보리라는 소중한 양식을 추수하는 시기와 하나님의 백성들의 정체성에 대한 귀한 율법을 받은 날이 같은 날이 되었습니다. 그래서 이스라엘 백성은 맥추절을 지키며 하나님의 말씀을 받은 것을 상기했던 것입니다.

룻기는 하나님이 주신 율법이 잘 녹아 있는 책입니다. 사실 율법은 법이기 때문에 어렵고 딱딱하고 지루해 보입니다. 육법전서하면 무슨 생각이 드십니까? 고시생입니다. 법관이 되려면 그 두꺼운 육법전서를 달달 외워야 합니다. 매우 힘들고 지루한 공부일 것입니다. 모세에게 주신 율법도 그런 면이 있습니다. 물론 하나님의 말씀으로 주어진 것이기에 은혜가 되고 소중하지만 지루하고 어려운 면이 있습니다. 하지만 이 율법을 이야기로 만들면 어떻겠습니까? 율법을 살아 낸 사람들의 이야기라면 재미있지 않을까요? 바로 룻기가 그런 책입니다. 룻기는 하나님의 은혜를 받은 하나님의 백성들의 이야기입니다.

룻기에 나오는 인물들은 율법으로 지식적 강의를 하지는 않습니다. 반면 이들에게 율법은 고스란히 그들의 삶에 녹아들어 있습니다. 그래서 룻기에 나오는 인물들을 자세히 살펴보면 하나님의 율법이 무엇인지 쉽게 알게 됩니다. 그리고 우리도 그렇게 살 수 있음을 알게 됩니다. 이것이 룻기입니다. 또한 이것이 룻기를 맥추절에 읽어 온 이유입니다.

한번은 어떤 율법사가 예수님을 찾아왔습니다. 율법사란 모세오경에 나오는 율법의 전문가입니다. 그가 예수님께 묻습니다. "선생님 율법 중에서 어느 계명이 가장 큽니까?" 모세 율법이 613조항입니다. 그런데 이 많은 항목 중에 첫째가 무엇인지를 묻는 것입니다. 이 질문의 중요성은, 이것을 알면 모든 율법 조항의 근간이 무엇인지를 깨닫게 된다는 데 있습니다. 예수님이 대답하셨습니다.

'하나님 사랑, 이웃 사랑, 이 두 계명이 온 율법과 선지자의 강령이니라'(마 22:34-40).

강령이란 '매달다'라는 뜻인데, 이 두 계명에 613계명이 다 매달려 있다는 뜻입니다. 그러므로 이 두 계명이 깨지면 모든 계명이 다 무너집니다. 다 떨어져 버립니다. 이렇게 중요한 계명이 하나님 사랑, 이웃 사랑입니다. 그리고 룻기는 이 두 계명이 중심이 되어 엮여나가는 사람들의 이야기입니다. 그러면 룻기로 가서 하나님을 사랑하는 사람들이 어떻게 그 이웃을 사랑하는지를 살펴보겠습니다. 등장인물 별로 살펴보는 것이 좋겠습니다.

먼저 보아스입니다. 보아스는 '유력한 자'입니다. 부자라는 뜻입니다. 히브리어 '하일'과 '깁보르'라는 두 단어를 합친 말입니다. 둘 다 '힘', '강력함'을 나타내는 단어입니다. 이렇게 겹치기로 능력이 있는 자라는 뜻을 담은 보아스가 자기 밭의 보리를 추수합니다. 당시는 농경 시대이기 때문에 농사가 잘되거나 목축이 잘되는 것이 중요했습니다. 그러니 보아스가 보리를 추수하는 날은 그야말로 기쁘고도 기쁜 날이었을 것입니다. 부자가 더 부자가 되는 날입니다. 얼마나 신나겠습니까?

그런데 보아스가 주변을 살핍니다. 그의 눈에 들어온 첫 번째 사람은 일꾼들입니다. 그다음에는 이삭 줍는 여인들입니다. 바로 룻이 그의 밭에 들어와 있었던 것입니다. 이쯤에서 저는 잠깐 성경에 나오는 다른 이야기를 하고 싶습니다. 예수님이 들려주셨던 부자와 나사로 이야기입니다. 여러분, 부자가 죽어 음부에 떨어지는데 왜 그 고통스런 뜨거운 곳에 가게 되었을까요? 그가 날마다 잔치를 베풀고 살았기 때문일까요? 그가 부자였기 때문일까요? 기록은 없습니다. 하지만 암시는 있습니다. 거지 나사로가 그의 집 앞에 있었다는 것입니다. 누가복음에는 이렇게 쓰여 있습니다. 누가복음 16장 19-21절입니다.

> 한 부자가 있어 자색 옷과 고운 베옷을 입고 날마다 호화롭게 즐기더라 그런데 나사로라 이름하는 한 거지가 헌데 투성이로 그의 대문 앞에 버려진 채 그 부자의 상에서 떨어지는 것으로 배불리려 하매 심지어 개들이 와서 그 헌데를 핥더라

이게 끝입니다. 그다음에 그냥 죽어 장례했답니다. 이 부자의 죄는 율법에 있습니다. 자기 집 앞의 도움을 필요로 하는 자는 도와야 한다는 하나님의 율법입니다. 그런데 부자는 거지 나사로를 보지 않았습니다. "그의 대문 앞에 버려진" 거지가 있었지만 그와는 아무 상관없이 살다가 죽은 것입니다. 그래서 그가 음부에 떨어졌다는 해석입니다. 그런데 이 부자와는 달리 보아스라는 부자는 자신의 밭을

살핍니다. 자기 일꾼들도 살피고 자기 밭에 들어와 이삭을 주워 연명하는 가련한 여인도 살핍니다. 보아스의 눈에 이들이 들어온 것입니다.

그리고 보아스는 이들에게 친절합니다. '내 밭에서 있어라, 목마르거든 우리 물 마셔라, (식사할 때) 이리로 와서 같이 먹자.' 보아스의 친절은 이런 물질적인 것뿐이 아니었습니다. 자상하게 룻의 형편을 살피며 칭찬하고 위로하고 또 영적으로 축복합니다.

> 여호와께서 네가 행한 일에 보답하시기를 원하며 이스라엘의 하나님 여호와께서 그의 날개 아래에 보호를 받으러 온 네게 온전한 상 주시기를 원하노라 하는지라 **12절**

그리고 또 하나 있습니다. 보아스는 사환들에게 명합니다. "이 여인을 건드리지 말라." '해코지하지 말라, 성가시게 하거나 간섭하지 말라'는 뜻입니다. 그리고 더 나아가서는 이렇게 명합니다. 15-16절입니다.

> 룻이 이삭을 주우러 일어날 때에 보아스가 자기 소년들에게 명령하여 이르되 그에게 곡식 단 사이에서 줍게 하고 책망하지 말며 또 그를 위하여 곡식 다발에서 조금씩 뽑아 버려서 그에게 줍게 하고 꾸짖지 말라 하니라

여러분, 이런 보아스의 모든 친절한 언행들이 모두 하나님이 주신 율법에 기록된 것임을 알고 있습니까? 하나님께서는 신명기 24장 19

절에서 이렇게 말씀하셨습니다.

> 네가 밭에서 곡식을 벨 때에 그 한 뭇을 밭에 잊어버렸거든 다시 가서 가져오지 말고 나그네와 고아와 과부를 위하여 남겨두라 그리하면 네 하나님 여호와께서 네 손으로 하는 모든 일에 복을 내리시리라

곡식만이 아닙니다. 감람나무와 포도나무 열매도 다 따지 말라고 말씀하셨습니다. 그리고 이렇게 하는 이유에 대하여 하나님은 분명히 밝히십니다. 신명기 24장 22절입니다.

> 너는 애굽 땅에서 종 되었던 것을 기억하라 이러므로 내가 네게 이 일을 행하라 명령하노라

유월절 정신으로 하라는 것입니다. 이렇게 맥추절은 유월절로 인하여 지켜지는 절기입니다. 보아스는 하나님이 명하신 이 율법의 정신을 따라 이웃을 살피고 친절로 대하였습니다.

둘째로 등장하는 인물은 사환들입니다. 본문 5절을 보면 보아스에게는 추수 일꾼들과 더불어 이들을 거느린 사환들이 있습니다. 9절은 사환을 소년이라고도 번역합니다. 아마도 젊은 사람들인 듯합니다. 흥미로운 것은 '사환'이라는 단어입니다. 학자들은 이 단어가 '으르렁거리다'라는 말에서 유래된 것이라고 말합니다. 젊은이가 힘이 넘쳐 소리 지르는 모습에서 파생된 단어라는 것입니다. 보아스는 이런 사환들에게 명합니다. '책망하지 말고 꾸짖지 말라. 건드리지 말라.'

여러분, 주인이 아무리 마음이 좋아도 그 밑에서 명을 수행하는 사람이 일을 틀어 버리면 친절은 물거품이 됩니다. 하나님의 율법은 윗사람에게만 의미가 있는 것은 아닙니다. 사실 실무자가 현장에서는 갑이요 왕 노릇 하는 것 아니겠습니까? 그래서 보아스의 친절도 중요하지만 사환의 친절도 중요합니다. 성경은 사환들에게 따로 주시는 말씀들이 있습니다. 제가 베드로전서 2장 18절을 읽어 보겠습니다.

> 사환들아 범사에 두려워함으로 주인들에게 순종하되 선하고 관용하는 자들에게만 아니라 또한 까다로운 자들에게도 그리하라

다른 성경에서는 '종들아'라는 말로 되어 있습니다. 성경 여러 곳에 이들에게 주시는 말씀이 있습니다(엡 6:5; 골 3:22; 딤전 6:1; 딛 2:9). 사실 고대에 노예들은 하나님의 말씀을 받을 위치에 있지 않았습니다. 이들에게는 말씀을 주실 필요가 없습니다. 종은 명령을 지키지 않으면 그냥 죽였습니다. 그런데 하나님께서는 이들에게 말씀을 주십니다. 이들을 인격으로 인정하시는 것입니다. 사환에게 율법의 정신이 들어갈 때 그는 더 이상 사환에 머무는 존재가 아닙니다. 이제는 하나님의 형상, 하나님의 대리인이 됩니다. 사환의 손에서 하나님의 나라가 나타납니다. 하나님은 이것을 명하시는 것입니다.

이제 셋째로 등장하는 인물을 살펴보겠습니다. 룻입니다. 오늘 본문에는, 이웃으로서의 혜택을 받는 룻이 또 다른 이웃에게 자신의 친절을 베풀고 있습니다. 룻의 이웃은 누구입니까? 시어머니 나오미입니다.

'내 이웃이 누구입니까?' 이 질문은 누가복음 10장에 나옵니다. 그리고 이 질문에 대한 대답은 '자비를 베푼 자'입니다. 이야기는 이렇습니다. 어떤 사람이 강도를 만나 다 죽게 되었습니다. '내로라' 하는 사람들이 다 그를 지나쳐 갑니다. 제사장과 레위인입니다. 그런데 어떤 사마리아 사람이 그리로 지나가다가 그를 봅니다. 제사장, 레위인도 그를 보았습니다만 유독 사마리아 사람이 그를 보고 불쌍히 여겨 가까이 갔습니다. 그리고 자비를 베풉니다. '누가 이웃이냐? 바로 자비를 베푼 자다!'라는 말씀입니다. 불쌍한 자를 보고 불쌍히 여겨 자비를 베푸는 그곳에서 이웃 개념이 발생합니다. 가까운 사람이든 먼 사람이든, 가족이든 타인이든 아무 상관이 없습니다. 이웃은 불쌍한 자를 불쌍히 여기는 그곳에 있습니다.

룻에게 시어머니 나오미는 불쌍한 어머니였습니다. 남편과 자식마저 죽고 모든 재산을 잃은 여인입니다. 이제는 늙어 밖에 나다니지도 못합니다. 만약 나오미가 건강한 상태였다면 룻과 함께 이삭 줍기에 나섰을 것입니다. 하지만 나오미는 집에서 며느리를 기다립니다. 여러분, 집 안에만 있는 사람의 욕구가 무엇인지 아십니까? 바깥 소식입니다. 그래서 나오미가 꼬치꼬치 룻에게 묻습니다. "오늘 어디서 주웠느냐? 어디서 일을 하였느냐?" 노인에게 이런 질문은 의미가 있습니다. 하지만 얼마나 많은 자녀들이 이런 부모의 질문을 무시합니까! "아, 알 거 없어요!" 그런데 룻을 보십시오. 자상하게 대답합니다. 19절을 보십시오.

> …룻이 누구에게서 일했는지를 시어머니에게 알게 하여 이르되 오늘 일하게 한 사람의 이름은 보아스니이다 하는지라

이것이 율법이 요구하는 이웃 사랑입니다. 여기에 모든 율법의 진수가 들어 있습니다. 여러분, 하나님의 율법은 대단한 데에 있는 것이 아닙니다. 살인하지 말라는 엄청난 율법도 따지고 보면 이웃 사랑에 들어 있는 계명입니다. 우리가 늙은 부모님의 궁금한 질문에 친절하게 대답할 때 거기에 하나님 백성의 진정한 면모가 들어 있습니다. 하나님은 자녀들에게 말씀하십니다. 여러분의 부모가 귀찮은 질문을 하더라도 친절하게 자세하게 대답하는 것이 하나님의 율법 정신이라고 하십니다.

마지막으로 살펴볼 인물은 바로 나오미입니다. 나오미에게 이웃은 누구입니까? 또한 나오미는 집 안에만 있는데 어떻게 이웃에게 친절을 베풀 수 있겠습니까? 나오미의 축복하는 말로 친절을 베풀었습니다. 나오미는 보아스가 룻에게 친절을 베푼 것을 듣고 그를 축복합니다.

> 너를 돌본 자에게 복이 있기를 원하노라 룻 2:19

> 그가 여호와로부터 복 받기를 원하노라 룻 2:20

나오미는 산전수전 다 겪은 사람입니다. 자기가 살아온 인생이 너무 괴로워 자신을 '쓰다'는 뜻의 '마라'라고 불러 주기를 원했던 사람입니다. 인생의 굴곡이 심하면 마음조차 뒤틀어지기 십상입니다. 그 입에 욕과 저주가 붙어 버릴 수도 있습니다. 하지만 나오미의 입에서는 저주가 아니라 축복하는 말이 쏟아져 나옵니다. 그 역시 하나님의 은혜를 기억하고 있기 때문입니다. 시편에는 이런 말씀이 있습니다. 시편 109편 17절 말씀입니다.

> 그가 저주하기를 좋아하더니 그것이 자기에게 임하고 축복하기를 기뻐하지 아니하더니 복이 그를 멀리 떠났으며

반면에 이런 말씀도 있습니다. 누가복음 6장 28절과 로마서 12장 14절입니다.

> 너희를 저주하는 자를 위하여 축복하며 너희를 모욕하는 자를 위하여 기도하라 **눅 6:28**

> 너희를 박해하는 자를 축복하라 축복하고 저주하지 말라 **롬 12:14**

이후 룻기는 나오미가 회복되었음을 전해 줍니다. 놀랍게 회복되었습니다. 재산을 다 찾고, 자손이 이어지고, 놀랍게도 이방 여인 룻의 이름이 메시아의 족보에 오릅니다. 참으로 축복하는 자에게 임하는 하나님의 나라입니다.

룻기는 율법을 삶으로 풀어 낸 사람들의 이야기입니다. 그들의 삶의 중심에는 하나님 사랑, 이웃 사랑이 있습니다. 여러분의 이웃은 누구입니까?

주께서 만드신 것들을 보니

[시 8:1-9]

여호와 우리 주여 주의 이름이 온 땅에 어찌 그리 아름다운지요 주의 영광이 하늘을 덮었나이다 주의 대적으로 말미암아 어린아이들과 젖먹이들의 입으로 권능을 세우심이여 이는 원수들과 보복자들을 잠잠하게 하려 하심이니이다 주의 손가락으로 만드신 주의 하늘과 주께서 베풀어 두신 달과 별들을 내가 보오니 사람이 무엇이기에 주께서 그를 생각하시며 인자가 무엇이기에 주께서 그를 돌보시나이까 그를 하나님보다 조금 못하게 하시고 영화와 존귀로 관을 씌우셨나이다 주의 손으로 만드신 것을 다스리게 하시고 만물을 그의 발 아래 두셨으니 곧 모든 소와 양과 들짐승이며 공중의 새와 바다의 물고기와 바닷길에 다니는 것이니이다 여호와 우리 주여 주의 이름이 온 땅에 어찌 그리 아름다운지요

본문 시편의 말씀은 "여호와 우리 주여 주의 이름이 온 땅에 어찌 그리 아름다운지요"로 시작하고 같은 말씀으로 끝납니다. 하나님

의 이름이 아름답다는 것입니다. 성경에서 이름은 언제나 그 존재 자체를 의미하기 때문에, 하나님의 이름이 아름답다는 것은 하나님은 아름다운 분이라는 뜻입니다. 우리말로는 '아름답다'라고 했는데, 실은 '장엄하다'라는 말이 원문에 더 가깝습니다. 우리가 예배하는 하나님은 아름다운 하나님, 곧 장엄하신 하나님이십니다.

그런데 사람이 하나님의 아름다움, 그 장엄하심을 어디서 알 수 있습니까? 하나님이 지으신 피조 세계, 곧 이 세상입니다. 사람들은 자연이라고 부릅니다. 하지만 이 세상의 만물은 그 스스로 존재하는 것이 아니라 하나님의 아름다움, 그 장엄함의 표출입니다. 마치 위대한 작가의 손에서 불후의 작품이 탄생하듯 하나님은 천지와 만물을 지으셨습니다. 그런데 하나님이 지었기에 모든 만물에는 아름다움과 장엄함이 깃들어 있고, 우리는 그것들을 볼 때마다 찬탄하며 놀라는 것입니다.

칠흑 같은 어둠 속에서 빛나는 별들을 본 적이 있습니까? 쏟아질 것 같은 수많은 별들이 하늘에 빛나는 것을 볼 때 아름답다는 것, 장엄하다는 것이 무엇인지를 생각합니다. 도대체 저 하늘은 얼마나 크며 또 저 별들의 끝은 어디입니까?

하나님의 손으로 만드신 동물들을 자세히 바라본 적이 있습니까? 그것들은 육지와 공중과 바다에서 놀라운 생명의 활동들을 펼치고 있습니다. 몸집이 큰 동물들은 큰 대로 작은 동물이나 곤충은 작은 대로 얼마나 기묘하게 생겼으며, 얼마나 혹독한 환경에 맞서 당당하며 형형색색의 컬러를 자랑하는지요. 하나님의 손에서 나온 만물은 살아 움직이고 있습니다. 앙상한 겨울 나목들이 일제히 꽃을 피워 세상을 환하게 만드는 기적을 봄마다 경험합니다. 이런 유의 기적은 피조 세계 도처에서 일어납니다. 그리고 그때마다 아름다움에 압도되어 버립니다.

우리는 시편 8편을 통하여 이런 창조 세계의 아름다움을 보는데, 반드시 시편 104편과 연계해서 보아야 합니다. 왜냐하면 이 모든 것들은 하나님의 손길에서 비롯된 것이기 때문입니다. 시편 104편을 읽어 보겠습니다. 우선 24절입니다.

> 여호와여 주께서 하신 일이 어찌 그리 많은지요 주께서 지혜로 그들을 다 지으셨으니 주께서 지으신 것들이 땅에 가득하니이다

다음은 27-30절입니다.

> 이것들은 다 주께서 때를 따라 먹을 것을 주시기를 바라나이다 주께서 주신즉 그들이 받으며 주께서 손을 펴신즉 그들이 좋은 것으로 만족하다가 주께서 낯을 숨기신즉 그들이 떨고 주께서 그들의 호흡을 거두신즉 그들은 죽어 먼지로 돌아가나이다 주의 영을 보내어 그들을 창조하사 지면을 새롭게 하시나이다

이러한 시편의 말씀은 이 세상의 모든 것이 스스로 존재할 수 있는 것이 아니라는 말입니다. 하나님이 지으셨고, 하나님이 먹이시고, 하나님이 주관하신다는 것입니다. 살고 죽는 것이 이러하니 그 영광이나 아름다움은 말할 것도 없습니다. 그래서 로마서 11장 36절에는 "만물

이 주에게서 나오고 주로 말미암고 주에게로 돌아감이라"고 합니다.

　그런데 오늘 읽은 시편 8편의 말씀은 하나님이 지으신 것 중에서 유독 주목받을 피조물이 있다고 합니다. 사람입니다. 4절부터 8절까지 나옵니다. 하나님이 사람을 생각하고 돌보시는데, 하나님보다 조금 못한 영화와 존귀로 관을 씌우셨다고 합니다. 그리고 놀라운 위탁을 하십니다. 바로 하나님이 지으신 아름다운 피조 세계를 돌보아 다스리라는 것입니다. 이것은 특권입니다. 마치 수많은 아이들이 있는 교실에서 어떤 아이를 지정하여 반장을 삼은 것과 비슷합니다. 이 아이는 다른 아이들과 같은 학생이지만 선생님이 자신의 권한을 주어 반을 맡겼습니다. 그래서 이 아이의 가슴에는 '반장'이라는 명찰이 있습니다. 옛날에는 팔에 완장을 채워 주었습니다.

　여러분, 선생님이 임명한 반장은 어떤 위치에 있으며 또 어떤 일을 해야 합니까? 선생님의 뜻에 따라 반을 질서 있고 아름답고 활기 있는 교실로 만듭니다. 때로는 청소도 하고 필요한 물품들을 챙기기도 합니다. 선생님이 오시면 반을 대표하여 선생님께 "차렷! 경례!" 하며 인사도 합니다. 그렇지 않습니까? 이 작은 교실에서도 반장은 이런 존재입니다. 그런데 광대한 하나님의 창조 세상에서 사람이 그런 위임을 받았습니다. 하나님께서는 아름답고 경이로운 그분의 작품인 이 세상을 사람에게 위탁하신 것입니다. 이 위탁의 말씀은 창세기 1장에 이렇게 나옵니다. 26-28절입니다.

　　하나님이 이르시되 우리의 형상을 따라 우리의 모양대로 우리가 사람을 만들고 그들로 바다의 물고기와 하늘의 새와 가축과 온 땅과 땅에 기는 모든 것을 다스리게 하자 하시고 하나님이 자기 형상 곧 하나님의 형상대로 사람을 창조하시되 남자와 여자를 창조하시고 하나님이 그들에게 복을 주시며 하나님이 그들에게 이르시되 생육하고 번성하여 땅에 충만하라, 땅을 정복하라, 바다의 물고기와 하늘의 새와 땅에 움직이는 모든 생물을 다스리라 하시니라

여기 나오는 '하나님의 형상'이란 '하나님을 대신하여 다스린다'는 뜻입니다. 즉 사람이란 하나님을 대신하여 만물을 다스리는 위임을 받은 자입니다. 하나님은 사람이 이 역할을 할 수 있도록 복을 주셨는데, 그것이 "생육하고 번성하여 땅에 충만하라"입니다.

문제는 "땅을 정복하라"는 말씀입니다. 이 말씀은 그동안 많은 오해가 있었습니다. 땅을 정복하라는 것 때문에 사람이 자연을 착취하게 되었다는 비판도 합니다. 그래서 이 말씀을 '잘 건사하라'는 책임으로 돌리려는 시도도 있었습니다. 하지만 이 단어는 어쩔 수 없이 강제적인 억압이 들어 있습니다. 그래서 정확한 뜻은 '발로 밟아 발아래에 둔다'는 뜻입니다. 그야말로 대적을 정복할 때 쓰는 표현입니다. 하나님은 천지만물을 지으시고 사람에게 이렇게 정복하여 발아래에 두라는 권한을 주셨습니다.

하지만 이 단어는 '착취'와는 관계가 없습니다. 다만 '다스리라'는 뜻의 파생어입니다. 무슨 뜻입니까? 하나님이 지으신 자연세계는 인간의 명령에 쉽게 순종하지 않을 것이며, 인간이 강력한 힘을 가지고 다스려야 한다는 뜻입니다. 살아 있는 생명체는 활동적이기 때문에 막 뻗어나가려는 성질이 들어 있습니다. 포도넝쿨을 보십시오. 막 뻗어나가지 않습니까? 그래서 그냥 놔두면 잎만 무성합니다. 그래서 전

지를 합니다. 강제로 가지를 자르며 다스려야 합니다. 식물이 이 정도인데 거친 자연만물에는 이보다 더 강한 세력들이 얼마나 많겠습니까? 또한 하나님께서 처음으로 지은 세상이 이러했는데, 그 이후로 죄악이 들어왔으니 세상에는 불순종이 얼마나 가득하겠습니까? 그래서 하나님은 사람에게 다스리는 위임을 하신 후에 복도 주시고 강력한 힘도 주셔서 만물을 발아래에 둘 수 있게 하셨습니다.

구약의 욥기는 이 부분을 다룬 이야기입니다. 욥이라는 사람은 하나님을 경외하는 사람입니다. 욥은 자기 가정은 물론이거니와 많은 재산과 지역을 다스리는 일에 성공한 사람입니다. 창세기적 표현으로 욥은 하나님의 형상으로서 다스리는 일에 훌륭한 모범적인 사람이라는 뜻입니다. 이런 욥에게 시련이 들이닥칩니다. 그냥 악에 휘둘립니다. 가정과 재산과 건강을 졸지에 잃어버리고 말았습니다. 이제 욥은 권세 있는 자에서 '재 가운데 앉아 자기 몸을 긁고 있는' 미약한 자로 전락했습니다. 잘나가던 사람이 벌레만도 못한 존재가 된 것입니다. 욥기의 대부분은 이런 상태에서 욥이 갈등하고 몸부림치는 이야기들입니다. 하나님의 형상, 존귀와 영화로 관을 씌워 만물을 다스리는 존재인 사람이 이렇게 되어 버렸습니다.

이때 홀연히 하나님이 욥에게 나타나 말씀하십니다. 우리 생각에는 이렇게 나타나신 하나님이 '네가 고생이 많다'고 하며 위로하셔야 되는 것이 아닐까요? 그런데 하나님은 다짜고짜 '너는 대장부처럼 대답하라'면서 천지를 창조하실 때 이야기를 하십니다. 흥미로운 것은 창세기 1장의 창조 순서에 따라 말씀하신다는 사실입니다. 하늘과 땅, 별들을 말씀하시더니 동물인 수탉이 등장합니다. 그리고 사자, 까마귀 새끼, 산 염소와 사슴, 들 나귀, 들소, 타조, 말, 그리고 매와 독수리를 이야기하시더니 다시 한번 '너는 대장부처럼 대답하라'를 반복하시고 나서, 기가 막힌 말씀을 하십니다. 욥기 40장 10절입니다.

> 너는 위엄과 존귀로 단장하며 영광과 영화를 입을지니라

이 표현은 오늘 우리가 읽은 시편 8편에 나오는 말씀 아닙니까? 하나님이 사람을 영화와 존귀로 관을 씌우셨다는 말씀입니다. 그런데 욥에게 다시 이것을 주문하십니다. 욥이 비록 모든 것을 다 잃고 빈 몸, 병든 몸, 미약한 몸이 되었지만, 너는 여전히 하나님의 형상이요 만물을 다스릴 존재라는 것을 확인시키는 말씀입니다.

여러분, 사람은 이런 존재입니다. 그가 어떤 입장이든지 간에 사람은 사람입니다. 하나님의 형상입니다. 그에게는 존귀와 영화가 있습니다. 피조물을 다스릴 권한이 있습니다. 높은 자리에 앉아 있거나 돈이 많거나 많이 배웠거나 하는 것과는 큰 상관이 없습니다. 하나님께서 환란을 당한 욥에게 나타나 말씀하시는 것이 그것입니다. 욥이 잘 나갈 때만 다스릴 권세가 있는 것이 아니라 지금 모든 것을 다 잃어버렸더라도 하나님의 형상, 다스리는 자, 위엄과 존귀로 단장한 자, 곧 영화와 영광을 입은 자라는 것입니다.

그러니 당당하십시오! 사람은 하나님의 형상입니다. 다스리는 권세가 있습니다. 시편 8편에서 하나님은 '어린아이들과 젖먹이들의 입으로 권능을 세우신다. 그래서 원수들을 잠잠하게 한다'라고 선포합

니다. 이 말씀은 비유적인 표현입니다. 물론 예수님은 성전에서 찬양하던 어린아이를 놓고 이 말씀을 이야기하셨지만, 일차적으로 이 말씀은 비유로 하나님의 백성을 일컫는 말씀입니다. 하나님의 백성은 비록 어린아이나 젖먹이 같은 미약한 모습일지라도 하나님의 형상이 그 안에 있기 때문에 충분히 악을 다스리고 만물을 주께 복종하게 만드는 권능이 있다는 말씀입니다.

그런데 욥은 그것을 알지 못했습니다. 자기 재산이 풍부하고 건강이 좋을 때에라야 무슨 권능을 행사할 수 있고, 이것을 다 잃어버렸을 때에는 무능력하고 쓸모없는 자라는 의식을 가졌습니다. 그리고 낙심할 때 하나님이 말씀하셨습니다.

> 너는 위엄과 존귀로 단장하며 영광과 영화를 입을지니라 욥 40:10

여기에서 중요한 말씀을 드리겠습니다. 사람에게 중요한 위엄과 존귀, 영광과 영화는 사람 스스로에게서 비롯되는 것이 아니라는 것입니다. 하나님이 입혀 주십니다. 이런 면에서 사람의 영화와 존귀, 다스림의 권세는 철저히 하나님께 속해 있습니다. 그래서 본문 시편 8편에는 하나님이 사람을 생각하시고 돌보심을 강조합니다. 다윗은 찬탄합니다.

> 사람이 무엇이기에 주께서 그를 생각하시며 인자가 무엇이기에 주께서 그를 돌보시나이까 시 8:4

예수님은 예수님께로 몰려든 사람들에게 이것을 선포하셨습니다.

'무엇을 먹을까 무엇을 마실까 무엇을 입을까 염려하지 말라. 공중의 새를 보라. 들의 백합화를 보라. 이들이 저축을 하는 것도 아니고 옷감을 짜는 것도 아니다. 그런데도 기막히게 먹고 살고 기막히게 영광스런 옷을 입지 않니? 솔로몬도 이런 옷을 못 입었어. 오늘 있다가 내일 아궁이에 던져지는 들풀도 하나님이 이렇게 입히시거든 하물며 너희일까 보냐? 믿음이 작은 자들아'(마 6:25-31).

욥기 40장에서 욥에게 나타나 말씀하시는 하나님의 말씀도 동일합니다. 하나님은 욥에게 이렇게 말씀하십니다. 욥기 40장 10-14절입니다.

> 너는 위엄과 존귀로 단장하며 영광과 영화를 입을지니라 너의 넘치는 노를 비우고 교만한 자를 발견하여 모두 낮추되 모든 교만한 자를 발견하여 낮아지게 하며 악인을 그들의 처소에서 짓밟을지니라 그들을 함께 진토에 묻고 그들의 얼굴을 싸서 은밀한 곳에 둘지니라 그리하면 네 오른손이 너를 구원할 수 있다고 내가 인정하리라

이 말씀의 내용은 이렇습니다. 사람은 마땅히 영화와 존귀가 있는 하나님의 형상이기에 모든 만물을 다스릴 능력이 있어야 하지만, 그것은 스스로에게서 나오는 것이 아니라는 말씀입니다. 지금 하나님이 욥에게 그것을 묻습니다. '네가 스스로 그 힘을 낼 수 있다면 내가 인정해 줄게'라고 말씀하시는 것입니다. 당연히 아니지요! 이 힘은, 이 다스릴 권능은 하나님이 주십니다. 우리가 일용할 양식에서부터 입을 옷과 거할 집과 다스릴 지혜 등 모든 것이 다 하나님이 주시는 것입니다. 이때 사람은 비로소 하나님이 주신 다스리는 직무를

온전히 감당할 수 있습니다.

　오늘날 환경 문제는 온 세상이 염려하며 심각한 상태로 바라보고 있는 문제입니다. 지구온난화나 황사와 미세먼지에서 코로나19까지 전부 환경 문제와 관련되어 있습니다. 땅과 하늘, 그리고 바다까지 이 세상은 환경 문제투성이입니다. 얼마 전에 바다거북의 코에 박혀 있는 플라스틱 빨대 사진에 온 세상이 놀라고 분노하고 아파했습니다. 그래서 일회용 플라스틱 사용을 하지 말아야 한다는 경각심이 불었습니다. 하지만 바다의 동물이 이렇게 고통을 당하며 죽어 나가는 것은 그야말로 빙산의 일각입니다. 어느 환경단체에서 발간한 보고서에 따르면, 어업으로 죽어 나가는 바다거북, 상어, 고래 같은 생명체가 상상할 수 없을 정도라고 합니다.

　문제는 이것들이 죽어 나갈 때 바다도 같이 죽어 버린다는 것입니다. 이 세상의 모든 생명체는 서로 연결되어 있기 때문에, 어느 한 종이 사라지면 다 영향을 받게 되어 있습니다. 마치 우리의 몸과도 닮아 있습니다. 심장이 멈추면 우리 몸 전체가 멈춥니다. 뱃속에 깊이 들어 있는 췌장이 죽으면 몸 전체가 따라 죽습니다.

　이것은 이 세상 모든 생명체에 그대로 적용됩니다. 그래서 앞으로도 지속적으로 어업을 하려면 지금의 어업 형태를 전면적으로 바꾸어야 한다는 절박한 보고서를 이 환경단체가 밝혔습니다. 그런데 어업에 종사하는 회사들은 눈 하나 깜빡하지 않습니다. 고기 잡아 돈 버는 일에만 혈안입니다. 저인망으로 바다를 황폐화시킵니다. 이것은 비단 바다의 문제에만 국한된 것이 아닙니다. 땅과 하늘까지, 우리 사는 환경 곳곳에 퍼져 있는 환경 문제입니다.

도대체 지구가 이런 위태한 지경에 이르렀는데도 사람들이 멈추지 않는 이유는 무엇일까요? 탐욕 때문입니다. 탐욕이 이렇게 무섭습니다. 하나님의 위엄과 영광, 그 아름다움이 가득 찬 세상을 다스리라고 위임한 사람이 탐욕에 빠지면 이런 무서운 일이 벌어집니다. 사람은 여타 다른 동물들보다 훨씬 많은 능력을 받았습니다. 그 능력으로 탐욕을 부리면 세상은 황폐해질 수밖에 없습니다.

탐욕이란 무엇입니까? 겉으로 볼 때 탐욕은 과분하게 소유하고자 하는 욕심입니다. 여러분, 동물들을 보십시오. 사자는 배가 부르면 벌렁 드러눕습니다. 얼마나 게으른지 모릅니다. 하루에 15시간을 잡니다. 사자가 배불러 드러누울 때는 바로 옆에 사슴이 와도 잡지 않습니다.

악어는 더 기묘합니다. 악어는 고기를 먹고는 열로 소화를 시킵니다. 그래서 겨울에는 음식을 먹지 않고 지냅니다. 악어가 때를 못 가려 음식을 먹으면 뱃속에서 그냥 부패된다고 합니다. 악어가 무시무시한 포식자지만 제철에만 사냥한다는 뜻입니다. 그런데 탐욕에 빠진 사람은 때를 가리지 않습니다. 죽기 살기로 긁어모읍니다. 탐욕입니다. 성경은 탐욕을 우상 숭배라고 정의합니다(골 3:5).

이것은 하나님을 모르는 사람의 마음 상태를 말합니다. 그래서 탐심이라고도 부릅니다. 사람이 하나님을 떠나면 자기 힘으로 살아야 합니다. 그런데 늘 불안합니다. 그래서 모으고 또 모아 두려고 합니다. 여기서 탐욕의 폐해가 나타납니다.

오늘날, 우리 사는 세상은 무신론이 팽배합니다. 그래서 사람들의 심리는 언제나 자기 힘으로 살아야 하는 부담감이 가득합니다.

늘 불안합니다. 우리의 몸이 기근이 닥치면 지방을 저장하려는 것처럼 사람은 불안할수록 탐심이 더욱더 발동하고, 이로써 세상의 환경은 황폐해집니다. 그러므로 환경 문제는 탐욕 문제이고, 탐욕 문제는 참 하나님을 만나지 못해서 발생하는 문제입니다. 이것은 교회를 다닌다고 해서 다르지 않습니다. 이른바 교회 안의 무신론자들이 있기 때문입니다.

예수님은 분명히 말씀하셨습니다.

"무엇을 먹을까 무엇을 마실까 무엇을 입을까 염려하지 말라. 이는 다 이방인들이 구하는 것이다. 너희 하늘 아버지께서 이 모든 것이 너희에게 있어야 할 줄을 아신다."

그러시면서 이런 당부를 하십니다.

> 그런즉 너희는 먼저 그의 나라와 그의 의를 구하라 그리하면 이 모든 것을 너희에게 더하시리라 **마 6:33**

하나님의 나라와 하나님의 의! 이것을 구하라는 것입니다. 여기 하나님의 나라가 있습니다. 우리는 하나님의 나라는 죽은 후에 가는 세상이라고 생각합니다. 맞습니다. 그러나 성경이 말하는 하나님의 나라는 그것이 전부는 아닙니다.

사실은 하나님이 처음으로 창조하신 이 세상이 하나님의 나라였습니다. 하늘이 하나님의 영광을 선포하고 온갖 동식물들에게 하나님의 아름다움이 가득했던 이 세상입니다. 그런데 이 땅에 불순종과 죄악이 들어와 영광으로 가득 찬 세상이 망가지기 시작했습니다. 하나님의 대리인으로서 마땅히 하나님의 통치를 나타내야 할 인간이 마귀에게 속하여 탐욕을 부림으로 결국 환경이 이 지경이 되었습니다. 예수님은 이러한 세상에 하나님의 통치가 바로 임하기를 기도하라고 말씀합니다. 하나님을 믿는 우리는 탐심에 빠질 이유가 없습니다. 사도 바울은 이렇게 권고합니다.

> 우리가 세상에 아무것도 가지고 온 것이 없으매 또한 아무것도 가지고 가지 못하리니 우리가 먹을 것과 입을 것이 있은즉 족한 줄로 알 것이니라 부하려 하는 자들은 시험과 올무와 여러 가지 어리석고 해로운 욕심에 떨어지나니 곧 사람으로 파멸과 멸망에 빠지게 하는 것이라 돈을 사랑함이 일만 악의 뿌리가 되나니 이것을 탐내는 자들은 미혹을 받아 믿음에서 떠나 많은 근심으로써 자기를 찔렀도다 오직 너 하나님의 사람아 이것들을 피하고 의와 경건과 믿음과 사랑과 인내와 온유를 따르며 믿음의 선한 싸움을 싸우라 영생을 취하라 이를 위하여 네가 부르심을 받았고 많은 증인 앞에서 선한 증언을 하였도다 **딤전 6:7-12**

또한 우리는 불안에 빠질 이유도 없습니다. 베드로전서 5장 7절을 보십시오.

> 너희 염려를 다 주께 맡기라 이는 그가 너희를 돌보심이라

우리는 오히려 마음을 강하게 하고 담대하게 하여 하나님께서 우리에게 위임하신 다스리는 권세를 가다듬고, 이 세상의 모든 불의와 불순종과 인간의 탐욕을 발로 밟는 정복을 함으로써, 하나님이 지

으신 아름다운 창조의 세계를 보존하는 데 힘을 다해야 할 것입니다. 사실 우리가 이 황폐해져 가는 지구의 환경을 위하여 대단한 일을 하기는 어렵습니다. 환경을 황폐화시키는 일들은 막강한 불순종의 권세에서 비롯됩니다. 여기에는 기업체나 국가권력에 기반을 둔 것이 적지 않습니다.

그렇더라도 우리가 할 수 있는 것이 있습니다. 하나님의 아름다움을 선포하는 일입니다. 이 세상이 얼마나 아름답고 위엄 있는 곳인지를 선포하는 것입니다.

어느 동네에 구석진 골목에 늘 쓰레기가 쌓여 골머리를 앓았습니다. 어느 날 그 동네에서 한 사람이 쓰레기를 다 치우고 예쁜 꽃을 심었습니다. 그랬더니 이후로 사람들이 쓰레기를 더 이상 버리지 않게 되었습니다. 이곳은 쓰레기장이 아니라 꽃밭이라는 인식이 동네를 바꾸어 놓은 것입니다. 인식이 이렇게 중요합니다. 이 세상은 사람들의 탐욕을 채워 줄 욕망의 자리가 아니라 하나님의 위엄이 가득한 아름다운 곳이라는 인식을 우리가 드러내야 합니다.

우리가 즐겨 부르는 찬송가 478장 '참 아름다워라'는 미국의 장로교 목사 멀트비 뱁콕(M.D. Babcock, 1858~1901)이 지은 시입니다. 뱁콕 목사는 뉴욕 주 록포트에서 목회하면서 아침마다 온타리오 호수 전경이 내려다보이는 산꼭대기를 산책하는 습관이 있었습니다. 산책할 때마다 "나는 지금 내 아버지의 세계를 감상하기 위해 외출한다"라고 하며 이 시를 썼습니다.

한때 우리는 가는 곳마다 이 찬송을 불렀습니다. 그런데 요즘은 이 찬송을 잘 부르지 않는 것 같습니다. 그만큼 우리의 청지기 의식이 약해진 것이 아닐까요? 찬송은 마음의 상태에서 나옵니다. 우리의 마음이 하나님 아버지로 가득하면, 그 위엄과 아름다움으로 가득한 세상에 이 마음이 찬송으로 화답하게 되지 않을까요? 그리고 그 위엄찬 세상을 귀하게 여기지 않을까요?

Invite you to the Lord's table

풍성한 주님의 식탁으로 초대합니다

5부
마지막을 기다리며

대답해 주지 않으십니다.

때로 성경은 좀 이상합니다.

분명히 뭔가 알려 주시는 것 같은데

더 알려고 하면 '됐다' 하며 허락하지 않으십니다.

많은 사람들이 다니엘서에 있는 이 '때'와 '날짜'를 연구하고

예수님이 재림하시는 시간을 예측하였습니다.

그렇지만 하나같이 빗나갔습니다. 이단이 되고 말았습니다.

오늘 본문을 잘 보십시오.

하나님은 다니엘에게 엄청난 계시를 주십니다.

역사의 종말에 일어날 일들을 보이십니다.

끝날이 언제인지 말씀해 주시는 것처럼 보입니다.

그런데 다니엘이 "내 주여 이 모든 일의 결국이 어떠하겠나이까?" 하고 묻자

주님은 "갈지어다" 하며 대답하지 않으십니다.

— 본문 중에서 —

마지막을 기다리며

[단 12:4-13]

다니엘아 마지막 때까지 이 말을 간수하고 이 글을 봉함하라 많은 사람이 빨리 왕래하며 지식이 더하리라 나 다니엘이 본즉 다른 두 사람이 있어 하나는 강 이쪽 언덕에 섰고 하나는 강 저쪽 언덕에 섰더니 그중에 하나가 세마포 옷을 입은 자 곧 강물 위쪽에 있는 자에게 이르되 이 놀라운 일의 끝이 어느 때까지냐 하더라 내가 들은즉 그 세마포 옷을 입고 강물 위쪽에 있는 자가 자기의 좌우 손을 들어 하늘을 향하여 영원히 살아 계시는 이를 가리켜 맹세하여 이르되 반드시 한 때 두 때 반 때를 지나서 성도의 권세가 다 깨지기까지이니 그렇게 되면 이 모든 일이 다 끝나리라 하더라 내가 듣고도 깨닫지 못한지라 내가 이르되 내 주여 이 모든 일의 결국이 어떠하겠나이까 하니 그가 이르되 다니엘아 갈지어다 이 말은 마지막 때까지 간수하고 봉함할 것임이니라 많은 사람이 연단을 받아 스스로 정결하게 하며 희게 할 것이나 악한 사람은 악을 행하리니 악한 자는 아무것도 깨닫지 못하되 오직 지혜 있는 자는 깨달으리라 매일 드리는 제사를 폐하며 멸망하게 할 가증한 것을 세울 때부터 천이백구십 일을 지낼 것이요 기다려서 천삼백삼십오 일까지 이르는 그 사람은 복이 있으리라 너는 가서 마지막을 기다리라 이는 네가 평안히 쉬다가 끝날에는 네 몫을 누릴 것임이라 사도 요한과 다니엘에게는 공통점이 있습니다. 둘 다 계시의 말씀을 묵시록으로 받았다는 것입니다. 사도 요한은 신약의 요한계시록을 받았고 다니엘은 구약의 다니엘서라는 계시의 말씀을 받았습니다. 또 둘 다 나이 많을 때 계시를 받았습니다. 이들이 받은 계시는 내용 면에서 공통점도 있습니다. 첫째는, '장차 이 세상의 역사는 어떻게 될 것인가? 이 세상의 종말은 어떤가?'이고 둘째로, 이것은 '어떤 호기심에서가 아니라 성도들의 삶에 일어난 극심한 박해로 인한 상황에서 오는 질문들'이었다는 것입니다. 그리고 셋째로는, 이 계시로 '엄청난 신학적 지식들이 쏟아져 나온다'는 것입니다. 본문 4절에 "마지막 때, 많은 사람이 빨리 왕래하며 지식이 더하리라"는 말씀이 있는데, '세상 끝에는 교통이 발달하고 상상을 초월하는 지식의 증가가 있다'는 식으로 푸는 잘못된 해석이 있었습니다. 본문은 그런 뜻이 아닙니다. 바른 해석은 '역사의 종말이 다가오면 악이 성행하고 하나님의 백성들이 환란과 고통을 당하게 되는데, 왜 이런 일이 일어나는지를 알고자 하는 열망이 일어난다. 그러한 때 사람들은 사방으로 다니며 그것을 알고자 할 것이며, 이때 이 일에 대한 말씀의 지식이 많아질 것이다'라는 뜻입니다.

의인들이 고통을 당하는 때에 이에 대한 해답을 구하려는 열망이 지식의 폭발로 나타난다는 것은 참으로 고무적인 일입니다. 하지만 이와는 반대로 지식의 기근도 있습니다. 아모스 8장 11-13절을 읽어 보겠습니다.

> 주 여호와의 말씀이니라 보라 날이 이를지라 내가 기근을 땅에 보내리니 양식이 없어 주림이 아니며 물이 없어 갈함이 아니요 여호와의 말

씀을 듣지 못한 기갈이라 사람이 이 바다에서 저 바다까지, 북쪽에서 동쪽까지 비틀거리며 여호와의 말씀을 구하려고 돌아다녀도 얻지 못하리니 그날에 아름다운 처녀와 젊은 남자가 다 갈하여 쓰러지리라

사람은 밥만 먹고 사는 존재가 아닙니다. 사람은 '의에 주리고 목마르다!'라고 말할 수 있는 존재입니다. 아무리 물질이 풍부하고 '이 편한 세상'에 살지라도 의에 대한 목마름이 있는 것이 사람입니다. 이 세상에 불의가 판을 치고 의인들이 고난을 당하면 하나님의 백성들은 그 이유가 궁금해서 견딜 수 없습니다. 그런데 오늘 다니엘서에는 이때야말로 '지식이 더한다'라고 하며, 하나님께서 풍성한 말씀을 그의 백성들에게 주실 것이라고 말씀하십니다.

구약학자인 박준서 목사님이 쓴 "바벨론 포로기의 역사적 위기와 신학적 대응"이라는 글이 있습니다. 이스라엘 백성들에게 바벨론 포로기는 아주 비극적 사건입니다. 바벨론의 침공으로 국가가 멸망하고 예루살렘 성전이 불타며 신앙 공동체가 와해되었습니다. 그런데 이 시기에 구약성경의 중심인 모세오경이 편집됩니다. '역사적으로는 가장 어둡고 암울한 시기였으나 신앙적, 신학적으로는 그 업적이 놀라운 시기였다'는 것이 글의 핵심 내용입니다. 그런데 이것은 요한계시록도 마찬가지입니다. 이 암울한 시기에 신앙적 지식이 폭발적으로 증가합니다.

또한 4절에 "다니엘아 마지막 때까지 이 말을 간수하고 이 글을 봉함하라"는 말씀이 있습니다. 하나님께서는 다니엘에게 보이신 환상을 글로 기록하고 봉함하라고 하십니다. 봉함은 닫아 못 보게 하는 것이지만 여기서는 그런 뜻이 아닙니다. 아무도 모르게 비밀로

가두어 놓으라는 뜻이 아닙니다. 다니엘 당시 페르시아 관습에 따르면 집필된 글을 베낀 사본들이 배포되면 사본 중에서 한 부를 따로 봉인하여 도서관에 보관해야 했습니다. 이는 후대에 사람들이 읽을 수 있도록 하는 조치입니다. 그러므로 하나님께서 계시를 보이시고 이것을 간수하며 봉함하라는 것은, 비밀로 부치라는 것이 아니라 후대에 하나님의 백성들이 보고 알 수 있게 하라는 말씀입니다. 지금 우리가 다니엘이 본 계시를 들을 수 있는 것은 참으로 놀라운 일입니다. 그냥 어쩌다 우연히 우리가 이 글을 보고 있는 것이 아닙니다. 하나님께서 오늘을 사는 우리를 위하여 다니엘에게 간수하고 봉함하라 하셔서, 이 글이 지켜지고 전해진 것입니다.

다니엘은 7장에서 12장까지 모두 네 번의 계시를 받습니다. 특히 10장에서 12장까지는 '큰 전쟁에 관한 환상'을 보는데, 이것이 육체적으로 얼마나 힘이 들었는지 그는 완전히 탈진하고 말았습니다. 다니엘서 10장 19절을 봅시다.

> 이르되 큰 은총을 받은 사람이여 두려워하지 말라 평안하라 강건하라 강건하라 그가 이같이 내게 말하매 내가 곧 힘이 나서 이르되 내 주께서 나를 강건하게 하셨사오니 말씀하옵소서

이 계시의 말씀은 다니엘이 이렇게 힘들게 받은 것입니다. 그 내용도 중합니다. 역사적으로 바사(페르시아) 제국과 알렉산더 대왕으로부터 안디오쿠스 에피파네스와 로마 제국에 이르기까지 방대한 역사적 흐름에 대한 계시를 주셨습니다. 주된 내용은 다 하나님의

백성들이 당할 환란과 핍박에 대한 것입니다. 그래서 다니엘서 10장 14절은 이렇게 말씀하십니다.

> 이제 내가 마지막 날에 네 백성이 당할 일을 네게 깨닫게 하러 왔노라 이는 이 환상이 오랜 후의 일임이라 하더라

'마지막 날에 네 백성이 당할 일'이라고 하십니다. '당한다'는 말은 벌써 뉘앙스가 좋지 않습니다. 불의한 일을 당하는 것입니다. 이 역사에서 하나님의 백성들은 '호의호식 잘 먹고 잘살았다'가 아니라는 말씀입니다. 세상 나라가 일어나 서로 전쟁을 벌이고 하나님의 백성들에게도 불똥이 튑니다. 마치 고래싸움에 새우등 터지듯 하나님의 백성들은 말도 안 되는 환란을 당하게 합니다. 6·25 전쟁이 터졌을 때도 가장 피해를 많이 본 것은 교회였습니다. 이 전쟁은 세상이 교회와 벌인 전쟁이 아닙니다. 그런데 교회가 가장 큰 환란을 겪었습니다. 말도 안 되는 이 이야기는 이미 하나님께서 다니엘서에 말씀해 놓으셨습니다.

문제는 이것이 한시적이 아니라는 것입니다. 앞으로도 계속 역사의 종말까지 그럴 것이라는 말씀입니다. "헉, 이럴 수가! 우리는 '예수 믿고 복 받아야지' 했는데, 성경은 예수 믿으면 환란이 있단 말씀이네." 그렇습니다. 그것도 어느 한 시대에 국한된 것이 아닙니다. 계속, 죽 그렇다는 말씀입니다. 그래서 오늘 본문에 이런 질문이 나옵니다. 6절입니다.

> …이 놀라운 일의 끝이 어느 때까지냐 하더라

7절에서 대답합니다.

> 내가 들은즉 그 세마포 옷을 입고 강물 위쪽에 있는 자가 자기의 좌우 손을 들어 하늘을 향하여 영원히 살아 계시는 이를 가리켜 맹세하여 이르되 반드시 한 때 두 때 반 때를 지나서 성도의 권세가 다 깨지기까지이니 그렇게 되면 이 모든 일이 다 끝나리라 하더라

'성도의 권세가 다 깨지기까지'입니다. 성도의 권세가 무엇입니까? 우리는 알고 있습니다. 누구든지 예수님을 구주로 영접하면 "하나님의 자녀가 되는 권세를 주셨으니"라고 요한복음 1장 12절에 말씀했기 때문입니다. 구약에는 이것을 '하나님의 소유, 제사장 나라, 거룩한 백성'(출 19:6)이라고 했습니다. 분명히 우리에게는 하나님의 자녀의 권세가 있습니다. 그런데 이 권세가 다 깨진다는 말씀입니다.

사도행전 14장에 바울과 바나바가 루스드라에서 복음을 전하는 이야기가 있습니다. 나면서부터 걷지 못하게 된 앉은뱅이를 고쳐 주었습니다. 이 권세가 하도 놀라워 사람들이 "제우스 신이 우리 가운데 내려오셨다!"라고 하며 제사하려 합니다. 사도 바울이 말려서 겨우 진정을 시켰는데, 바로 다음에 유대인들이 들이닥쳐 사람들을 충동질하고 바울을 돌로 쳤습니다. 그러고는 죽은 줄 알고 내다 버립니다.

세상에! 이럴 수가! 성도의 권세가 다 깨졌습니다. 그야말로 땅바닥에 내던져집니다. 다행히 사도 바울은 일어나서 이렇게 말합니다. "우리가 하나님의 나라에 들어가려면 많은 환난을 겪어야 할 것이라." "이 믿음에 머물러 있으라."

다니엘은 '성도의 권세가 다 깨지기까지'라는 이 계시의 말씀이 마음에 들지 않았을 것입니다. "반드시 한 때 두 때 반 때를 지나서 성도의 권세가 다 깨지기까지이니 그렇게 되면 이 모든 일이 다 끝나리라." 그런데 '한 때 두 때 반 때'는 또 무엇일까요? 그래서 다니엘이 물어봅니다. 8-9절입니다.

> 내가 듣고도 깨닫지 못한지라 내가 이르되 내 주여 이 모든 일의 결국이 어떠하겠나이까 하니 그가 이르되 다니엘아 갈지어다…

대답해 주지 않으십니다. 때로 성경은 좀 이상합니다. 분명히 뭔가 알려 주시는 것 같은데 더 알려고 하면 '됐다' 하며 허락하지 않으십니다. 많은 사람들이 다니엘서에 있는 이 '때'와 '날짜'를 연구하고 예수님이 재림하시는 시간을 예측하였습니다. 그렇지만 하나같이 빗나갔습니다. 이단이 되고 말았습니다.

오늘 본문을 잘 보십시오. 하나님은 다니엘에게 엄청난 계시를 주십니다. 역사의 종말에 일어날 일들을 보이십니다. 끝날이 언제인지 말씀해 주시는 것처럼 보입니다. 그런데 다니엘이 "내 주여 이 모든 일의 결국이 어떠하겠나이까?" 하고 묻자 주님은 "갈지어다" 하며 대답하지 않으십니다. 이것은 사도행전 1장의 말씀과도 같습니다. 예수님이 부활하신 후 제자들과 함께 있다가 승천하시려는 때입니다. 사도행전 1장 6-8절을 보겠습니다.

> 그들이 모였을 때에 예수께 여쭈어 이르되 주께서 이스라엘 나라를 회복하심이 이때니이까 하니 이르시되 때와 시기는 아버지께서 자기

의 권한에 두셨으니 너희가 알 바 아니요 오직 성령이 너희에게 임하시면 너희가 권능을 받고 예루살렘과 온 유대와 사마리아와 땅끝까지 이르러 내 증인이 되리라 하시니라

예수님이 이 역사의 진로와 그 종국에 대하여 얼마나 많은 말씀을 제자들에게 가르치셨습니까? 다니엘은 환상 중에 그 엄청난 계시를 들었지만, 예수님의 제자들은 이 땅에 몸을 입으시고 육신으로 오신 하나님의 아들로부터 계시를 들었습니다. 이들이 계시의 말씀을 들을 때는 다니엘처럼 몸이 탈진하지도 않았습니다. 예수님의 제자들은 즐겁게 잔치하며 말씀을 들었습니다. 예수님의 제자들은 이 세상에서 들을 수 없는 하나님의 계획을 다 들은 것입니다. 그리고 마침내 예수님이 승천하시는 날, 그들은 묻습니다. "주께서 이스라엘 나라를 회복하심이 이때니이까." 그러나 예수님은 그것은 너희의 알 바가 아니라고 하십니다. "때와 시기는 아버지께서 자기의 권한에 두셨으니 너희가 알 바 아니요"라고 명백하게 밝히십니다. 그러므로 알 바 아닌 것은 덮어 두어야 합니다. 다만 주님이 보여주시는 것에 집중해야 합니다.

그러면 오늘 본문을 통해 하나님께서 우리가 알기를 바라시는 것이 무엇인지 생각해 봅시다. 하나님께서는 왜 이런 엄청난 계시를 주시는 것일까요? 과연 역사의 종말의 시간을 아는 것이 목적이 아니라면 주님은 무엇을 위해 이런 계시를 다니엘을 통해 우리에게 주시는 것일까요?

첫째는, 연단과 정결의 중요성 때문입니다. 하나님께서 다니엘에

게 보이시는 역사의 진행은 전쟁과 광포의 역사입니다. 역사에 악한 왕이 일어납니다. 그 와중에 성도들은 큰 환란을 당합니다. 이로써 성도들은 아우성을 칩니다. "어찌하여 우리가 이런 환란을 당하는가? 하나님은 이런 형편을 돌보지 않으시는가? 도대체 이 환란은 언제 끝난다는 말인가?"라고 울부짖습니다. 이에 대한 하나님의 대답은 분명합니다. 다니엘 11장 35절과 12장 10절입니다.

> 또 그들 중 지혜로운 자 몇 사람이 몰락하여 무리 중에서 연단을 받아 정결하게 되며 희게 되어 마지막 때까지 이르게 하리니 이는 아직 정한 기한이 남았음이라 **단 11:35**

> 많은 사람이 연단을 받아 스스로 정결하게 하며 희게 할 것이나 악한 사람은 악을 행하리니 악한 자는 아무것도 깨닫지 못하되 오직 지혜 있는 자는 깨달으리라 **단 12:10**

환란이 오는 것은 하나님이 우리를 버리셨다는 뜻이 아닙니다. 우리를 향한 연단입니다. 성도는 불과 물을 통과할 때 정결해집니다. 다니엘서에는 풀무불도 나오고 사자굴도 나옵니다. 그런데 불도 사자도 하나님의 백성을 상하게 하지는 못했습니다. 오히려 성도들의 참된 신앙을 온 천하에 드러나게 만들 뿐이었습니다. 그런데 여기서 성도들이 조심할 것이 있습니다. 속임수입니다. 다니엘 11장 32절을 보겠습니다.

> 그가 또 언약을 배반하고 악행하는 자를 속임수로 타락시킬 것이나

오직 자기의 하나님을 아는 백성은 강하여 용맹을 떨치리라

이 말씀은 우리가 무엇을 조심해야 하는지를 보여줍니다. 우리의 원수 마귀나 하나님을 대적하는 이 세상, 그리고 어리석은 인간의 약함은 속임수로 무너질 수 있습니다. 핍박보다 무서운 것이 원수의 속임수입니다. '적당히 믿어라', '세상 재미도 보면서 믿어라', '하나님은 사랑이시니 죄를 지어도 괜찮다' 이런 무서운 속임수가 있습니다. 사도 바울은 믿음의 아들인 디모데에게 이렇게 충고했습니다. 디모데후서 3장 12-17절입니다.

> 무릇 그리스도 예수 안에서 경건하게 살고자 하는 자는 박해를 받으리라 악한 사람들과 속이는 자들은 더욱 악하여져서 속이기도 하고 속기도 하나니 그러나 너는 배우고 확신한 일에 거하라 너는 네가 누구에게서 배운 것을 알며 또 어려서부터 성경을 알았나니 성경은 능히 너로 하여금 그리스도 예수 안에 있는 믿음으로 말미암아 구원에 이르는 지혜가 있게 하느니라 모든 성경은 하나님의 감동으로 된 것으로 교훈과 책망과 바르게 함과 의로 교육하기에 유익하니 이는 하나님의 사람으로 온전하게 하며 모든 선한 일을 행할 능력을 갖추게 하려 함이라

둘째는, 영생의 중요성입니다. 다니엘 12장 2절에 '영생'이라는 단어가 있습니다. 오늘날 우리에게는 이 영생이라는 단어가 익숙합니다. '예수 믿으면 영생!'이 무슨 표어처럼 되었습니다. 영생이라는 말이 흔합니다. 그런데 성경에는 영생이라는 단어가 창세기에 한 번 나

오고 사라집니다. 그러다가 다니엘서에 갑작스럽게 등장합니다. 다니엘이 엄청난 역사의 종말에 대한 계시를 받은 때 이 말이 다시 등장한 것입니다. 그리고 예수님이 오신 후에는 그야말로 쏟아져 나옵니다. 영생은 영원한 생명이라는 뜻입니다. 에덴동산에 생명나무가 있었습니다. 인간이 범죄한 후 생명나무의 길은 폐쇄되었습니다. 창세기 3장 22-24절을 보겠습니다.

> 여호와 하나님이 이르시되 보라 이 사람이 선악을 아는 일에 우리 중 하나같이 되었으니 그가 그의 손을 들어 생명 나무 열매도 따먹고 영생할까 하노라 하시고 여호와 하나님이 에덴 동산에서 그를 내보내어 그의 근원이 된 땅을 갈게 하시니라 이같이 하나님이 그 사람을 쫓아내시고 에덴 동산 동쪽에 그룹들과 두루 도는 불 칼을 두어 생명 나무의 길을 지키게 하시니라

다니엘서에는 '땅의 티끌'이라는 말씀과 함께 '영생'이라는 말씀이 있습니다. 모두 창세기 3장을 염두에 둔 말씀입니다. 사람은 흙에 불과합니다. 땅을 가는 존재입니다. 영생은 하나님을 아는 것인데, 이것이 흙을 가는 존재인 사람에게 나타났습니다. 그러나 다 영생에 이르는 것이 아닙니다. 어떤 사람들은 영원히 수치를 당하기도 한다는 말씀도 있습니다. '과연 우리에게 영생이 있는가?' 깊이 물어야 합니다. 요한복음을 보겠습니다.

> 이는 그를 믿는 자마다 영생을 얻게 하려 하심이니라 하나님이 세상을 이처럼 사랑하사 독생자를 주셨으니 이는 그를 믿는 자마다 멸망하지

않고 영생을 얻게 하려 하심이라 요 3:15-16

내가 진실로 진실로 너희에게 이르노니 내 말을 듣고 또 나 보내신 이를 믿는 자는 영생을 얻었고 심판에 이르지 아니하나니 사망에서 생명으로 옮겼느니라 요 5:24

셋째는, '하나님의 주권'에 대한 것입니다. 다니엘이 본 역사는 성도에게는 큰 환란의 역사였습니다. 그야말로 두려운 일입니다. 언제 끝날지를 물었을 때 무언가 때를 말하는 것 같은데 알 수 없는 미지였습니다. '도대체 이 역사는 누가 지배하는 것인가?'라는 탄식이 나올 상황입니다.

그러나 다니엘서나 성경 전체에서 이 질문에 대한 답은 명백합니다. 역사의 주관자는 하나님이시라는 것입니다. 다니엘서 12장 7절에 있는 "영원히 살아 계시는 이", "이 모든 일이 끝나리라"는 말씀은 하나님께서 이 어둠의 역사를 주관하시는 분임을 증언합니다. 악이 비록 성하여도 그것은 하나님이 허락하시는 한도 내에서입니다. 그러므로 우리 성도들은 환란과 고난이 닥칠 때 하나님만 의지해야 합니다. 시편 46편 1-11절을 보겠습니다.

하나님은 우리의 피난처시요 힘이시니 환난 중에 만날 큰 도움이시라 그러므로 땅이 변하든지 산이 흔들려 바다 가운데에 빠지든지 바닷물이 솟아나고 뛰놀든지 그것이 넘침으로 산이 흔들릴지라도 우리는 두려워하지 아니하리로다 한 시내가 있어 나뉘어 흘러 하나님의 성 곧 지존하신 이의 성소를 기쁘게 하도다 하나님이 그 성 중에 계시매

성이 흔들리지 아니할 것이라 새벽에 하나님이 도우시리로다 뭇 나라
가 떠들며 왕국이 흔들렸더니 그가 소리를 내시매 땅이 녹았도다 만
군의 여호와께서 우리와 함께하시니 야곱의 하나님은 우리의 피난처
시로다 와서 여호와의 행적을 볼지어다 그가 땅을 황무지로 만드셨도
다 그가 땅끝까지 전쟁을 쉬게 하심이여 활을 꺾고 창을 끊으며 수레
를 불사르시는도다 이르시기를 너희는 가만히 있어 내가 하나님 됨을
알지어다 내가 뭇 나라 중에서 높임을 받으리라 내가 세계 중에서 높
임을 받으리라 하시도다 만군의 여호와께서 우리와 함께하시니 야곱
의 하나님은 우리의 피난처시로다

다니엘은 평안한 노후를 맞았습니다. 우연이 아닙니다. 역사의 소용돌이 속에서도 하나님을 피난처로 삼은 사람의 모습입니다.

넷째는, '기다리는 삶'입니다. 다니엘은 이런 메시지를 받습니다. "너는 가서 마지막을 기다리라"(13절), "다니엘아 갈지어다"(9절). 이때 다니엘은 85세가 넘었습니다. 그런데 이것은 '죽을 날을 기다리라'는 것은 아닙니다. 이제 이 큰 계시의 말씀을 들은 자로서 기다리며 살라는 뜻입니다. 이 기다림은 아무것도 하지 않고 막연히 기다리는 것이 아닙니다. 본문에도 다니엘이 할 일이 있습니다. 먼저는 받은 계시를 기록하고 잘 간수하며 후대에 전하는 것, 바로 성경을 고수하는 일입니다. 다니엘 때에 계시가 폭발적으로 임했습니다. 엄청난 신학적 산물을 하나님의 백성들이 받습니다.

언제나 위기는 성경의 위기이기도 합니다. 계시의 말씀을 희석하고, 하나님의 말씀을 인간의 생각으로 떨어뜨립니다. 혹은 세상의 지식보다 못한 책으로 폄하합니다. 예레미야 36장을 보면, 유다 왕

여호야김이 계시의 말씀을 불사릅니다. 칼로 하나씩 찢어 불태웁니다. 참으로 악한 왕입니다. 하나님은 다니엘에게 이런 악한 세상에서 성경을 간수하고 후대의 성도들이 볼 수 있도록 하라고 하십니다. 이것은 다니엘의 삶의 중요한 사명입니다.

그다음 할 일은 지혜자가 되어서 미혹을 당하는 성도들을 바른 길로 인도하는 것입니다. 다니엘 12장 3절을 봅시다.

> 지혜 있는 자는 궁창의 빛과 같이 빛날 것이요 많은 사람을 옳은 데로 돌아오게 한 자는 별과 같이 영원토록 빛나리라

참된 지혜는 첨단 지식에 있는 것이 아니라 하나님을 경외하는 마음에 있습니다. 사람이 하나님을 경외하면 미혹이나 속임수에 빠지지 않습니다. 이런 사람은 자기 자신만이 아니라 다른 사람도 참된 길로 인도할 수 있습니다.

우리에게 미래에 이루어질 계시와 현재의 삶은 굉장히 동떨어져 보입니다. 그러나 미래에 소망을 둔 사람은 바로 현재의 삶에 충실한 사람입니다. 우리는 현실에 집착하지 말아야 하지만 현실을 외면하지도 말아야 합니다. "다니엘아, 너는 가서 마지막을 기다리라." 이 말씀은 다니엘뿐 아니라 우리에게도 하나님이 이끌어 가시는 역사의 현장에서 주어진 사명에 충실하도록 격려하는 말씀입니다.

두 종 이야기

[마 24:44-51]

이러므로 너희도 준비하고 있으라 생각하지 않은 때에 인자가 오리라 충성되고 지혜 있는 종이 되어 주인에게 그 집 사람들을 맡아 때를 따라 양식을 나눠 줄 자가 누구냐 주인이 올 때에 그 종이 이렇게 하는 것을 보면 그 종이 복이 있으리로다 내가 진실로 너희에게 이르노니 주인이 그의 모든 소유를 그에게 맡기리라 만일 그 악한 종이 마음에 생각하기를 주인이 더디 오리라 하여 동료들을 때리며 술친구들과 더불어 먹고 마시게 되면 생각하지 않은 날 알지 못하는 시각에 그 종의 주인이 이르러 엄히 때리고 외식하는 자가 받는 벌에 처하리니 거기서 슬피 울며 이를 갈리라

식물을 연구하는 사람이 깜짝 놀랄 만한 흥미로운 것들을 발견했습니다. 호박을 두 군데 심어놓고 한쪽에는 멋진 클래식 음악을, 다른 한쪽에는 시끄러운 소음을 들려주었습니다. 그런데 호박 넝쿨

이 커 가면서 클래식 음악이 나오는 스피커를 감싸고, 시끄런 소음이 나오는 스피커는 피해서 담장 너머로 도망치더라는 것입니다. 식물도 소리에 반응합니다. 얼마 전에는 TV에서 춤추는 화초를 보았습니다. 무초(dancing tree)라는 콩과 식물인데, 모차르트 음악을 들려주자 관절이 마치 춤을 추는 것처럼 움직입니다. 매우 특이한 식물이 아닐 수 없습니다.

이렇듯 놀라운 식물 이야기 중에 잡초 이야기도 있습니다. 길가에 아무렇게나 돋아 있는 잡초는 때를 따라 꽃이 피고 열매를 맺어 후대를 잇는데, 갑자기 환경이 나빠지거나 날씨가 나빠지면 빨리 꽃을 피우고 다급하게 열매를 맺는답니다. 잡초에게 다음 세대를 만드는 뚜렷한 목적의식이 있다는 뜻입니다. 그래서 잎이 무성하고 크게 자라는 것을 다 포기하고 열매를 향해 온 힘을 기울여 그 목적을 달성하고 생을 마칩니다.

사람은 그 어떤 동물이나 식물보다도 종말의식이 뚜렷합니다. 그래서 사람은 달력을 만들고 한 해를 지날 때 1년을 마무리합니다. 한 해가 지날 때마다 뚜렷한 의식이 우리에게 있지 않습니까!

종말의식 앞에서 우리는 여러 가지로 생각이 나뉩니다. 어떤 사람들은 이 세상에서 한 번 살다가 죽으면 그것으로 모든 것이 끝난다고 생각합니다. 또 어떤 사람들은 윤회를 믿습니다. 다음 생이 있어 뭔가로 다시 태어난다고 생각합니다. 그런데 성경은 인간의 종말을 어떻게 말하고 있을까요? 성경만큼 종말에 대하여 뚜렷하게 말하는 것이 있을까 할 정도로 성경은 사람에게 종말이 있음을 명확히 보여주고 있습니다. 히브리서 9장 27절에 "한번 죽는 것은 사람에게 정해진 것이요 그 후에는 심판이 있으리니"라고 합니다. 하루 하루 한 달 두 달, 한 해 한 해를 지나 인생이 마감되면 그것으로 허무하게 끝나는 것이 아니라, 우리가 살아온 삶의 모습을 평가하는 심판의 자리가 기다리고 있다는 것입니다. 정말 성경은 매우 또렷하게 인생의 갈 길을 보여줍니다.

사람에게는 이런 인생의 목적이 있습니다. 사람은 사는 목적과 목표가 있을 때 비로소 성장합니다. 어떤 생명체든지 성장하고 성숙해야 그때 비로소 열매를 맺을 수 있습니다. 대학입시라는 뚜렷한 목표를 가진 수험생에게는 시간이 그냥 흘러가는 것이 아닙니다. 시험 치는 날을 D-day로 정해 놓은 그때부터 마이너스로 시간을 계산합니다. 더위나 추위도 상관없습니다. 심지어는 코로나19도 막지 못합니다. 시험을 치는 목적이 뚜렷하기 때문입니다. 이처럼 인생도 하나님 앞에 설 뚜렷한 인생 목적을 가지면 하루하루가 의미를 갖게 되고, 인생의 여러 가지 역경들 앞에서 굴복하지 않는 용기와 지혜를 발휘합니다.

본문 말씀은 예수님과 제자들이 나눈 종말에 대한 이야기입니다. "이러므로 너희도 준비하고 있으라."

이것이 본문의 핵심 내용입니다. 그 누구도 피할 수 없는 인생의 종말을 나는 어떻게 맞을까, 어떤 준비를 해야 후회 없는 인생을 사는 것일까를 생각하게 하는 말씀입니다. 여기에 예수님은 두 사람의 종을 등장시켜 말씀하십니다. 예수님의 말씀의 특징은 어려운 논제를 아주 쉽게 일상의 삶으로 비유하여 이야기해 주신다는 것입니다. '공중 나는 새를 보라, 들의 꽃을 보라, 씨 뿌리는 농부 등등' 평범한 사람들의 일상사를 가지고 인생의 중대사를 펼쳐 보이십니다. 그래서 누구나 다 알아들을 수 있습니다.

예수님이 말씀하시는 종말론은 어렵지 않습니다. 여기 종말론에 두 사람의 종이 등장합니다. 예수님 당시에는 종들이 있었습니다. 요즘으로 치면 '회사원 두 사람 이야기'라고 할 수 있습니다. 한 명의 종은 충성되고 지혜 있는 종입니다. 종말적 삶을 충성과 지혜로 사는 사람의 모습입니다. 충성은 믿을 만하다는 말이고, 지혜는 통찰력을 말합니다. 사람은 누구나 종말을 인식할 때 이 두 가지, 믿을 만한 사람이어야 하고 또한 매사에 사려 깊은 통찰력이 있어야 한다는 말씀입니다.

교육학자들은 사람이 교육을 받을 때 젊어서는 기억력으로, 나이가 들면 통찰력으로 배운다고 합니다. 4~50대만 되어도 배워도 잊어버리고 잘 외워지지도 않습니다. 그래서 '내가 이 나이에 무슨 공부를 하나' 하며 포기하지만, 기억력 중심의 공부는 절반의 공부일 뿐입니다. 나이가 들면 통찰력이 발달하는데 여기서부터 대단히 중요한 인생 공부가 시작됩니다. 통찰력 공부는 인생을 제대로 배워 가는 공부입니다. 매사에 신중해지고 이전에 보이지 않던 것들이 보이기 시작합니다. 무엇보다 먼저, 인생의 주인이 누구인지를 알게 됩니다. 젊어서는 내 인생이고 모든 것이 전부 내 것인 줄 알았습니다.

그런데 통찰력이 생기면서 내 인생은 하나님의 선물임을 알게 됩니다. 이 몸뿐 아니라 내가 쓰는 모든 것들, 내 재능, 내 직분 모든 것이 다 받은 것이고 맡은 것입니다. 그래서 "주인에게 그 집 사람들을 맡아"라고 합니다. 하나님께서 임명해 주셨다는 말씀입니다. 바로 이것이 충성되고 지혜로운 자로 종말을 살아가는 첫째 요건입니다.

그러면 하나님께서 나에게 무엇을 맡기셨을까요? 바로 주인 집 사람들에게 때를 따라 양식을 나눠 주는 일입니다. 하나님은 하나님의 집 사람들을 내게 맡겨 주십니다. 이것이 주인 집 사람들이라는 말입니다. 지금 나와 함께 살며 관계하는 사람들이 사실은 하나님의 집 사람들입니다. 내 남편, 내 아내, 내 자녀, 내 옆의 교인들 전부가 하나님의 백성입니다. 내 것이 아닙니다. 하나님의 것입니다.

그런데 여기서 놀라운 것은, 하나님의 사람들이 먹는 양식을 예수님이 명백하게 밝혀 놓으셨다는 사실입니다. "사람이 떡으로만 사는 것이 아니요 하나님의 입에서 나오는 모든 말씀으로 산다." 예수님은 육신의 양식을 부정하지 않으십니다. '떡으로만'은 떡을 포함한다는 뜻입니다. 육의 양식을 먹이는 것은 하나님이 맡기신 일 중의 한 부분입니다. 집에서 밥을 할 때 '이것은 나에게 맡기신 하나님의 일'이라는 분명한 의식이 있어야 합니다.

이것이 다가 아닙니다. 예수님은 썩는 양식을 위하여 일하지 말고 썩지 않는 양식을 위하여 일하라 하셨습니다. 일찍이 아모스 선지자는 기근이 오는데 이 기근은 '여호와의 말씀을 듣지 못하는 것'이라고 하였습니다. 그 이유는 무엇입니까? 하나님의 종이 제대로 된 양식을 제때 나눠 주지 않기 때문입니다. 이 양식은 '때를 따라' 나눠 주어야 합니다. 여기 예수님이 말씀하시는 '때'는 결정적인 시간입니다. 시간은 시계로 재는 '기계적 시간'이 있고, 뭔가가 무르익는 '결정적인 시간'이 있습니다. 사도 바울이 '세월을 아껴라. 때가 악하다'고 했는데, 때때로 시간이 악에 물드는 때가 있더라는 것입니다. 반대로 선이 지배하는 때도 있습니다. 전도서에는 시간을 이렇게 묘사합니다.

> 범사에 기한이 있고 천하 만사가 다 때가 있나니 **전 3:1**

> 하나님이 모든 것을 지으시되 때를 따라 아름답게 하셨고 또 사람들에게는 영원을 사모하는 마음을 주셨느니라 그러나 하나님이 하시는 일의 시종을 사람으로 측량할 수 없게 하셨도다 **전 3:11**

여기서 말하는 시간은 다 '결정적 시간'입니다. 문제는 하나님의 때(시종-처음과 끝)를 우리가 전혀 모른다는 것입니다. 하지만 우리가 알 수 있는 것도 있습니다. 하나님의 뜻입니다. 그래서 우리는 시간 속에서 하나님의 뜻을 부지런히 물어야 합니다. 때에 대하여는 전혀 모르니 세월을 아끼며 기회를 선용해야 합니다. 주의하십시오. 하나님의 뜻, 하나님이 맡겨 주신 일을 자꾸 뒤로 미루다가는 졸지에 기회를 잃을 수 있습니다. 갈라디아 6장 9-10절에는 이런 말씀이 있습니다.

> 우리가 선을 행하되 낙심하지 말지니 포기하지 아니하면 때가 이르매 거두리라 그러므로 우리는 기회 있는 대로 모든 이에게 착한 일을 하되 더욱 믿음의 가정들에게 할지니라

종말과 관련하여 '지혜롭고 충성된 종'을 말할 때 예수님은 이런 종에게 '복이 있다'고 말씀하십니다. 그리고 주인이 모든 소유를 그

에게 맡길 것이라고 하십니다.

이제 악한 종을 보겠습니다. 예수님은 다짜고짜 '악한 종'이라고 하십니다. 종의 행실을 밝히는데 동료들을 때리며 술로 세월을 지새우는 행위를 말씀하십니다. 그래서 우리는 악한 종은 우리와는 별 상관없는 부류라고 생각합니다.

우리나라에 기독교가 들어올 때 금주를 강력하게 시행했습니다. 그래서 우리나라에서 기독교인 하면 술 안 먹는 사람이라는 이미지가 큽니다. 정말 좋은 전통입니다. 사실 요즘 들어 이것이 많이 깨지고 있기는 하지만, 성경이 술의 폐해를 많이 말씀하고 있기 때문에 우리는 여전히 '술친구들과 더불어 먹고 마신다'를 경계합니다. 그런데 여기 예수님이 악한 종을 말하는 것이 다만 술 문제뿐일까요? 또한 동료들을 때리는 것이 전부일까요?

이보다 더 중요한 것이 있습니다. 종의 마음 상태입니다. 악한 종은 '주인이 더디 오리라'고 생각합니다. 여기 마음의 생각이 대단히 중요합니다. 종은 주인이 더디 오리라는 것을 마음으로 생각합니다. 무슨 말입니까? 종이 겉으로는 이런 것을 드러내지 않는다는 뜻입니다. 입으로 소리 내어 '주인이 더디 오리라' 하거나 노골적으로 주인의 뜻에 반하는 행동을 나타낸다면, 적어도 그는 겉과 속이 다른 사람은 아닐 것입니다.

그러나 악한 종은 겉과 속이 달랐습니다. 겉으로는 주인의 종이지만 속으로는 주인과 거리가 멉니다. '주인이 더디 오리라'는 말은 '주인과 멀리 있다'는 뜻입니다. 마음이 멉니다. 이렇게 겉과 속이 다른 사람을 성경은 뭐라고 부릅니까? 외식하는 자라고 부릅니다. 그래서 51절에 주님이 종말의 심판을 하실 때 "외식하는 자가 받는 벌에 처하리라" 하신 것입니다.

정리해 보겠습니다. 악한 종의 악한 행동들이 있습니다. 그는 동료들을 때립니다. 동료란 하나님의 일을 맡은 동역자들입니다. 그런데 때린다는 것은 그들을 차별한다는 말입니다. 마치 자기가 주인이라도 된 양 행동합니다. 그는 술친구와 더불어 먹고 마십니다. 성경에서 술은 밤에 마시는 것으로 표현하는데, 이 이미지를 가지고 술 취함을 어둠에 속한 것으로 이해할 수 있습니다.

자! 이런 모든 악한 행위는 어디서 옵니까? 악한 마음입니다. 예수님은 사람은 그 마음에서 모든 것이 나온다고 하셨습니다. 그러니 악한 행동 이전에 더 중요한 것은 그 사람의 마음 상태입니다. 악한 종은 마음의 상태가 겉과 속이 다른 외식하는 사람입니다. 겉으로는 믿는 신자인 척, 주님의 종인 척하지만 마음은 주님과 멀리 떨어진 상태이기에 결국은 눈 가리고 아웅하는 삶이 불거져 나오고 만 것입니다. '주인이 더디 오리라'는 이 마음의 생각이 이 종을 악한 종으로 만들었습니다. 야고보서에 이런 말씀이 나옵니다. 5장 7-9절입니다.

> 그러므로 형제들아 주께서 강림하시기까지 길이 참으라 보라 농부가 땅에서 나는 귀한 열매를 바라고 길이 참아 이른 비와 늦은 비를 기다리나니 너희도 길이 참고 마음을 굳건하게 하라 주의 강림이 가까우니라 형제들아 서로 원망하지 말라 그리하여야 심판을 면하리라 보라 심판주가 문 밖에 서 계시니라

여기 나오는 문구들을 보십시오. '주의 강림', '주의 강림이 가까우니라' '보라 심판주가 문 밖에 서 계시니라'입니다. 저는 이런 표현들이 이해되지 않았습니다. 아니, 그렇게 가까우면 벌써 주님이 오셨어야 하는 것이 아닐까요? '문 밖에 서 계시다'니 말입니다.

그런데 이것은 주님을 기계적 시간으로만 인식하는 데서 오는 오해입니다. 주님과 우리와의 관계는 종말적인 것에만 있는 것이 아닙니다. 더 중요한 것이 있습니다. 바로 주님과 동행하는 것입니다. 주님을 가까이하는 것입니다. 주님이 언제 오실지는 우리의 소관이 아닙니다. 우리에게 중요한 것은 따로 있습니다. 주님을 가까이해야 한다는 것입니다. 야고보서는 '주님이 문 밖에 계실 정도로 주님의 임재를 가까이 느끼는 삶을 살라'고 합니다. 그래야 똑바로 살 수 있게 된다는 말씀입니다. 여러분, 가끔 TV에서 카메라를 들이댔을 때 사람들의 표정을 살펴보십시오. 모두들 스마일 모드가 되지 않습니까? TV에만 나온대도 사람의 표정이 이렇게 바뀝니다.

특히 야고보서 말씀의 문맥을 보십시오. 인내를 말하는 중에 나온 말씀입니다. 인내도 그냥 인내가 아니라 선을 행하고 사는 삶에서 인내해야 할 것을 다룹니다. 그냥 지난한 삶만이 아니라 껄끄러운 형제들까지 대하며 살아가는 삶입니다. 이런 삶을 견뎌 내려면 주님을 가까이 하는 마음의 상태가 있어야만 합니다. 이것을 야고보서가 말씀합니다.

하지만 오늘 본문의 악한 종은 이미 그 마음에서 주님과 멉니다. "마음이 청결한 자는 복이 있나니 그들이 하나님을 볼 것임이요"(마 5:8)라는 말씀에 비추어 볼 때, 악한 종은 이미 그런 마음으로는 하나님을 보지 못합니다. 하지만 겉으로는 믿는 자인 척합니다. 주인의 종으로, 하나님의 일을 맡은 사람으로 다른 사람들이 눈치채지 못하는 외식하는 삶을 살고 있습니다. 이런 사람에게서는 그 마음에 쌓은 것이 언젠가는 겉으로 흘러나옵니다. 그게 동료들을 때리며 술친구와 더불어 먹고 마시는 모습으로 나타난 것입니다. 사람이 아무리 자신의 마음을 숨기려 해도 언젠가는 그 마음이 겉으로 나타나게 되어 있기 때문입니다. 예수님은 우리에게 이것을 조심하라고 하십니다. 우리도 그렇게 될 수 있기 때문입니다.

누가복음 21장 34-36절을 보면서 말씀을 마치겠습니다.

> 너희는 스스로 조심하라 그렇지 않으면 방탕함과 술취함과 생활의 염려로 마음이 둔하여지고 뜻밖에 그날이 덫과 같이 너희에게 임하리라 이날은 온 지구상에 거하는 모든 사람에게 임하리라 이러므로 너희는 장차 올 이 모든 일을 능히 피하고 인자 앞에 서도록 항상 기도하며 깨어 있으라 하시니라

Invite you to the Lord's table

풍성한 주님의 식탁으로 초대합니다

부록
목사의 자전거 세상
(칼럼)

이 길은 또한 고통의 길이기도 하다.

자전거는 간 만큼 되돌아와야 한다.

힘들어도 자전거를 내팽개칠 수는 없는 노릇이다.

만신창이가 되어 끌고 가는 한이 있더라도 끝까지 가야만 한다.

자전거 여행은 비가 오면 그 비를 다 맞는다.

바람은 아예 처음부터 동반자다.

펑크가 나기도 하고 넘어져 무릎이나 팔꿈치, 팔다리가 까지기도 한다.

그 긴 여정에 음식 사먹을 곳 하나 만나지 못해 '개고생'도 한다.

이런 양면성에서 자전거 여행은 우리 신앙 여정을 닮아 있다.

— 본문 중에서 —

투어

　　자전거를 탄 지는 오래되어 어린 시절부터지만, 운동과 취미로 시작한 것은 10여 년 전이다. 나는 소위 자덕('자전거 덕후'의 준말로 자전거 마니아를 일컫는 표현이다)이 된 것이다. 나는 목사이며 자전거를 타는 사람이다. 목사라는 말에는 전문적인 의미에서 하나의 직업을 넘어 신학을 전공한 신학자라는 의미도 담겨 있다. 신학이 무엇인가? 흔히 하나님에 대한 학문이라고 말할 수 있다. 그러나 이런 뜻도 있다. '신학이란 하나님의 눈으로 만사를 보는 것이다.' 참 마음에 드는 해석이다. 그리스도인은 하나님의 마음을 품은 사람이다. 그래서 세상의 모든 것을 하나님의 시각으로 볼 수 있는 안목을 키워 간다.

　　내가 새롭게 자전거를 타기 시작할 때 처음에는 자전거의 세계만 크게 보였다. 동네 자전거를 타다가 로드 사이클이 있음을 보았고, 유럽의 유수한 사이클 대회들을 보면서 자전거의 세계가 얼마나 큰지를 발견한 것이다. 그래서 자전거의 매력에 빠져 장비들을 마련하는 데 몰두했고, 내가 사는 지역을 넘어 국토 종주와 4대 강, 그랜드 슬램(2012년에 국토교통부에서 시행한 인증제를 말한다)까지 마치고도 모자라 설악산, 지리산 등 전국의 높다는 명산을 넘어 다니며 사이클링을 즐겼다. 하지만 본래 내 전공은 신학이 아니던가! 자전거를 탈 때마다 신학적 생각들이 솟아올랐다. 사이클링을 하나님의 시각으로 보기 시작한 것이다.

자전거와 신학을 엮을 때 먼저 떠오른 생각은, 사이클링이 신앙의 여정을 닮았다는 것이다. 우리가 평소 자전거를 대할 때는 그저 바람이나 쏘이고 짐이나 운반하는 수단 정도다. 하지만 요즘 자전거는 이와는 다른 양상을 띤다. 자전거를 타면서 엄청난 여행도 한다.

유럽은 자전거의 원산지답게 유서 깊은 사이클 대회가 많다. 대표적인 것이 투르 드 프랑스(1903년에 프랑스에서 시작된 유서 깊은 사이클 대회다. 우리나라에는 투르 드 코리아가 있다)다. 자그마치 3주간 동안 3,500킬로미터를 달리는 경기다. 알프스를 넘어 달린다. 그런데 제목을 투르, 즉 여행이라고 한다. 선수들은 지옥 같은 경주를 펼친다. 이것을 생중계하는데, 보는 이들은 스포츠를 즐김과 동시에 전국의 명소를 보는 즐거움도 누린다. 그야말로 투르 드 프랑스는 그 어느 스포츠에서도 보기 힘든 대장정의 여행이다.

근자에는 자전거에 랜도너스라는 장르가 생겼다. 자전거 모험을 즐기는 사람들을 위한 것인데, 기본이 200킬로미터를 정한 시간에 마치는 것이다. 기본이 그렇고 500, 600, 1,000킬로미터 이상을 정한 시간 안에 마쳐야 한다. 이런 정신 나간 짓을 누가 하랴 하겠지만 수많은 사람들이 도전한다. 자전거로 떠나는 여행은 즐거움과 고통이 함께 담겨 있다. 그리고 그것은 오롯이 우리들의 신앙 여정과 닮았다.

여행길의 특징은 생각하는 것이다. 무심히 지나치던 사물이 눈에 들어올 때 생각하게 된다. 나는 자전거로 낙동강을 지나면서 장엄한 일몰이 드리워질 때 사람들이 자전거를 세우고 넘어가는 태양과 붉은 노을 앞에서 넋을 잃고 바라보는 라이더들을 숱하게 보았다. 자전거를 타는 사람이 누릴 수 있는 행복이다. 자전거는 걷는 것보다

빨라 더 멀리 갈 수 있으면서도 자동차보다는 느려 작은 풍경도 그냥 지나치지 않는다. 5월에는 찔레꽃 향기가 천지에 진동하는데, 온 천지에 향수를 얼마나 뿌려야 이런 일이 가능할까를 생각하며 감탄한다. 늦가을 강변에는 누런 억새풀에 더욱 도드라지는 강물의 푸른색이 눈앞에 펼쳐지고, 시골길을 달릴 때면 짙은 들깨 향이 퍼져 온다. 이런 모든 아름답고 행복한 여행이 얼마나 삶을 풍성하게 만드는지 모른다.

그러나 이 길은 또한 고통의 길이기도 하다. 자전거는 간 만큼 되돌아와야 한다. 힘들어도 자전거를 내팽개칠 수는 없는 노릇이다. 만신창이가 되어 끌고 가는 한이 있더라도 끝까지 가야만 한다. 자전거 여행은 비가 오면 그 비를 다 맞는다. 바람은 아예 처음부터 동반자다. 펑크가 나기도 하고 넘어져 무릎이나 팔꿈치, 팔다리가 까지기도 한다. 그 긴 여정에 음식 사먹을 곳 하나 만나지 못해 '개고생'도 한다. 이런 양면성에서 자전거 여행은 우리 신앙 여정을 닮아 있다.

이스라엘 백성이 출애굽 하여 광야로 나왔을 때 그들은 사정없이 불평을 쏟아 냈다. 만약 이들이 신앙은 하나의 여정이며 순례길이라는 것을 마음에 새겼다면 불평과 원망만 하지는 않았으리라. 오히려 그 여정에서 만나는 모든 것을 하나의 훈련으로 삼으며 소화해 냈을 것이다. 신명기에는 광야길 이스라엘 백성의 신앙 여정의 의미를 이렇게 쓰고 있다.

네 하나님 여호와께서 이 사십 년 동안에 네게 광야 길을 걷게 하신 것을 기억하라 이는 너를 낮추시며 너를 시험하사 네 마음이 어떠한지 그 명령을 지키는지 지키지 않는지 알려 하심이라 너를 낮추시며 너를 주리게 하시며 또 너도 알지 못하며 네 조상들도 알지 못하던 만나를 네게 먹이신 것은 사람이 떡으로만 사는 것이 아니요 여호와의 입에서 나오는 모든 말씀으로 사는 줄을 네가 알게 하려 하심이니라 이 사십 년 동안에 네 의복이 해어지지 아니하였고 네 발이 부르트지 아니하였 느니라 너는 사람이 그 아들을 징계함같이 네 하나님 여호와께서 너를 징계하시는 줄 마음에 생각하고 네 하나님 여호와의 명령을 지켜 그의 길을 따라가며 그를 경외할지니라 **신 8:2-6**

하나님은 광야의 여정에서 이스라엘 백성이 반드시 알게 되기를 바라는 그 무엇인가를 여기에서 이렇게 밝혀 놓으셨다. 이것이 광야 길의 의미이다. 이스라엘 백성은 거친 광야를 지나면서 하나님의 눈으로 만사를 보는 안목을 키워 갔다.

소음

　　자전거를 타면서 느끼는 행복은 그때그때 다르다. 자덕의 초반 때와 깊이 물들어 갈 때도 다르다. 처음에는 아름다운 길과 멋진 풍경에 마냥 행복한데, 점차 라이딩의 행복은 예상치 못한 데서 느낀다. 이제껏 자전거를 타면서 '아! 좋다'라고 마음 깊이 탄성을 지른 것이 하나 있다. 오르막을 오를 때다. 물론 자전거에서 오르막은 고생이요 고통이다. 이와 반대로 내리막은 엄청난 희열을 준다. 오죽하면 '내리가즘'이라는 말이 생겼을까. 오르막은 수백 미터에서 수십 킬로미터까지 다양하게 펼쳐지기도 하는데, 오르막이 클수록 고통도 크다. 그런데 왜 오르막에서 희열을 느낄까? 조화의 희열이다.

　그 힘든 오르막을 오를 때는 바퀴 굴러가는 소리와 체인 돌아가는 소리, 그리고 거친 숨소리만 들린다. 다른 아무 소음도 없다. 참으로 놀랍지 않은가! 나는 여기에서 자전거의 성능과 조화에 놀라움을 느꼈다. 어떻게 이 간단해 보이는 기계가 이렇게 부드럽게 작동할까? 평지라면 몰라도 이렇게 가파른 오르막을 오르면서도 왜 단 하나의 잡음도 나지 않는 것일까? 이게 너무 좋은 것이다. 그러다가 문득 신학적인 생각이 발동했다. 아, 이 자전거를 교회라고 생각해 보자. 혹은 '나'라고 여겨 보자. 교회도 오르막 고생길에 이렇게 소음이 없다면 얼마나 좋을까? 성령님이 교회에 임재하시고 교회를 운영하실 때 바퀴 굴러가는 소리와 체인 돌아가는 소리와 성령님의 바람 소리만 들린다면 얼마나 기가 막힐까.

자전거의 소음은 다양하게 발생한다. 한번은 산악용 자전거(MTB)를 탈 때인데, MTB 바퀴는 두껍고 바퀴 표면이 울퉁불퉁해 '깍두기'라고 부르기도 한다. 새 타이어로 바꾸고 타는데 어디선가 알 수 없는 소음이 나는 거다. 이것저것 다 살펴보아도 도무지 모르겠는데 나중에 알고 보니 새 타이어의 털(?)들이 바퀴 구를 때 부딪쳐 내는 소음이었다. 이렇게 자전거의 소음은 각양각색이고 그 원인을 알아내기도 쉽지 않다. 구동계나 핸들, 심지어는 안장이나 머리에 쓴 헬멧에서도 온갖 잡 소음이 난다. 아마도 자전거 소음의 원인은 수백 가지가 될 것이다.

그중에도 대표적인 소음이 하나 있다. 체인에서 나는 소음이다. 체인에 기름이 말랐을 때는 날카로운 소음이 발생한다. 체인이 늘어난 경우에도 소음이 일어난다. 자전거 체인은 자전거 부품 중에서도 가장 힘을 많이 받는 부분이다. 그만큼 손상도 크다. 보통은 3,000킬로미터 정도 타면 늘어나서 교체해야 한다. 만약 체인이 늘어났는데도 그냥 두면 소음이 발생한다. 그리고 연결된 부품들을 망가뜨린다. 망가진 것이 주변까지 망가뜨리기 시작하는 것이다.

교회에서 나는 소음 중에 가장 보편적인 것은 일 잘하고 많이 하는 사람에게서 나는 것이다. 주님의 일 전면에 나서서 쉼 없이 일하는 사람은 탈진하기 쉬운데, 그가 탈진하는 것은 그의 입에서 나오는 말로 알아볼 수 있다. 감사와 겸손의 말이 나오면 아직 괜찮은 것이다. 감사로 일하던 사람의 입에서 불평이라는 소음이 나오기 시작한다면, 그는 기름이 말랐거나 늘어난 체인처럼 문제가 생긴 것이다. 그의 입에서 나오는 불평과 원망은 교회를 어지럽힌다. 자신만이 아니라 주변을 갉아먹기 시작한다. 무엇보다도 교회 위에 운행하시는 성령님이 근심하신다. 사도 바울은 이렇게 말한다.

> 하나님의 성령을 근심하게 하지 말라 그 안에서 너희가 구원의 날까지 인치심을 받았느니라 **엡 4:30**

이 말씀 앞에 '우리가 서로 지체가 되었다'는 말씀이 나온다. 교회의 지체들은 자전거의 부품들이 맞물려 있는 것과 같다고 하겠다. 누군가의 불평과 원망과 비방이라는 소음이 서로 맞물리는 것이다.

소음은 교회가 오르막을 오르는 것 같은 수고와 헌신의 여정에서 발생할 확률이 크다. 그런데 모두가 고생하고 수고하고 헌신하는 오르막 같은 사역의 현장에서 잘 정비된 자전거와 같이 사부작 사부작 전진한다면 이보다 더 아름다운 일이 어디 있을까? 성령 하나님이 교회 위에 운행하시면서 정말 기뻐하실 것이다.

자전거의 소음은 정비소에 가면 고칠 수 있다. 자전거는 정비 기술자를 잘 만나야 한다. 그리고 수시로 정비를 받아야 한다. 교회도 마찬가지다. 감사하게도 우리가 상한 심령을 가지고 주님 앞에 나아갈 때 성령님은 수시로 지친 자를 위로하고 기름을 발라서 우리를 고쳐 주신다.

피 빨기

자전거는 혼자 타기도 하지만 그룹으로 타기도 한다. 자전거 대회는 대부분 팀으로 참여한다. 최종으로 우승하는 것은 개인이지만 그가 우승하기까지는 반드시 팀의 활약이 뒷받침되어야 한다. 그래서 팀의 우승이기도 하다. 사이클 경주는 아주 길기 때문에 그 긴 여정에서 살아남으려면 팀의 도움이 필수적이다.

자전거는 바람을 뚫고 가야 한다. 바람의 영향력은 대단하다. 그래서 요즘 자전거는 바람의 영향을 고려하여 설계를 해서 제작한다. 자전거를 타는 사람이 바람의 영향을 덜 받으려면 누군가가 바람막이가 되어 주면 된다. 보통 맨 앞에 있는 사람보다 뒤에서 타는 사람이 약 30퍼센트에서 40퍼센트까지 힘을 절약할 수 있다. 그래서 사이클 경주를 보면 실타래처럼 선수들이 뭉쳐서 간다. 그러다가 결승점이 가까우면 튀어나가는 것이다.

누군가 앞에서 끌 때 뒤에 붙어 바람의 영향을 덜 받고 가는 것을 자덕들은 '피를 빤다'라고 표현한다. 표현이 리얼하다. 앞 사람의 희생으로 덕을 본다는 뜻이다. 그래서 자전거를 그룹으로 탈 때는 서로 돌아가면서 때로는 끌어 주기도 하고 때로는 '피 빨기'도 한다. 한 번 앞에서 끌 때 보통은 30초를 넘기기 힘들다. 그만큼 맨 앞에 끌고 가는 선수는 고통을 받는다. 그래서 조금 끌다가 이내 뒤로 빠진다.

이것은 기러기 같은 철새들이 즐겨 쓰는 방법이기도 하다. 기러기는 V자로 날아가는데 공기의 저항을 최소화하기 위한 전략이다. 앞에서 끌던 기러기가 지치면 뒤로 빠지고 뒤에 있던 기러기가 앞으로 나선다. 기러기는 매우 시끄럽게 날아가는데 이는 동료들을 격려하는 소리라고 한다. 기러기는 수천 킬로미터를 이렇게 날아간다.

교회의 일꾼이 탈진하는 이유가 무엇일까? 힘들기 때문이다. 누구보다도 중책을 맡고 전면에 나서서 일하는 사역자는 맨 앞에서 바람을 맞는 선수와 같다. 그런데 우리는 미련하게도 일하는 사람만 주구장창 앞에 세운다. 그러다가 교회에 소음이 발생한다. 이 소음은 기러기들 같은 동료를 격려하는 소리가 아니다. 원망과 불평과 비방의 소음이다. 이런 소음을 해결하는 방법을 기러기들이나 자전거 경주에서 배울 수 있다. 바로 '피 빨기'다.

한번은 홀로 자전거를 타다가 그룹으로 타는 사람들을 만났다. 본능적으로 따라붙었는데 '아! 이게 피를 빤다는 것이구나'를 실감했다. 고속으로 달리는데도 힘이 들지 않았다. 혼자 자전거를 탈 때보다 속도도 훨씬 빨랐다. 그렇게 따라 붙어 가다가 눈치가 보였다. 자덕들은 자기들 그룹에 누가 끼는 것을 무척 싫어한다. 선두에 서서 끌던 사람이 나를 보더니 "아, 빨리 가세요" 하며 내친다. 미안한 마음도 있었지만 섭섭하기도 했다. 이때 주님이 생각났다. 우리 예수님은 십자가에서 우리를 위하여 보혈을 흘려 주신 분이 아니던가! 더군다나 주님은 우리가 그 보혈을 누릴 때 전혀 눈치를 주시지 않는다. 오히려 주님은 이렇게 말씀하신다.

> 아버지께서 내게 주시는 자는 다 내게로 올 것이요 내게 오는 자는 내
> 가 결코 내쫓지 아니하리라 **요 6:37**

마가복음 6장에는 우리들이 귀담아 들어야 할 주님의 말씀이 있다. 사도들이 사역의 현장에 깊이 몰두하여 음식을 먹을 겨를도 없었던 상황에서 주신 말씀이다. 한 번 읽어 보자.

> 사도들이 예수께 모여 자기들이 행한 것과 가르친 것을 낱낱이 고하니 이르시되 너희는 따로 한적한 곳에 가서 잠깐 쉬어라 하시니 이는 오고 가는 사람이 많아 음식 먹을 겨를도 없음이라 이에 배를 타고 따로 한적한 곳에 갈새 **막 6:30-32**

예수님은 사역에 몰두한 제자들에게 "너희는 따로 한적한 곳에 가서 잠깐 쉬어라"고 말씀하신다. '열심히 일한 자, 더 해라'가 아니다. 이렇게 되면 반드시 교회 안에 소음이 발생한다. 교회의 일꾼들은 수시로 주님의 뒤에 와서 그 피를 빨며 쉼과 위로를 얻어야 한다(주의 보혈 능력 있도다!).

마가복음은 예수님이 제자들을 부르신 이유를 세 가지로 전한다. 먼저 '자기와 함께 있게 하시고'다. 그다음에 전도하는 것과 귀신을 내쫓는 권능을 가지게 하려 함이 뒤따라 나온다(막 3:13-15). 이것이 전도와 귀신을 압도하는 권능이 바로 주님의 그늘 아래 있음을 보여 주는 것이 아니겠는가. 나는 오늘도 주님의 뒤에 붙어 보혈을 빤다.

도그마

　　자전거 회사마다 자기들이 만든 자전거에 이름들을 붙인다. '도그마'는 자전거의 브랜드 이름 중 하나이다. 좀 더 정확히 말하자면 제조사는 피날렐로이고, 자전거 프레임에 붙은 이름이 도그마다. 자전거는 세 부분으로 나눌 수 있는데 프레임과 구동계, 그리고 휠셋이다. 프레임은 자전거의 틀이기 때문에 매우 중요하다. 자전거의 프레임은 가볍고 단단할 때 효과적이다. 그래서 자전거를 제작하는 회사마다 사운을 걸고 이상적인 프레임 제작에 열을 올린다.

　카본 소재 프레임이 발달하면서 자전거는 새로운 지평을 열었는데, 이게 보통 가볍고 단단한 것이 아니다. 여기서 단단하다는 말은 튼튼하다는 말과 다르다. 튼튼함을 넘어선 단단함이다. 카본 소재는 카본 원사를 쌓아 만드는 것이기 때문에 기존의 철이나 알루미늄, 혹은 티타늄보다 장점이 모양을 자유자재로 만들 수 있다. 그래서 보기에도 아름다운 예술품 같은 자전거 형태를 만들 수 있다.

　그러면 이 프레임의 단단함이 왜 중요할까? 안전성 때문이다. 자전거는 생각보다 빠른 속도를 낸다. 사이클 선수들이 스프린트를 칠 때는 시속 60~70킬로미터로 질주한다. 그야말로 프레임에 엄청난 하중이 가해지는 것이다. 자전거가 다운힐을 할 때의 속도는 어마어마하다. 어느 유튜브에서 한 자덕은 내리막에 시속 104킬로미터를 찍은 영상을 올렸다. 프레임은 이런 엄청난 속도를 감당해 내야 한다.

그런데 프레임에 도그마라니, 어떻게 이런 이름을 붙였을까? 내가 신학교에 들어가서 신학을 배울 때 '도그마'라는 단어를 접했다. 기독교 신학에서 도그마는 '교의', '교리'라는 뜻이다. 신앙상 불변의 진리를 나타내는 단어다. 불변의 진리이기 때문에 '독단'이라고도 번역된다. 그런데 이런 종교적 단어를 자전거 프레임에 붙인 것이다. 자전거 회사들마다 자기들이 개발한 자전거의 프레임에 나름대로 이름을 붙인다. 그런데 피날렐로 회사는 자신들의 작품에 얼마나 대단한 자부심과 자신감을 가졌는지 도그마라는 이름을 붙였다. 가격도 매우 비싸다.

그런데 '고구마'라는 것이 있다. 중국에서 도그마를 짝퉁으로 만든 것인데, 자덕들이 도그마 짝퉁이라는 의미에서 '고구마'라는 이름을 붙였다. 가격은 도그마의 10분의 1정도란다. 얼마나 근사하게 만들었는지 진품과 잘 구별되지 않을 정도다. 싼 맛에 사서 쓰는 사람들도 있지만 프레임이 분질러지며 목숨이 오갈 수도 있는 일인지라 신중히 생각해야 한다는 것이 중론이다.

기독교의 교의는 그저 그렇게 만들어진 것이 아니다. 기독교의 도그마는 2천 년간의 기독교를 견딘 매우 단단한 교리다. 교리사를 살펴보면, 기독교의 도그마는 엄청난 대가를 치르고 형성되었다는 것을 알 수 있다. 수백 년간 이단들과 사투를 벌이고 오늘날 우리가 고백하는 사도신경이 형성되었다. 기독교의 도그마는 인간의 지식이나 공교히 만든 이야기가 아니다. 하나님의 계시가 기독교 교의의 원천이다. 세상도 변하고 모든 사상도 변할 수 있다. 그러나 하나님은 변하지 않는 분이시다. 말라기에 이런 말씀이 있다.

> 나 여호와는 변하지 아니하나니 그러므로 야곱의 자손들아 너희가 소멸되지 아니하느니라 **말 3:6**

이렇게 하나님은 변하지 않으신다는 선포로 구약의 계시가 종결된다. 그리고 예수 그리스도가 이 땅에 하나님의 나라를 가지고 오셨다. 신약의 시작이다. 예수님이 선포한 하나님의 나라는 사람에 의해 만들어지는 것이 아니다. 하나님의 나라는 하나님의 통치이기 때문이다. 예수님과 함께 온 하나님 나라 이야기가 기독교 교의의 뼈대다. 이것이 기독교의 도그마다.

예수님은 산상보훈에서 제자들에게 "너희는 세상의 소금"이라 하시면서 "소금이 만일 그 맛을 잃으면 무엇으로 짜게 하리요 후에는 아무 쓸데 없어 다만 밖에 버려져 사람에게 밟힐 뿐이니라"고 하셨다. 소금이 변할 수 있는가? 화학자들은 소금은 변할 수 없다고 말한다. 아마도 당시에 암염을 채취하고 순수한 소금 결정체를 분리해 내는 과정에서 나오는 찌꺼기를 밖에 내다 버렸는데 예수님은 이것을 두고 말씀하신 듯하다. 하지만 예수님의 논지는 명백하다. 하나님의 나라는 소금과 같아서 변할 수 있는 것이 아니다. 다만 복음과 함께 섞여 있는 인간의 욕망이 하나님의 나라를 망칠 수 있음을 경고하신 것이 아니겠는가?

도그마가 흔들리면 기독교는 위태해진다. 그러므로 도그마는 흔들릴 수 없다. 종교 다원시대, 절대적 진리가 위축되고 모든 것을 상대화하는 현대사회에서도 기독교의 교의는 요지부동이다. 우리의 도그마는 독단적이라는 세간의 공격에도 끄떡없이 단단하다. 도그마는 현상에 유혹되지 않는다. 시대의 풍조에도 흔들리지 않는다. 사람들은 도그마라는 훌륭한 자전거를 타고 다닌다. 그리고 우리들의 신앙은 기독교 도그마의 아름답고 훌륭한 교의에 실려 있다. 이런 멋진 자전거를 만들어 준 공학자들이 참 고맙다. 그리고 이런 멋진 기독교 교의를 주신 하나님께 감사하고, 변질되지 않은 도그마를 전해 준 신앙의 선조들이 자랑스럽다. 인간들아, 도그마를 고구마로 바꾸지 말라!

상처

　　구릿빛 피부, 단단한 근육, 늘씬한 몸, 바로 나다. 하지만 그건 내 생각이고 아내는 태양에 검게 그을린 내 모습에 아주 질색을 한다. 강단에 선 얼굴이 너무 어둡다는 것이다. 자전거를 타면 이렇게 햇빛에 노출되어 팔과 다리에 자덕 라인이 생기고 얼굴은 검게 그을린다. 선크림을 바르고 팔 토시와 마스크로 중무장을 해보지만 어쩔 수가 없다. 하지만 햇빛에 비타민D도 생기니 건강한 표식이 아니겠는가! 이 정도는 자덕에게 별 문제가 아니다.

　　자전거 타기에서 심각한 문제는 바로 낙차다. 넘어지면 속절없이 다친다. 살이 까지고 뼈가 부러지고 심하면 목숨을 잃기도 한다. 이런 말이 있다. "자전거를 타는 사람은 두 부류가 있다. 낙차를 경험한 사람과 경험할 사람이다." 누구나 한 번은 크고 작은 사고가 날 수 있다는 말이다. 나도 여러 번 낙차를 했다. 내 어깨에는 낙차한 상처가 남아 있다. 이런 것들로 인해 사람들은 자전거 타는 것을 아예 시작하지 않거나 혹은 중도에 포기해 버린다. 또는 자전거를 타더라도 마치 아이들을 위해 만들어 놓은 풀장에서 헤엄치듯 얕은 라이딩에 머문다. 그럼에도 불구하고 자전거를 탈 가치가 있는 것일까?

　　한번은 존경하는 선배 목사님이 사모님과 함께 나를 찾아오셨다. 이분은 어려서부터 자전거를 타고 싶은 마음이 컸는데 사모님이 안전을 이유로 반대하여 미루고 있었다며, 자전거 입문에 대해 문의를 하셨다. 놀랍게도 내 가이드에 따라 그날로 자전거에 정식 입문하셨다. 그것도 사모님과 함께! 이분들이 낙동강 그 멋진 자전거 길에서 라이딩을 즐길 때마다 나를 '자전거 싸부!'라 부르신다. 얼마나 행복해 하는지 모른다. 지금까지 몇 년을 변함없이 라이딩을 즐기신다. 나도 이분들과 함께 자전거를 타는 것이 참 즐겁다.

내가 권해서 자전거에 입문한 목사님이 또 한 분 있다. 이분은 실력도 좋아서 첫 라이딩에 60킬로미터를 타더니 지금은 아주 실력 있는 자덕이 되셨다. 한번은 심각한 사고가 나서 병원에 실려 갔다는 전화가 왔다. 가슴이 철렁해서 '아, 이제 이 친구는 더 이상 자전거는 안 타겠구나' 했는데 웬걸, 상처를 극복하더니 지금껏 잘 타신다. 이분에게 낙차 사고는 자전거를 떠나는 계기가 아니라 앞으로 더 조심스레 타게 된 하나의 경험일 뿐이었다.

우리의 신앙생활에는 낙차가 없을까? 우리가 하나님께 드리는 기도는 대체로 별 탈 없이 살게 해 달라는 것이다. 하지만 과연 기독교 신앙의 진수가 인생의 별 탈 없는 삶에 있는 것일까? 성경에 나오는 이야기나 기독교 역사를 보면 결코 그렇지 않다는 것을 쉽게 발견한다.

신앙은 모험이다. 신앙은 모험을 향해 여행을 떠나는 것이다. 이 모험 길에는 온갖 위험이 도사리고 있으며, 갖가지 사고와 이에 따른 상처로 얼룩져 있다. 존 번연이 지은 《천로역정》이 바로 우리들의 신앙 여정 이야기가 아니던가! 사도 바울은 자신이 겪은 온갖 신앙의 위험과 시험과 상함을 이렇게 말한다.

그들이 그리스도의 일꾼이냐 정신 없는 말을 하거니와 나는 더욱 그러하도다 내가 수고를 넘치도록 하고 옥에 갇히기도 더 많이 하고 매도 수없이 맞고 여러 번 죽을 뻔하였으니 유대인들에게 사십에서 하나 감한 매를 다섯 번 맞았으며 세 번 태장으로 맞고 한 번 돌로 맞고 세 번 파선하고 일 주야를 깊은 바다에서 지냈으며 여러 번 여행하면서 강의 위험과 강도의 위험과 동족의 위험과 이방인의 위험과 시내의 위험과 광야의 위험과 바다의 위험과 거짓 형제 중의 위험을 당하고 또 수고하며 애쓰고 여러 번 자지 못하고 주리며 목마르고 여러 번 굶고 춥고 헐벗었노라 **고후 11:23-27**

사도 바울이 루스드라에서 험한 꼴을 당했다. 유대인들이 돌로 그를 친 것이다. 돌멩이 하나 맞았다는 이야기가 아니다. 집단 린치다. 그것도 루스드라의 앉은뱅이를 낫게 한 선행 직후에 말이다. 바울이 죽었다고 생각한 유대인들이 성 밖에 내다 버린다. 제자들이 죽은 것 같은 사도 바울을 둘러서서 어찌할 바를 몰라 하는데, 바울이 벌떡 일어나더니 도로 그 성에 들어갔단다(행 14:20). 혀를 내두를 장면이다. 나 같으면 그 성에 도로 들어가기는커녕 뒤도 돌아보지 않고 다른 데로 갔을 것이다. 그런데 사도 바울은 자기를 죽음으로 내몬 그 성으로 도로 들어가서 제자들에게 이런 말을 남긴다.

제자들의 마음을 굳게 하여 이 믿음에 머물러 있으라 권하고 또 우리가 하나님의 나라에 들어가려면 많은 환난을 겪어야 할 것이라 하고 **행 14:22**

사도 바울에게 중요한 것은 사고가 나고 안 나는 것이 아니었다. 그에게 중요한 것은 이것이 그럴 만한 가치가 있느냐 하는 것이었다. 그럴 만한 가치에 따라 산 것이다. 그에게 안일은 그리 중요한 사안이 아니다. 사도 바울이 붙들린 진정한 가치는 예수 그리스도다. 예수와 함께 온 하나님의 나라 복음이다. 그리고 이 복음이 이끄는 신앙 여정을 따라간다. 이것은 모험이다. 험한 세상을 향해 나아가는 신앙의 모험이다. 이 모험에 온갖 위험과 상함이 있지만 그는 개의치 않는다. 실제로 사도 바울은 이 모험에서 많은 상처를 몸에 받았다. 그리고 이렇게 말한다.

> …내가 내 몸에 예수의 흔적을 지니고 있노라 **갈 6:17**

'흔적'(스티그마)은 뭔가에 찔린 자국을 말한다. 사도 바울 몸에 있는 흔적이란 그리스도를 위하여 당한 위험, 고난, 감옥 생활, 매 맞음 등에 의해 그의 몸에 남은 자국들이다. 그는 이런 흔적들을 자랑스러워한다. 이 흔적이야말로 그리스도를 위해 모험을 떠난 사람임을 증명한다.

자덕들은 팔과 다리에 자덕 라인(햇빛에 탄 모습)이 있다. 이것이 자덕의 증거다. 그저 안전한 동네 몇 바퀴 타는 사람에게는 보이지 않는 흔적이다. 자덕은 자전거를 타면서 일어날 수 있는 위험들 때문에 위축되지 않는다. 물론 사고가 일어나지 않는 라이딩에 집중하는 것이 중요하다. 하지만 여기서 이야기하려는 요점은, 상처는 모험을 가로막지 못한다는 것이다.

톨킨과 C.S. 루이스가 각각 판타지 소설을 썼다. 《반지의 제왕》, 《나니아 연대기》다. 이것들은 전부 기독교적 가치관을 바탕에 깔고 있다. 그리고 주제는 모험이다. 신앙은 모험을 향해 떠나는 여정이라는 것이다. 둘 다 영국인들이라서 그런지 강인하다. 요즘의 기독교인들을 이에 비교하면 너무 심약하지 않은가? 조그만 상처를 받아도 화들짝 놀라 신앙의 여정에 마침표를 찍으려 들지는 않는가?

부록 목사의 자전거 세상(칼럼)

장비

　어느 자전거 유튜브 영상을 보았다. 망치로 헬멧을 내리친다. 헬멧을 높은 데서 떨어뜨리고 땅바닥에 내동댕이친다. 자전거 헬멧의 강도를 실험하는 장면이다. 나는 실험이 아니라 실제로 헬멧을 깨먹은 적이 있다. 퍽하고 내 머리가 길바닥에 부딪쳤다. 그런데 마치 솜에 머리가 닿는 느낌이었다. 이게 헬멧의 역할이다.

　헬멧은 한 번 충격을 받으면 다시 사용할 수 없다. 일회용이라는 뜻이다. 이 비싼 헬멧을 단 한 번의 머리 보호를 위해 쓰고 다니는 것이다. 하지만 뇌진탕이 얼마나 위험한지를 안다면 헬멧의 가치를 돈으로 논할 수는 없을 것이다. 자전거 사망 사고에서 4분의 3은 머리 부상 때문이고, 그중에서 97퍼센트가 헬멧을 쓰지 않은 데서 비롯된 것이라는 보고가 있다. 흥미롭게도 자전거가 고속으로 달릴 때만이 아니라 저속으로 달릴 때도 위험은 동일하단다.

　그런데 자전거 헬멧은 언제부터 쓰기 시작했을까? 1975년 이전만 해도 자전거의 헬멧 개념은 없었다. 유럽의 유수한 사이클 대회에서 선수들이 헬멧을 착용하도록 의무화한 것도 2003년에 와서다. 프랑스의 어느 대회에서 한 선수가 사고로 죽고 나서야 강제로 이 규정이 생겼다고 한다. 그러고 보면 자전거에 사용하는 장비들을 첨단화하기 시작한 것은 그리 오래된 일이 아니다. 대부분 역사가 짧다.

자전거를 탈 때 입는 옷을 저지, 빕숏이라고 하는데, 소위 민망하기 그지없는 쫄쫄이 옷이다. 입문자들의 고민은 '이걸 입어야 하나, 말아야 하나?'일 것이다. 재미있는 것은 쫄쫄이를 안 입어 본 사람은 있어도 한 번만 입어 본 사람은 없다는 것이다. 여기 맛들이면 그렇게 된다. 왜 그럴까? 첨단 소재로 만들어졌기 때문에 땀 배출을 잘하면서도 더위와 추위와 바람으로부터 사람을 보호해 준다. 그래서 착용감이 뛰어나고 가격도 만만치 않다.

자전거의 장비들인 헬멧이나 복장은 매우 중요하다. 자전거는 아웃도어 스포츠다. 밖으로 나오면 온갖 자연현상을 극복해야 한다. 더위와 추위와 비바람과 습도까지 상대하다 보면 장비가 얼마나 중요한지 알게 된다. 그래서 '아웃도어는 장비다'라는 말이 있을 정도다. 물론 여기서 말하는 장비는 몸을 보호하는 것만을 말하지 않는다. 장거리 라이딩에서 펑크는 큰 위협이다. 장비를 제대로 갖추지 않는다면 이런 펑크에서 큰 낭패를 볼 수밖에 없을 것이다.

'아웃도어는 장비다'라고 한다면 신앙생활은 영적 무장이다. 사도 바울은 에베소서 6장에서 이 문제를 다룬다. 그는 우리의 신앙 여정에 큰 싸움이 있다는 것을 일러 주는데, 그 싸움은 '통치자들과 권세들과 이 어둠의 세상 주관자들과 하늘에 있는 악의 영들을 상대로 하는' 것이라고 말한다. 벌써 척 듣기만 해도 묵직한 위협이 느껴지지 않는가? 이 전쟁은 결코 만만한 싸움이 아니다. 아니, 이 전쟁은 우리 힘만으로는 감당할 수 없는 싸움이다. 그래서 사도 바울은 두 가지를 주문한다.

"주 안에서 강건하라."

"하나님의 전신갑주를 입으라."

사도 바울이 말하는 영적 아웃도어 장비는 여섯 가지다. 허리띠, 호심경, 신발, 방패, 투구, 그리고 검이다. 이 여섯 가지는 진리, 의, 평안의 복음, 믿음, 구원, 성령(곧 하나님의 말씀)에 대한 이미지들이다. 당시 로마 군인의 모습에서 이런 이미지를 가지고 왔을 것이다.

딸이 내가 라이딩하러 장비를 챙겨 입는 것을 보더니 이런 말을 한다. "아이고, 챙겨 입는 것도 많네요. 번거로워라." 사실 자전거 타는 것 정도는 그냥 운동화 신고 자전거 끌고 나가면 되는 일이 아니던가? 하지만 빕숏과 저지를 입고 헬멧을 쓰고 고글을 착용하고 선크림을 바르고 물통에 전조등을 챙겨 나가는 모습에 번거로움을 느꼈으리라. 이상한 것은 이렇게 챙겨 입으면 라이딩에 집중하기가 쉬워진다는 것이다. 제대로 챙긴 장비가 주는 마음가짐이다.

신앙 여정에서도 장비를 번거롭게 여기는 것은 큰 손실로 다가올 수 있다. 하지만 이 무장들이 무겁고 버거워도 평소에 잘 갖춰 놓는다면, 어느 날 자전거에서 낙차하여 내 머리가 아스팔트 바닥에 부딪칠 때 느꼈던 그 폭신한 안전함을 누릴 것이다.

엔진

자전거에서 엔진은 사람이다. 좀더 좁혀 말해 보자면 허벅지다. 사람의 근육은 하체에 집중되어 있다. 특히 허벅지는 가장 큰 근육 덩어리다. 이 허벅지 근육이 라이딩의 엔진이라는 말이다(그렇다고 자전거가 하체 근육만 쓰는 것은 아니다. 코어 근육과 엉덩이 근육 등 전신의 근육을 사용하는 운동이다). 사람이 나이가 들면 근육이 1년에 1퍼센트씩 빠져나간다. 이것을 방치하면 노년에 큰 낭패를 볼 수 있다. 걷다가 그냥 넘어지고 뼈가 부러질 수 있다. 근 손실이 이렇게 무섭다. 반대로 허벅지 근육이 강하면 건강한 노년을 보낼 수 있다.

당뇨병과 허벅지 근육의 상관성은 이미 잘 알려져 있다. 《50세가 되리라 생각해본 적이 있나요?》라는 책이 있다. 조 프리엘이 쓴 책인데 그는 사이클을 비롯한 운동선수들의 코치다. 책이 재미가 없으니 읽으라는 권유는 하고 싶지 않다. 스포츠 통계, 데이터의 나열이 주종을 이루고 있기 때문이다. 재미는 없지만 스포츠 과학의 데이터에 충실한 책이다. 그가 전하는 데이터를 보면, 나이 50이 되어도 자전거를 타면 젊은 사람들 못지않은 허벅지 근육을 지닐 수 있다는 것이다. 뭐 이런 이야기를 어렵고 지루하게 늘어놨다.

그런데 그가 이런 이야기를 한다. 엄청난 재능이 있고 훈련 의지도 강한 선수들이 열심히 라이딩을 하는데도 기대만큼 성과가 나지를 않더라는 것이다. 어떤 이유일까? 몇 년간 수백 개의 훈련일지를 검토하고 나서야 해답을 찾았다고 말한다. 그리고 내어놓은 것이 '트레이닝의 기본 수칙'이다. 단 세 가지다. 그는 '당신이 이 수칙에 따른다면 자전거 위에서 무엇을 하든 상관없이 체력이 향상될 것'이라고 말한다. 그런데 이 수칙들은 믿을 수 없을 정도로 단순하다.

수칙1, 꾸준히 타라. 수칙2, 적당히 타라. 수칙3, 자주 쉬어라.

이것이 자전거 운동의 세 가지 요소라고 이 전문 트레이너는 이야기한다.

첫째는, 빈도를 말한다. 그러면 얼마나 자주 타야 하는가? 적어도 일주일에 3~4회는 타야 한다. 이때 라이드는 그렇지 않은 때보다 20~25퍼센트의 향상을 보인다고 한다. 둘째는, 강도에 대한 언급이다. 어느 정도의 세기와 속도로 타면 좋을까? 적당히 타라는 말은 점진적으로 증가시키라는 뜻이다. 체력은 서서히 끌어 올려야 한다는 말이다. 그리고 셋째는, 휴식의 중요성이다. 반드시 쉬어야 한다는 것이다. 적당히 쉬면 세포는 강해진다. 하지만 과도한 훈련은 오히려 체력을 망가뜨린다. 뭐 이런 이야기를 젖산 역치(젖산이 쌓이기 시작하는 시점)니, 심박수 테스트니 등으로 데이터를 내놓은 것이다.

앞에서 사도 바울이 영적 전쟁을 위하여 무장하라고 한 말씀을 생각해 보았다. 사도 바울은 영적 무장을 논하기 전에 먼저 '주 안에서 강건하여지라'고 한다. 자전거로 치자면 장비도 잘 갖춰야 하지만 '체력을 길러라, 근육이라는 엔진을 키워라'이다. 체력과 장비, 둘 다 중요하다. 아니, 장비보다는 엔진이 먼저다. 자전거 세계에서는 자전거 무게를 1킬로그램 줄이는 데 100만 원의 비용이 발생한다고 한다. 그래서 비싼 자전거는 6킬로그램대로 가볍다. 이 정도로 만들려면 고가의 비용이 든다. 하지만 이렇게 비용을 많이 들이지 않고도 가볍게 하는 방법이 있다. 자전거를 타는 사람의 몸무게를 줄이는 것이다. 나는 이보다는 훌륭한 훈련을 통해서 엔진을 키우는 편이 좋다고 생각한다. 덩치가 크고 몸무게가 많이 나가도 허벅지에 힘이 있으면 자전거는 잘 나간다.

우리의 영적 체력은 무엇일까? 과연 주 안에서 강건하여지는 것은 무엇일까? 그 비결은 어디에 있을까? 신학자들은 영적 훈련이라고 말한다. 영적 훈련에서 영성이 나오고 경건의 능력이 나온다. 다시 사도 바울을 통해 주시는 말씀을 들어보자.

> 망령되고 허탄한 신화를 버리고 경건에 이르도록 네 자신을 연단하라 육체의 연단은 약간의 유익이 있으나 경건은 범사에 유익하니 금생과 내생에 약속이 있느니라 **딤전 4:7-8**

여기 '경건에 이르는 연단'이 나온다. '육체의 연단'과 비교된다. 육체의 연단이란 체력 훈련이다. 사도 바울은 영적 진리를 위해 스포츠를 빌려 설명한 적이 있다. '운동장에서 달음질하는 자들'은 육상 선수이다. '싸우기를 허공을 치는 것같이 아니하며'는 복싱 선수이다(고전 9:24, 27). 이런 스포츠의 맹렬한 훈련이 각각 상을 향해 가는데, 이것은 영적으로 받을 상에 비하면 '약간의 유익'이란다. 이것이 육과 영의 차이이다. 성경은 육의 훈련을 무시하거나 쓸데없는 것으로 치부하지 않는다. 사람의 몸은 하나님이 지으신 거룩한 성전이기 때문이다. 하지만 영적 훈련의 가치는 비할 데 없이 크다는 것이다. "범사에 유익하니 금생과 내생에 약속이 있느니라"고 한다.

흥미로운 것은 이렇게 영과 육의 훈련 결과 차이가 크더라도 훈련 방법은 유사한 것이 많다는 사실이다. 첫째로 꾸준히 해야 하고, 둘째로 성급하지 않고 서서히 올려야 하고, 셋째로 반드시 휴식해야 한다는 것이다.

성경에 휴식과 안식에 대한 말씀들이 명확히 나와 있다. 안식일, 안식년, 희년은 율법에 명시된 하나님의 말씀이다. 목회자들 중에는 주님께 충성한다고 이 명령들을 무시하는 사람이 있다. 하지만 충성은 열심히 하는 것이 아니라 주님의 뜻대로 하는 것이다. 잠재력도 많고 열심도 많은 선수에게서 성과가 잘 나오지 않을 때 코치는 세 가지 방법을 찾아냈다. 우리의 영적 상황도 다시금 성경이 말씀하시는 주님의 방법을 따를 때 제대로 된 강건함이 나오지 않겠는가!

고통과 보상

"자전거는 보상이 확실하네요!" 내리막길을 달리면서 친구가 말한다. 그렇다. 오른 만큼 내려가는 것이 라이딩이다. 오를 때는 죽을 것 같다. 숨이 턱에 차오르고 엉덩이와 허벅지는 불이 난 것 같다. 그냥 내려서 끌고 갈까 싶은 마음이 굴뚝같아도 꾸역꾸역 페달을 밟는다.

처음 자전거에 입문할 때 15킬로미터쯤 가서 아내에게 전화를 걸었다. "여보, 여기 어딘 줄 알아?" 하면서 그렇게 멀리까지 자전거를 타고 나온 나를 자랑스러워했다. 지금은 100킬로미터를 타도 뭔가 덜 탄 듯 아쉬울 때가 있다. 자전거는 타면 탈수록 타는 거리가 늘어난다. 거리 다음은 오르막길이다. 언덕을 오르고 산을 넘나드는 것이다. 그런데 이것이 입문자에게는 꿈 같은 일이다. 강 따라 평지를 가다가 산이 나오면 거기가 되돌아오는 지점이 된다. 산 너머에 있는 세계는 나와는 상관이 없는 것이다. 그러다가 어느 시점에 허벅지 엔진이 달라진 것을 느끼게 되는데, 바로 이때가 자전거의 지평이 넓어지는 때다.

처음으로 이기대 고개를 넘었다. 허우적거리며 페달링을 할 때 지나가던 아줌마들이 웃으면서 말했다. "그렇게 하는 거 아녜요!" 어찌 됐든 정상에 오르니 성취감이 생겼다. 그다음부터 달맞이고개, 원동

고개 등 이전에는 엄두를 내지 못했던 산악전을 치러 나갔다. 이제는 어느 산이 내 앞에 펼쳐져도 두렵지 않다. 그냥 올라가면 된다. 이제 쉬워졌냐고? 아니! 아니다. 자전거는 아무리 타도 산을 오르는 것은 죽을 맛이다. 이제는 오를 수 있게 되었을 뿐이라는 말이다.

이렇게 죽을 맛으로 오를 땐 식식거리는 소리가 입에서 막 튀어나온다. 자전거를 혼자 타니 망정이지 남 들을까 민망하다.

그런데 자전거를 타면서 이게 인생을 많이 닮았다고 여길 때는 역시 이런 오르막의 죽을 맛을 볼 때다. 인생이 만만하지 않음을 이미 잘 알고 있지 않은가! 숱한 역경과 어려움 속을 한 걸음씩 헤쳐 나가는 것을 오르막마다 되새긴다. 그러고 난 후 드디어 정상에 올라 이제 내리막이 시작될 때 라이딩의 보상이 시작된다. 죽을 똥 살 똥 오른 후 주어지는 내리막의 즐거움은 직접 경험해 보지 않은 사람은 모를 것이다.

성경에는 상에 대한 명백한 기록이 있다. 밥상도 나온다. 그 유명한 시편 23편 5절에 나오는 "내게 상을 차려 주시고"도 밥상이다. 전에는 이걸 상 주신다는 말씀으로 잘못 읽곤 했다. 그런데 그냥 '밥상'이라는 말씀이다. 하지만 그 밥상도 하나님이 주시는 상급이 아닐까? 예수님은 상급을 말씀하셨다. 사도들도 그렇다.

한번은 어떤 교인이 우리가 받을 상에 대하여 질문을 해왔다. "목사님, 천국이라면 평등한 곳일 텐데 상급이 따로 필요할까요? 저는 천국에서는 상이 따로 없을 것 같습니다." 논리적으로 보면 그럴듯하다. 하지만 '아니다.' 확실히 상이 있다. 왜냐하면 이 세상에서 한 고생이 다르기 때문이다. 상이 어떤 것인지는 주님이 정해 주시겠지만 일단 감격이 다르지 않겠는가?

이 세상에서 주님을 바르게 섬기려고 남다른 고생을 자처하던 사람들이 있다. 이들에게 '정말 주님을 섬기며 당하는 이 고난이 의미가 있는 것일까' 하는 회의가 왜 없었을까? 중도에 그만두고 싶을 때가 왜 없었을까? 아마도 끊임없이 그런 순간이 있었을 것이다. 그럼에도 불구하고 주님이 가라 하신 그 좁은 문, 좁은 길의 고난을 다 마치고 주님의 얼굴을 뵈었을 때 그가 받을 기쁨이 어찌 그러지 않은 사람과 같을 수 있겠는가? 더 감사한 일은 이런 상급은 사람이 말한 것은 아니라는 사실이다. 우리 주님이 친히 하신 약속이다.

> 기뻐하고 즐거워하라 하늘에서 너희의 상이 큼이라… **마 5:12**

> 보라 내가 속히 오리니 내가 줄 상이 내게 있어 각 사람에게 그가 행한 대로 갚아 주리라 **계 22:12**

우리 예수님이 친히 하신 말씀들이다. 오늘도 말도 안 되는 오르막을 오르는 주의 종들이여! 힘내라 힘!

목사들의 자전거 세상

우리 교단(대한예수교 장로회 통합 교단) 총회에는 자전거선교회라는 것이 있다. 빈말이나 희망사항이 아니고 진짜다. 국내선교부 내 스포츠선교후원회가 있는데, 여기에 테니스, 축구, 탁구와 더불어 당당하게(?) 자전거선교회가 10년 전에 조직되어 활동 중이다. 자전거선교회를 통하여 목사들의 자전거 활동이 전국적으로 퍼져 나가고 있다.

가장 왕성하게 활동하는 지역은 서울인데, 매주 월요일이면 비가 오나 바람이 부나 정기적으로 모여 라이딩을 즐긴다. 이외에도 경상도 상주나 부산의 목사들과 호남의 목사들도 열심히 자전거를 타고 있다. 이들은 총회의 자전거선교회라는 이름으로 상호 교류도 열심히 한다. 자전거가 전국에 흩어져 있는 목사들을 연결하는 교제의 장이 되고 있다. 이들은 1년에 한 번은 전국 투어를 한다. 올해는 열 명의 목사가 국토 종주에 도전하여 나흘 만에 완주를 했다. 참 대단한 목사들이다.

이 자전거선교회를 시작한 분 중에 김풍호 목사님이 계시다. 김 목사님은 15년 전에 심장중격결손이라는 병명으로 중한 수술을 하셨는데, 수술 후에도 심장의 판막에 기계장치를 사용하든지 아니면 돼지의 대동맥판을 사용해야 한다는 의사의 설명이 있었다고 한다.

이렇게 대체품을 쓰려면 비용도 천만 원이 훨쩍 넘게 들고, 또 10년에서 15년 후에는 교체해야 하며 매일 약도 먹어야 한다는 것이다. 당시에 막 중년을 넘긴 목사님으로서는 낙심천만한 일이었다.

　목사님은 이때 이후로 자전거를 열심히 타기 시작하셨다. 자전거로 건강을 챙기기 시작하신 것이다. 그랬더니 별다른 조치 없이도 심장이 건강해지기 시작했다. 담당 의사가 어떻게 이렇게 좋아졌느냐고 깜짝 놀라더란다. 그 병원이 상계 백병원인데, 목사님은 담당 의사에게 자전거 얘기를 했고, 그 때문에 그 병원에서 의사들의 자전거 모임이 생겼다고 한다. 사실 의사도 자기 건강을 무엇으로 챙겨야 할지 잘 모르는 것이다. 이렇게 자전거로 건강을 회복하신 김 목사님이 총회에 자전거선교회를 만들고, 만나는 목사마다 자전거를 타자고 권하신다.

　목사는 스트레스가 많다. 이렇게 얘기하면 목사가 믿음이 부족하다고 하겠지만 실상을 말하자면 그렇다는 얘기다. 이 세상에서 사람을 대상으로 일하는 것만큼 스트레스를 많이 받는 일은 없다. 사람이 그만큼 복잡한 존재이기 때문일 것이다. 생각해 보라. 기계도 엄청 복잡하면 다루기가 어려워지지 않는가? 그런데 사람이란 존재는 엄청나게 복잡한 기계보다 월등히 복잡하지 않은가? 목사는 사명의 무거운 짐을 지는 사람이다. 때로는 힘들어도 사명이라서 티도 잘 낼 수 없다. 또 목사는 십계명도 잘 못 지킨다. 안식일을 기억하여 지키라는 계명을 목사들이 제일 잘 못 지킨다. 그저 밤낮없이 이리 뛰고 저리 뛰며 교인들을 돌보는 것이다. 그러다 보니 건강을 해칠 수밖에 없다.

목사의 건강이 위협받는 것이 또 하나 있다. 교인들이 목사를 대접한다고 기름진 음식으로 접대하는 경우가 많다. 대접하는 교인들은 목사가 잘 먹어야 좋아한다. 그래서 목사는 '먹사'다. 이렇게 기름진 음식에, 과로에, 스트레스까지 많이 받으면 그 몸이 견뎌 내기가 어려워지는 것이다. 이것은 목사만의 문제가 아니다. 목사의 부인인 사모도 마찬가지다. 그리고 목사가 육신의 병이 들면 온 교회가 우울해진다.

목사들에게 무슨 운동을 하느냐 물으면 제일 많은 대답이 걷기다. 걷기가 조금 변형되면 등산쯤 된다. 등산은 어떤가? 나이가 들수록 무릎과 발에 무리가 된다. 산에서 내려올 때 몸무게가 무릎과 발목에 실리기 때문이다. 걷기는 무리는 없지만 운동 효과는 크게 없다고 한다. 걷기의 운동 효과는 그저 현상 유지만 할 정도란다. 걷기로 운동 효과를 보려면 굉장히 빨리 걸어야 한다. 테니스나 축구나 탁구도 좋은 운동이지만 나이가 들면 관절과 무릎에 무리가 되는 것은 어쩔 수가 없어 보인다.

결론은 자전거다! 자전거만큼 나이 들어 좋은 운동이 없다. 자전거는 발바닥이 땅에 닿지 않고 페달을 돌리는 운동이라서 관절에 무리를 주지 않는다. 자전거는 마음껏 바깥 풍경을 감상할 수 있는 운동이다. 계절이 바뀌면 풍경이 달라지고 그것을 바라보면서 자연의 아름다움을 마음껏 누릴 수 있다. 요즘에는 '스마트 로라'와 '즈위프트'라는 것이 있다. 이것은 실내에서 자전거를 즐길 수 있도록 한 장치들이다. 그래서 추운 겨울이나 비가 오는 날씨에도 집 안에서 라이딩의 즐거움을 누릴 수 있다. 이렇듯 자전거는 전천후 운동인 것이다.

유럽은 일찍 자전거 문화가 정립되었다. 자전거 도로가 발달하고 자전거 장비들이 개발되면서 자전거는 그들의 일상에 깊이 자리 잡고 있다. 우리나라도 자전거 문화가 급격하게 달라졌다. 자전거를 취미로 하는 사람들이 많아지고, 자전거 도로가 전국으로 확장되어 있다. 특히 코로나19 팬데믹이 길어지면서 자전거를 타는 인구가 엄청나게 늘었다. 목사들도 많이 탄다. 전에는 목사가 자전거를 타면 뭔가 격이 떨어지지 않나 했는데, 이제는 자전거 타는 것이 꽤나 자연스러워 보인다. 쫄쫄이를 입어도 다들 그러려니 한다. 이제 자전거는 우리들의 즐거운 문화로 자리 잡기 시작한 것이다.

목사가 자전거를 타면서 얻는 것은 건강만이 아니다. 목사는 자전거를 타면서도 신학적인 사고를 한다. 자전거에서 더 풍성한 세계가 펼쳐지는 것이다. 나 역시 자전거를 타면서 신학적인 사고를 하고, 그것을 나름대로 글로 적어 보았다. 아마 다른 목사들도 내가 느낀 것보다 신학적으로 더 놀랍고 신기한 자전거의 세상을 발견할 수 있을 것이다. 그리고 내가 경험한 것보다 더 재미있는 자전거 이야기들이 있을 것이다.

주님의 환대

1판 1쇄 인쇄 _ 2022년 1월 25일
1판 1쇄 발행 _ 2022년 2월 1일

지은이 _ 이현진
펴낸이 _ 이형규
펴낸곳 _ 쿰란출판사

주소 _ 서울특별시 종로구 이화장길 6
편집부 _ 745-1007, 745-1301~2, 747-1212, 743-1300
영업부 _ 747-1004, FAX 745-8490
본사평생전화번호 _ 0502-756-1004
홈페이지 _ http://www.qumran.co.kr
E-mail _ qrbooks@daum.net / qrbooks@gmail.com
한글인터넷주소 _ 쿰란, 쿰란출판사
페이스북 _ www.facebook.com/qumranpeople
인스타그램 _ www.instagram.com/qrbooks
등록 _ 제1-670호(1988.2.27)
책임교열 _ 최가영·신영미

© 이현진 2022 ISBN 979-11-6143-664-7 93230

책값은 뒤표지에 있습니다.
이 출판물은 저작권법에 의해 보호를 받는 저작물이므로 무단 복제할 수 없습니다.
파본(破本)은 구입처에서 교환해 드립니다.